《全国预备检察官培训系列教材》编委会

编委会主任：李如林　王少峰

编委会委员：胡尹庐　王卫东　黄　河　陈国庆
　　　　　　徐进辉　李文生　袁其国　郑新俭
　　　　　　穆红玉　宫　鸣　宋寒松　胡卫列
　　　　　　阮丹生

编委会办公室：朱建华　常　艳　郭立新

国家检察官学院
全国预备检察官培训系列教材

编委会主任／李如林 王少峰

侦查监督业务教程

ZHENCHA JIANDU YEWU JIAOCHENG

黄 河 胡卫列／主编

中国检察出版社

《侦查监督业务教程》
主编及撰写人员

本册主编： 黄　河　胡卫列

撰写人员： 周惠永（第一章）

　　　　　　刘福谦（第二章）

　　　　　　张建忠（第三章）

　　　　　　张庆彬（第四章）

　　　　　　韩晓峰（第五章）

　　　　　　王　海　刘　辰　孟　国　陈文斌
　　　　　　（第六章、第七章、第八章）

　　　　　　李薇薇（第四部分）

出版说明

建立预备检察官训练制度，是中央深化司法体制改革的重要内容。为适应这项培训工作的需要，我们编辑出版了《全国预备检察官培训系列教材》。本系列教材一共10本，包括《检察官职业素养教程》、《侦查监督业务教程》、《公诉业务教程》、《反贪污贿赂业务教程》、《反渎职侵权业务教程》、《刑事执行检察业务教程》、《民事行政检察业务教程》、《控告举报检察业务教程》、《刑事申诉检察业务教程》及《职务犯罪预防业务教程》。经编委会审定，作为国家检察官学院和全国预备检察官培训的指定教材。

本套教材重点介绍预备检察官应知应会的业务知识和业务规范，注重业务技能及实务经验的传授和职业素养的养成，通过文书范例和典型案例着力解析预备检察官在各项检察业务工作的重点、难点问题，力争使教材内容涵盖检察官基本职业素养、基本业务规范和基本业务技能，适应预备检察官岗位素质和业务能力培养的要求，使预备检察官通过培训具备履行检察官职务的素养和能力。

为体现本套教材突出实务、实用、实战的要求，我们聘请了最高人民检察院各业务厅局的业务骨干和国家检察官学院的教师担任撰稿人，发挥他们在检察实务和检察官培训方面的专长，确保教材质量。

由于预备检察官培训尚处于探索阶段，教材难免有不完善和疏漏之处，敬请读者批评指正。

编委会

2014年12月25日

目　　录

第一部分　侦查监督工作总论

第一章　侦查监督工作概述 （3）
第一节　侦查监督工作的主要职责 （3）
第二节　侦查监督工作的基本流程 （9）
第三节　侦查监督岗位的素能要求 （11）
思考题 （15）

第二部分　侦查监督工作实务

第二章　审查逮捕工作 （19）
第一节　审查逮捕的职责与内容 （19）
第二节　审查逮捕的方式 （32）
第三节　证据审查要点与重点 （40）
第四节　审查逮捕阶段疑罪的处理 （50）
思考题 （63）

第三章　刑事立案监督工作 （64）
第一节　刑事立案监督的职责与内容 （64）
第二节　刑事立案监督的程序和方法 （65）
第三节　刑事立案监督中存在的问题与完善 （70）
思考题 （73）

第四章　侦查活动监督工作 （74）
第一节　侦查活动监督的职责与内容 （74）
第二节　侦查活动监督程序与方法 （77）
第三节　侦查活动监督存在的问题及完善 （81）

  思考题 …………………………………………………………………… (84)
第五章　办理核准追诉案件 ………………………………………………… (85)
  第一节　核准追诉制度概述 ……………………………………………… (85)
  第二节　核准追诉的条件 ………………………………………………… (88)
  第三节　核准追诉的程序 ………………………………………………… (90)
  思考题 …………………………………………………………………… (91)

第三部分　常用文书制作与范例

第六章　侦查监督文书概述 ………………………………………………… (95)
  第一节　侦查监督文书的分类 …………………………………………… (95)
  第二节　侦查监督文书制作的一般要求 ………………………………… (98)
第七章　常用侦查监督法律文书制作与范例 …………………………… (103)
  第一节　审查逮捕类文书 ………………………………………………… (103)
  第二节　立案监督类文书 ………………………………………………… (117)
  第三节　侦查活动监督类文书 …………………………………………… (123)
  第四节　检察建议书 ……………………………………………………… (129)
第八章　常用侦查监督工作文书制作与范例 …………………………… (135)
  第一节　审查逮捕意见书 ………………………………………………… (135)
  第二节　侦查监督说理文书 ……………………………………………… (154)

第四部分　侦查监督精品案例

一、成某某、李某某涉嫌制造毒品，王某甲涉嫌运输毒品案 …………… (163)
二、王某某、孙某某涉嫌抢劫案 …………………………………………… (172)
三、重庆佳飞商贸有限公司销售假冒注册商标的商品案 ………………… (178)
四、龚某某涉嫌销售假药案 ………………………………………………… (180)
五、王某某涉嫌合同诈骗案 ………………………………………………… (181)
六、侯某涉嫌故意杀人、组织卖淫案 ……………………………………… (184)
七、对重庆市梁平县公安局刑讯逼供予以书面纠正违法案 ……………… (186)

八、对犯罪嫌疑人夏某某被指定居所监视居住监督案 …………（188）
九、犯罪嫌疑人李某某涉嫌强奸、故意杀人核准追诉案 ………（191）
十、凌某甲涉嫌故意伤害案 ………………………………………（197）

第一部分
侦查监督工作总论

第一章 侦查监督工作概述

第一节 侦查监督工作的主要职责

一、侦查监督工作的职能定位

侦查监督是宪法和法律赋予检察机关的一项重要法律监督职能，是中国特色社会主义检察制度的重要标志之一，是检察机关的核心业务之一。主要包括审查逮捕、立案监督和侦查活动监督三项职责。侦查监督部门是检察机关主要业务部门，处于检察机关打击犯罪、化解社会矛盾、维护人民群众权益、促进社会和谐稳定的前沿，集惩治犯罪与保障人权、配合侦查与监督侦查职责于一身，是对刑事诉讼实行法律监督的重要力量。

侦查监督的职能定位，表现在以下四个方面：

一是从法律依据看，侦查监督的法律地位较高。其中批准和决定逮捕，是检察机关诸职能中唯一一项由《中华人民共和国宪法》（以下简称宪法）直接赋予的职能。宪法之所以明确规定"任何公民，非经人民检察院批准或者决定……不受逮捕"，是因为它体现了国家对于公民人身自由权利的特殊保护。

二是从职能构成看，侦查监督是法律监督的重要组成部分。诉讼监督是检察机关法律监督的基本职能，而侦查监督、审判监督和刑罚执行与监管场所监督又是其基本内容，从这个意义上说，侦查监督是检察机关的核心业务之一。

三是从诉讼环节看，侦查监督处在检察机关打击犯罪和诉讼监督的前沿。侦监部门是刑事诉讼第一关的把关人，也是冤假错案第一道防线的坚守人。正如朱孝清副检察长所指出的一样，第一关把好了，侦查就能沿着法治轨道前行，侦查职能就能得到正确行使，起诉、审判就有了良好的基础；第一关没有发挥作用，就会为后续的起诉、审判留下隐患，甚至会出现冤假错案的情况，司法公正就难以得到有效的维护。

四是从职能发挥的功效看，侦查监督是检察机关服务平安中国、法治中国建设发挥职能作用的重要方面。侦查监督工作开展得如何，发挥职能作用的成效如何，直接关系到刑事诉讼能否顺利进行，关系到司法权威和司法公信力能否威严树立，关系到社会和谐稳定和社会公平正义能否有效维护，关系到社会安宁和人民群众幸福安康能否合理保障。

侦查监督工作的主要职责贯穿了从刑事立案到侦查终结的全过程，既包括对适用法律、定性等实体公正方面的监督，也包括对收集证据、执行逮捕等程序公正方面的监督。概括来说，就是"三项职责"。"三项职责"是指侦查监督部门担负着审查逮捕、刑事立案监督和侦查活动监督三项职责。2009年全国检察机关第三次侦查监督工作会议提出了侦查监督工作"一体两翼"的工作格局（即以审查逮捕职能为主体，以立案监督和侦查活动监督为两翼）。

二、侦查监督履行职责面临的形势

当前和今后一段时期，我国仍处于人民内部矛盾凸显、刑事犯罪高发、对敌斗争复杂的阶段，同时，以下因素可能使维护稳定的形势更加严峻：

一是西方对我围堵和分化、西化力度加大，社会治安形势严峻。西方反华势力和敌对集团打着"民主自由"的旗号，与境内敌对势力加紧勾连，通过插手敏感性、群体性事件和个案，炒作社会热点问题，策划实施渗透破坏活动的情况将越来越多。严重暴力犯罪、多发性侵财犯罪、毒品犯罪等居高不下，并且日益表现出智能化、隐蔽性、有组织化、跨区域和流动性的特点，呈现出虚拟与现实相交织，新型犯罪与传统类型犯罪相交织，突发性犯罪、个人极端行为、恐怖事件与常见的犯罪相交织的特征，侦查监督部门维护国家安全和社会稳定的任务更加艰巨。

二是转变经济发展方式给维稳工作带来新挑战。受国际金融危机的持续影响，国际经济形势依然错综复杂、充满变数。我国经济发展面临更加激烈的外部竞争压力，发展中不平衡、不协调、不可持续问题突出，经济发展下行趋势明显，转变经济发展方式必然在经济社会领域引发一场深刻变革，涉及更多利益关系、利益格局的深层次调整，引发一些新矛盾，社会治安形势和犯罪态势将更加严峻。

三是公民权利意识日益增强，诉求的多样化以及互联网的快速发展，使得执法环境更加复杂。在公开、透明、信息化条件下，互联网对执法办案的影响力不断增大，不少网络热点事件与司法个案有关，任何一次不公正、不规范、不文明的执法行为经互联网的渲染炒作，并在其他因素的综合作用下，都可能引发群访或者群体性事件，成为不稳定因素的源头。

四是修改后的《中华人民共和国刑事诉讼法》（以下简称刑事诉讼法）赋予侦查监督新职责新任务。"尊重和保障人权"、"不得强迫自证其罪"写入刑事诉讼法，不仅具有宣告的意义，更重要的是要求检察机关在依法惩治犯罪的同时，必须履行保障人权的法定义务，要坚守防止发生冤假错案的底线。修改后刑事诉讼法更加强调诉讼阶段对人权的保护，突出检察机关诉讼监督的地位和作用,其中关于逮捕条件、逮捕程序、对侦查活动的监督以及有关侦查措施、强制措施、证据制度、辩护制度、特别程序的新规定,对我们的执法理念、工作机制和执法能力都提出新的更高要求。如何将保障人权的要求落实到执法和监督的各个环节,如何在一些新的领域积极探索开展监督、完善监督的工作机制以及如何促进侦查机关和侦查部门依法规范执法,都是需要我们思考和努力的方向。

五是侦查监督部门人员少、任务重的矛盾依然存在。近年来,我国刑事案件总数居高不下,审查逮捕案件呈上升趋势,立案监督、侦查活动监督工作量也不断加大,但侦查监督部门人员年均增长速度明显低于年人均办案量的增长速度。同时,侦查监督部门还承担着综治维稳、打黑除恶、扫黄打非、禁毒禁赌、保护知识产权等30多项专项工作。特别是近年来随着司法改革的深化以及修改后刑事诉讼法的全面实施,侦查监督职能不断拓展,任务不断增加,一些地方特别是基层院的侦查监督部门案多、人少、任务重的矛盾十分突出。同时,侦查监督队伍在思想观念、执法理念、能力水平、作风养成等方面与新形势新任务的要求还存在不适应之处。

在面临严峻考验和重大挑战的同时,侦查监督工作也面临着难得的发展机遇和有利条件:党的十八大报告对新的时代条件下全面推进依法治国和法治建设作出了全面部署。突出强调法治是治国理政的基本方式,更加注重发挥法治在国家治理和社会管理中的重要作用,全面推进依法治国,加快建设社会主义法治国家,并对加强法律监督、推进公正司法、深化司法体制改革、加强政法队伍建设、加强司法公信建设、强化司法基本保障、确保检察机关依法独立公正行使检察权等提出了明确要求。所有这些,为侦查监督工作发展,创造了更加有利的条件。各级党委、人大高度重视法律监督工作,全国各个省级人大常委会均出台了关于加强诉讼活动法律监督工作的决议或者决定,为强化侦查监督指明了方向,创造了良好的监督环境;社会主义法律体系已经形成,为侦查监督工作深入开展提供了充分的法律依据;广大人民群众要求强化法律监督(包括侦查监督)的呼声强烈,为推动工作提供了强大动力;随着司法体制和工作机制改革的深入,制约侦查监督发展的体制性、机制性和保障性问题得到了不同程度的解决;长期以来的工作实践为侦查监督发展积累了较为丰富的理论和经验;等等。

三、侦查监督工作的思路和基本要求

按照新形势对侦查监督工作提出的新要求,当前和今后一个时期侦查监督工作的总体思路是以严格执行修改后的刑事诉讼法为抓手,以强化侦查监督

能力建设为根本,以提高执法公信力为核心,以深化工作机制改革为动力,进一步增强依法打击犯罪的力度,提高审查逮捕质量,提升立案监督和侦查活动监督实效,促进加强和创新社会管理,切实履行好中国特色社会主义事业建设者、捍卫者的职责使命,为推进平安中国、法治中国建设做出积极贡献。

（一）树立正确的执法理念

执法理念是执法的灵魂,它关系到执法的方向、目标和成效。树立正确的执法理念,就侦查监督工作而言,重点要理解和把握以下五个方面的关系:一要正确理解和处理侦查监督工作与党和国家工作大局及检察工作全局的关系,始终把侦查监督工作置于党和国家工作大局及检察工作全局中去谋划和推进,通过履行侦查监督职能为大局和全局服务。二要正确理解和处理执行法律与执行政策的关系,做到全面把握,不可偏废,实现执行法律与执行政策的有机统一。三要正确理解和处理打击犯罪与保障人权、宽与严、支持配合与监督制约的关系,既最大限度地使逮捕措施满足侦查工作的需要,有力地惩治犯罪,又最大限度地减少逮捕,切实保障人权;既坚决支持配合侦查机关（部门）依法履行职责,又强化对侦查的监督制约,保障侦查程序合法公正。四要正确理解和处理工作力度、质量、效率、效果以及法律效果、政治效果和社会效果的关系,做到全面把握、统筹兼顾,实现上述"四个要素"、"三个效果"的有机统一。五要正确理解和处理对外监督与对内监督的关系,既强化对公安机关侦查活动的监督,又强化对检察机关职务犯罪侦查的监督,实现监督他人与监督自己的有机统一。除此之外,还要树立理性、平和、文明、规范的执法理念。

（二）深入推进平安中国、法治中国建设

要清醒认识当前维稳形势的严峻性、复杂性,将侦查监督工作纳入平安中国、法治中国建设的总体格局,是新时期新形势下对侦查监督工作提出的新任务、新要求。要坚持把推进平安中国、法治中国建设作为侦查监督工作重中之重的任务来抓,切实转变执法观念,改进办案方式方法,保障国家长治久安、社会安定有序、人民安居乐业。一是高度警惕和坚决打击敌对势力的分裂、渗透、颠覆活动,坚决打击境外间谍情报机关的窃密策反活动,坚决打击"法轮功"等邪教组织的犯罪活动,确保国家安全。二是依法惩治各类刑事犯罪,保障人民生命财产安全。密切关注社会治安和公共安全出现的新特点、新动向,积极参与治安重点地区的突出治安问题的专项整治,突出打击严重暴力犯罪、黑恶势力犯罪、多发性侵财犯罪、毒品犯罪、网络犯罪和危害食品药品安全等犯罪,依法严惩以报复社会为目的的危害公共安全和个人极端暴力犯罪,切实增强人民群众安全感。三是充分发挥侦查监督在加强和创新社会管理中的法治保障作用,努力提高化解社会矛盾的能力。依法公正对待群众诉求,使人民群众在每一个案件中都感受到公平正义。高度重视热点敏感案件处理,落实执法办案风险评估预警,妥善应对处置重大突发事件。推进审查逮捕文书改革,坚持客观公正,加强释法说理。完善落实检调对接、刑事和解等制度,加强矛盾纠纷排查化解,强化矛盾纠纷源头治理。深化行政执法与刑事司法衔接,拓展参与社会管理的途径和方式,促进依法行政和社会管理法治化。四是在执法办案中大力加强法制宣传教育、弘扬社会主义法治精神,促进在全社会形成学法、尊法、守法、用法的良好氛围,引导全体公民依法维护合法权益、自觉履行法定义务,促进各级领导干部提高运用法治思维和法治方式深化改革、推动发展、化解矛盾、维护稳定的能力,促进实现国家各项工作法治化。

(三) 全面贯彻宽严相济的刑事政策

坚持该严则严、当宽则宽,最大限度减少不和谐因素,最大限度减少社会对抗,最大限度促进社会和谐。

一方面,要坚持"严打"方针不动摇,保持对严重刑事犯罪的高压态势。充分运用审查批捕、立案监督、侦查活动监督等法律监督职能,依法严厉打击境内外敌对分子实施的危害国家安全犯罪和严重暴力犯罪,维护国家安全和社会和谐稳定;加大对金融、证券、商贸流通以及市场管理等领域犯罪和涉众型经济犯罪的打击力度,维护良好的市场经济秩序;严厉打击侵害农民利益、危害农业生产、影响农村稳定的犯罪活动,促进新农村建设;加大对造成重大环境污染以及严重破坏生态、浪费资源犯罪的打击力度,保护生态环境;加大对侵犯知识产权和制假售假犯罪的打击力度,维护企业权益,促进科技创新;严厉打击危害食品药品安全犯罪,切实维护人民群众生命健康安全;加大对涉及民生民利的社会管理领域职务犯罪的打击,促进公职人员公正廉洁执法。

另一方面,在严厉打击严重刑事犯罪的同时,对轻微犯罪要贯彻依法从宽的刑事政策。对群体性事件引发的案件,坚持打击少数,教育挽救多数,尽可能减少逮捕人数。完善办理未成年人犯罪案件工作机制和刑事和解、轻微刑事案件快速办理机制,积极减少矛盾对抗,促进社会和谐稳定。

(四) 认真贯彻实施修改后的刑事诉讼法

严格执行最高人民法院、最高人民检察院、公安部、国家安全部、司法部、全国人大常委会法制工作委员会《关于实施刑事诉讼法若干问题的规定》(以下简称《六部委规定》)和《人民检察院刑事诉讼规则(试行)》(以下简称《刑诉规则》),重点加强对立案、侦查环节的法律监督,加强新增监督职责的实践探索,加强对非法取证、滥用强制措施(如强制性侦查措施)、侵犯诉讼权利等问题的监督,切实把修改后刑事诉讼法关于维护司法公正、依法保障人权、规范执法行为的要求落到实处。一是要进一步完善审查逮捕工作机制。强化对适用社会危险性条件的审查,加大对非法证据的排除力度,严格审查同步录音录像证据,严格执行讯问犯罪嫌疑人和听取犯罪嫌疑人意见的要求,积极听取辩护律师意见,准确把握径行逮捕和转捕的条件适用等。二是要积极推进两项监督工作。积极开展对强制性侦查措施和指定居所监视居住决定的监督,依法加大对非法取证行为的调查,依法开展对捕后羁押必要性的审查。三是要尽快研究制定社会危险性证明、非法证据排除、捕后羁押必要性审查等相关规范性文件,加强对实施法律的业务指导。

(五) 坚持数量、质量、效率、效果、安全相统一的监督原则

开展侦查监督工作必须做到数量与质量、效率、效果、安全的有机统一。其中,数量和效率是保证,质量是核心,效果是根本。没有一定的监督数量,该监督的不进行监督,就谈不上监督力度;而缺乏准确性、没有质量的监督,根本不可能取得预期的监督效果,还会损害检察机关的执法公信力;并且只讲质量不讲效率,也会使监督效果大打折扣。因此,强化侦查监督,既要积极畅通案源渠道,保持一定的监督数量,又要突出重点,加强跟踪监督,特别是要确保批捕案件质量,提高立案监督案件有罪判决率、重刑率或实际撤案率,纠正侦查活动违法准确率、改正率,追捕案件判处徒刑以上刑罚率。同时,还要讲究工作方式方法,协调各方面的利益和诉求,做好释法说理、化解矛盾、息诉罢访等工作,以实际效果取信于民。

(六) 加强侦查监督队伍建设

队伍素质是做好侦查监督工作的根本和保证。要认真全面落实《最高人民检察院关于加强侦查监督能力建设的决定》,不断加强队伍的思想政治建设和纪律作风建设,深入开展社会主义法治理念、政法干警核心价值观和以为民务实清廉为主要内容的党的群众路线教育实践活动,把贯彻落实中央八项规定作为切入点,按照"照镜子、正衣冠、洗洗澡、治治病"的总要求,不断提高政治素质和廉政意识。加强队伍专业化建设,加大业务培训力度,注重培养专家型、专门性、复合型人才。大力开展岗位练兵活动,通过侦查监督优秀检察官业务竞赛等形式,切实提高侦查监督人员的岗位技能。加强侦查监督人才库建设,强化侦查监督理论研究,为侦查监督工作科学发展奠定理论基础。要加强群众工作能力建设,积极开展各种专项培训,提高执法办案一线人员掌握群众心理、使用群众语言、协调处理群众诉求、引导说服群众以及应对网络舆情的能力。

第二节 侦查监督工作的基本流程

侦查监督是检察机关一项重要的传统业务，主要包括审查逮捕、刑事立案监督和侦查活动监督三项职责，构成侦查监督"一体两翼"工作格局。

一、侦查监督业务流程图

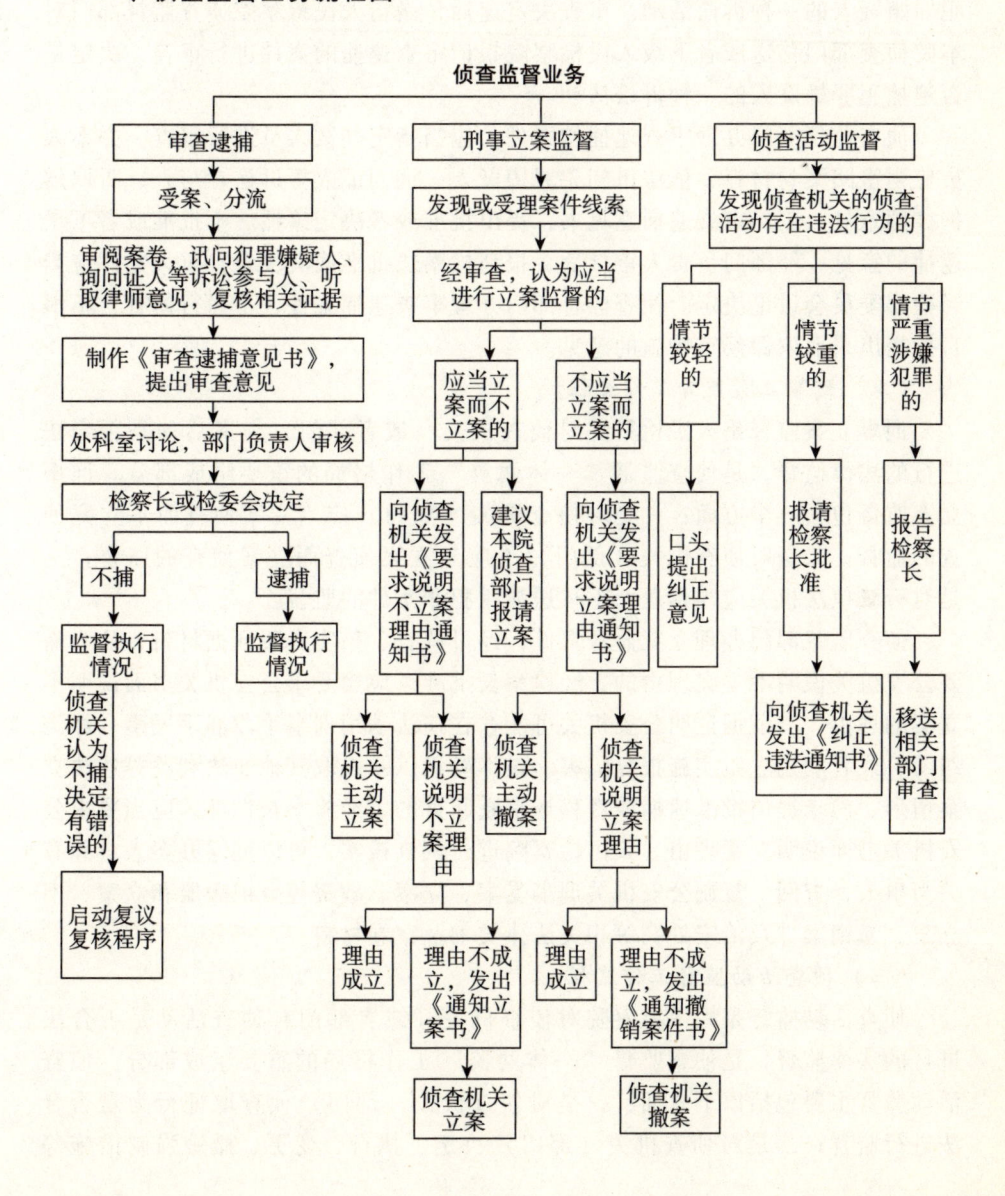

```
                           侦查监督业务
         ┌───────────────────┼───────────────────┐
      审查逮捕           刑事立案监督          侦查活动监督
         │                   │                   │
      受案、分流       发现或受理案件线索   发现侦查机关的侦查
         │                   │              活动存在违法行为的
   审阅案卷，讯问犯罪嫌疑    经审查，认为应当      │
   人，询问证人等诉讼参      进行立案监督的   ┌────┼────┐
   与人，听取律师意见，           │        情节  情节  情节严重
   复核相关证据               ┌───┴───┐    较轻  较重  涉嫌犯罪
         │                应当立  不应当    的    的    的
   制作《审查逮捕意见书》，  案而不  立案而   │     │     │
   提出审查意见             立案的  立案的   口头  报请  报告
         │                   │      │      提出  检察  检察长
   处科室讨论，部门负责人   ┌──┴──┐  │      纠正  长批    │
   审核                   向侦查 建议 向侦查  意见  准     │
         │                机关发 本院 机关发   │    │      │
   检察长或检委会决定      出《要 侦查 出《要        │      │
         │                求说明 部门 求说明       向侦查 移送
     ┌───┴───┐            不立案 报请 立案理       机关发 相关
    不捕    逮捕           理由通 立案 由通知       出《纠 部门
     │       │            知书》  │   书》        正违法 审查
   监督执   监督执           │    │    │         通知书》
   行情况   行情况        ┌──┴──┐ │ ┌──┴──┐
     │                  侦查 侦查 侦查 侦查
   侦查机关              机关 机关 机关 机关
   认为不捕              主动 说明 主动 说明
   决定有错              立案 不立 撤案 立案
   误的                       案理     理由
     │                        由
   启动复议              ┌──┴──┐ ┌──┴──┐
   复核程序             理由 理由不 理由 理由不
                        成立 成立， 成立 成立，
                             发出          发出
                             《通知         《通知撤
                             立案           销案件
                             书》           书》
                              │              │
                           侦查机关        侦查机关
                           立案            撤案
```

二、侦查监督业务流程描述

（一）审查逮捕工作流程

审查逮捕是侦查监督工作的主要业务，在侦查监督"一体两翼"工作格局中处于核心地位。审查逮捕包括审查批准逮捕和审查决定逮捕。审查批准逮捕，是指人民检察院对侦查机关提请批准逮捕的案件进行审查，决定是否逮捕犯罪嫌疑人的一种诉讼活动。审查决定逮捕，是指人民检察院侦查监督部门对本院侦查部门移送或者下级人民检察院报请审查逮捕的案件进行审查，决定是否逮捕犯罪嫌疑人的一种诉讼活动。

侦查监督部门办理审查逮捕的案件，应当指定办案人员进行审查。办案人员应当审阅案卷材料，依法讯问犯罪嫌疑人、询问证人等诉讼参与人、听取辩护律师意见，制作审查逮捕意见书，提出批准或者决定逮捕、不批准或者不予逮捕的意见，经部门负责人审核后，报请检察长批准或者决定；重大案件应当经检察委员会讨论决定。侦查监督部门办理审查逮捕案件，不另行侦查，不得直接提出采取取保候审措施的意见。

（二）刑事立案监督工作流程

刑事立案监督是人民检察院对侦查机关（或者部门）立案活动是否合法进行的法律监督，是侦查监督"一体两翼"工作格局的重要组成部分。刑事立案监督包括三个方面：一是对侦查机关（部门）应当立案侦查而不立案侦查的监督；二是对侦查机关（部门）不应当立案侦查而立案侦查的监督；三是对行政执法机关应当移送而不移送涉嫌犯罪案件的监督。

侦查监督部门办理立案监督案件，经过调查、核实有关证据材料，认为需要公安机关说明不立案理由的，经检察长批准，应当要求公安机关书面说明不立案的理由。有证据证明公安机关可能存在违法动用刑事手段插手民事、经济纠纷，或者利用立案实施报复陷害、敲诈勒索以及谋取其他非法利益等违法立案情形，尚未提请批准逮捕或者移送审查起诉的，经检察长批准，应当要求公安机关书面说明立案理由。人民检察院进行调查核实，可以询问办案人员和有关当事人，查阅、复制公安机关刑事受案、立案、破案等登记表册和立案、不立案、撤销案件及治安处罚等相关法律文书及案卷材料。

（三）侦查活动监督工作流程

侦查活动监督是人民检察院对侦查机关（或者部门）侦查活动是否合法进行的法律监督，是侦查监督"一体两翼"工作格局的重要组成部分。侦查活动监督主要包括以下方面：一是对侦查机关（部门）侦查取证行为是否合法进行监督；二是对侦查机关（部门）决定、执行、变更、撤销强制措施等活动是否合法进行监督；三是对侦查机关（部门）采取强制性侦查措施是否合法进行监督；四是对侦查机关（部门）侦查过程中是否存在徇私舞弊、以权谋私、故意制造冤假错案等渎职行为的监督；五是对侦查机关（部门）在侦查活动中是否存在侵犯当事人合法权益行为的监督；等等。

人民检察院发现公安机关侦查活动中的违法行为，对于情节较轻的，可以由检察人员以口头方式向侦查人员或者公安机关负责人提出纠正，并及时向本部门负责人汇报；必要的时候，由部门负责人提出。对于情节较重的违法情形，应当报请检察长批准后，向公安机关发出纠正违法通知书。构成犯罪的，移送有关部门依法追究刑事责任。人民检察院根据需要可以派员参加公安机关对于重大案件的讨论和其他侦查活动。

第三节 侦查监督岗位的素能要求

一、侦查监督人员应具备的能力素质

侦查监督工作业务种类多，技能要求高，涉及知识领域广，法律专业性强。侦查监督工作的性质和特点决定了侦查监督人员必须具备较为全面的业务素质和岗位技能。2012年11月，最高人民检察院发布了《关于加强侦查监督能力建设的决定》，提出了以下七个方面的能力：

（一）审查、判断和运用证据能力

在侦查初始阶段证据尚不充分的情况下，于短暂的审查逮捕期限内，通过对侦查机关移送的证据材料进行审查和讯问犯罪嫌疑人等，对案件事实作出准确判断和认定，是侦查监督人员必须具备的核心业务能力。这一能力具体涵盖了认定案件事实能力、把握逮捕条件能力和排除非法证据能力。按照修改后刑事诉讼法的要求，进一步增强全面细致审查证据和依法排除非法证据的意识，善于通过审查案卷材料、讯问犯罪嫌疑人、询问诉讼参与人、听取律师意见等，对证据的真实性、关联性与合法性作出准确判断，并据之准确认定案件事实，正确作出司法判断，切实防止因证据审查把关不全面、不严格而导致事实认定错误，造成错捕、漏捕。

这种能力与侦查部门的侦查破案能力及公诉部门审查起诉、出庭公诉能力有着不同的特点，是与侦查监督职责特点相适应，居于侦查监督工作中心地位的重要能力，是侦查监督干部要着力提高的核心本领。侦查监督职能是通过办案来实现的，它的行使具有时限紧、涉及面宽、监督难、证据少、风险大等特点。审查逮捕工作既要防止该捕不捕，避免打击不力；又要防止错捕、滥捕，

殃及无辜。在这个阶段，办案人员需要针对有限的证据进行仔细审查，并作出符合逻辑的分析，准确地判断案件事实，理性地预测案件的证据变化情况，从而依法作出正确决定。

（二）法律政策适用能力

法律政策适用的水平高低直接关系到侦查监督案件能否实现"三个效果"的有机统一。因此要正确把握法律规定和司法解释，准确认定罪与非罪、此罪与彼罪的犯罪情节。全面贯彻宽严相济刑事政策，善于审查判断犯罪嫌疑人的社会危险性和羁押必要性，保证案件定性准确和打击严重犯罪的力度，对轻微犯罪案件坚持少捕、慎捕，减少不必要的羁押。进一步提高办理疑难复杂案件和新类型案件的法律适用能力和水平。

（三）监督纠正违法能力

监督纠正违法是侦查监督人员的基本功，要切实熟悉侦查工作法律规定和侦查活动特点，善于通过审查案件、完善行政执法与刑事司法衔接机制和受理当事人申诉、控告等发现刑事立案和侦查活动中的违法行为线索，依法进行调查核实，切实有效地监督纠正违法行为。进一步规范刑事立案监督和书面纠正违法的条件、范围和程序，做到实事求是、突出重点、规范有序地开展监督，增强监督的实际效果。掌握职务犯罪侦查的特点和规律，不断强化对检察机关直接立案侦查案件的监督制约。

（四）文书制作和案件汇报能力

提高侦查监督法律文书和工作文书的制作水平，是侦查监督人员必须具备的基本技能，也是侦查监督工作水平高低的外在表现。制作《审查逮捕意见书》要做到案件事实概况清楚、准确，证据分析透彻、排列有序，案件定性和法律适用正确，格式规范，层次清晰，简繁得当。要进一步探索文书制作改革，减轻侦查监督人员的重复劳动和工作压力。要提高案件汇报能力，做到全面客观准确，事实陈述清楚，证据展示清晰，观点表述明确，疑点难点突出，便于讨论决策。

（五）快速反应和应急处置能力

快速反应和应急处置是侦查监督人员综合素质的表现，要进一步强化侦查监督人员的政治敏感性和政治辨别力，善于察微析疑，从具体案件或者涉检舆情中发现执法办案风险和群体性、突发性事件的苗头，及时提出应对、引导措施，有效化解风险和作出正确处置。对涉及稳定的重大案件、重大事件、重大情况要积极加强分析研判，研究提出应对处置方案，坚守法律底线，妥善处理。

（六）释法说理、化解矛盾和群众工作能力

这一能力是侦查监督人员在依法履行职能过程中，灵活运用方式方法的具体表现。要把这一能力贯穿于执法办案的始终，在审查逮捕、刑事立案监督和侦查活动监督中，善于针对不同环节、不同对象、不同问题，阐明法理、释疑解惑，使监督对象心悦诚服地接受监督意见，使诉讼当事人认同检察机关的决定。在执法办案中善于发现矛盾、解决矛盾，做好群众工作，平复社会关系，促进社会和谐。规范自身执法行为，讲究工作方法，防止因执法不当导致矛盾激化，产生新的矛盾和不稳定因素。

（七）参与加强和创新社会管理能力

参与加强和创新社会管理是检察机关立足职能，延伸监督触角的重要表现和工作方式。侦查监督人员要更加自觉地通过执法办案和参与各类专项工作，发挥侦查监督职能在加强和创新社会管理中应有的法治保障和积极促进作用。增强参与平安建设和立体化社会治安防控体系建设的自觉性，善于结合办案研判社会治安形势和犯罪规律，运用检察建议和参与专项工作联席会议等建言献策，促进有关方面改善民生、加强管理、堵漏建制，完善和创新流动人口和特殊人群管理服务，提高社会管理法治化、科学化水平。

除了以上基本的岗位技能外，一名优秀的侦查监督检察官还应该具备较高的政治理论水平和政策把握能力；了解与检察工作相关的金融、财税、知识产权、自然科学等必备知识；掌握计算机应用等现代化办公技能；具备秉公执法、清正廉洁、刚正不阿的职业道德操守。

二、如何提高侦查监督岗位素能

新的形势和任务，对侦查监督检察官的能力与素质提出了更高要求。要通过学习实践、调查研究、岗位练兵等多种形式，不断提高侦查监督能力。

（一）勤于学习

学习是一个人的终身任务和永恒追求，是增长才干、提高素质的基本途径。从事检察工作，不仅要有与时俱进、创新发展的决心和气魄，更要有做好本职工作的知识、能力和水平。

1. 学习政治理论知识。侦查监督检察官要不断加强政治理论学习，深入理解邓小平理论、"三个代表"重要思想和科学发展观，用中国特色社会主义理论武装头脑、指导实践、推动工作。树立正确的世界观、人生观和价值观，确保正确的政治方向，牢牢把握正确的发展理念和执法理念，坚守法律底线，敢于监督、善于监督、依法监督、规范监督，才能更好地掌握司法公正的实质，与时俱进，执法为民，切实履行好侦查监督职责。

2. 学习法律及其他相关专业知识。现代社会发展日新月异，新领域、新事物层出不穷。犯罪作为一种社会现象，可能涉及社会的方方面面，不掌握相关的知识就不能很好地吃透案情，正确处理案件。同时，侦查监督工作业务种类多，涉及知识领域广，这就要求侦查监督检察官要不断学习充电，加强知识储备。不仅学习法律、法规、司法解释，还要学习与检察工作相关的经济、自然科学等其他方面的专业知识。通过广泛阅读社会科学、人文科学、自然科学等各方面书籍，开阔视野、扩大知识面、增强思想内涵和文化底蕴，提高综合分析问题、解决问题的能力，从而进一步提高法律监督能力。

3. 学习法学理论知识。法学理论是法律条文背后的本质。懂条文是知其然，而懂法理则是知其所以然。正确地理解法条背后的法理，能更全面、更透彻地理解法条。通过学习法学理论知识，研读专家学者的理论著作，可以掌握一些前沿理论，加强对立法和司法解释的理解，在实践中更好地应用学理知识办理疑难复杂案件，提高办案能力。

（二）勇于实践

侦查监督人员要通过敢监督、多办案、办难案，不断提高自身能力。要在办理各类刑事案件和化解社会矛盾中磨炼自己，积累经验，提升能力。侦查监督人员要牢固树立执法为民的理念，全心全意为人民服务，怀着对人民深厚的感情执法，把保障民生、服务群众、化解矛盾、促进和谐贯穿执法办案始终，不断提高掌握群众心理、使用群众语言、疏导群众情绪、协调处理群众诉求的能力。

（三）加强调研和写作

调研和写作不仅是促进工作的必要手段，也是侦查监督人员提高能力的有效途径。要重视理论研究，关注前沿理论，围绕业务工作加强调查研究，重点加强对疑难复杂案件、新类型案件以及带有普遍性的理论和实务问题的研究；同时，多练笔，勤写作，不断提高文字表达的能力。通过经常性的调研、写作养成勤于思考、善于总结的良好习惯，提高分析和解决问题的能力，促进工作向更深的方向发展。

（四）规范执法行为

作为一名侦查监督检察官，规范办案是最基本的要求，在办案过程中，必须严格按照法律法规、规章制度的规定操作。审查案件时要体现规范，讯问犯罪嫌疑人时要做到规范，与侦查机关沟通协调时更要讲究规范。一个处处规范的监督者，才可能得到被监督者的尊重。只有自己规范了，才会对不规范的现象敏感，才可能练就一双慧眼，去发现和纠正侦查机关在办案过程中出现的问题，增强侦查监督能力。

(五) 积极开展岗位练兵和各种培训

要提高侦查监督能力，就要综合采取岗位练兵、业务培训、学历教育、以正确的用人导向激励干部提高技能等多种措施。其中，岗位练兵是最有效的措施之一，它具有贴近实务、训练全面、收效明显的特点。开展岗位练兵活动，必须既注重结果，又注重过程，既注重实体，也注重程序，通过岗位练兵发现和纠正工作中容易出现的问题和薄弱环节，真正达到提高业务技能和办案能力的目的。可以根据业务特点有针对性地开展岗位练兵，如"审查逮捕案件意见书制作竞赛"、"不捕说理文书评选"、"精品案件评析"等，使干警在实践中反复演练工作本领，切实提高岗位技能。

除了岗位练兵的方式，还可以围绕实际工作需要，坚持基础培训与专业培训相结合、思想政治教育与业务能力培养相结合、正规化培训与岗位练兵相结合、完善培训内容和创新培训形式相结合，利用各种平台，开展多层次的业务培训，在培训内容上突出专业化，在培训对象上实行分类化，在培训方式上采取多样化。根据各类侦查监督人员办案职责的不同，分别设置培训重点；充分采取以案代训、以赛代训等方法，将培训与实际工作密切结合，增强培训的实效性。加强与侦查监督工作密切相关的新法规、新知识、新技能培训，有针对性地加强金融、证券、知识产权等专门知识以及应对突发事件、引导社会舆论、疏导社会心理等方面知识、技能的培训。通过深入持久地开展具有侦查监督特点的岗位练兵和各种培训活动，可以有效提高干警的综合素质和侦查监督能力。

思考题

1. 侦查监督工作的职能定位是什么？
2. 侦查监督岗位素能包括哪几种能力？

第二部分
侦查监督工作实务

第二章 审查逮捕工作

第一节 审查逮捕的职责与内容

一、审查逮捕职责概述

逮捕是司法机关依照法律规定在一定时间内在特定的场所对犯罪嫌疑人、被告人予以羁押，剥夺其人身自由的一种措施，是刑事诉讼中最严厉的强制措施。侦查监督工作的核心职能是审查逮捕，包括审查批准逮捕和审查决定逮捕。审查批准逮捕，是指人民检察院对于公安机关、国家安全机关、监狱（以下称侦查机关）提请批准逮捕的案件进行审查，决定是否逮捕犯罪嫌疑人的一种诉讼活动。审查决定逮捕，是指人民检察院侦查监督部门对本院侦查部门移送或者下级人民检察院报请审查逮捕的案件进行审查，决定是否逮捕犯罪嫌疑人的一种诉讼活动。

人民检察院侦查监督部门在审查逮捕工作中的主要职责概括如下：

（一）依法准确适用逮捕措施，保障刑事诉讼顺利进行，维护社会和谐稳定

侦查监督部门认真审查案件事实和证据，并在此基础上依法提出犯罪嫌疑人是否涉嫌犯罪、是否批准（决定）逮捕犯罪嫌疑人的意见，做到准确适用逮捕措施，是检察机关侦查监督部门的核心任务。在刑事诉讼中，逮捕是防止发生社会危险性的一种最有效的方法，是保障刑事诉讼顺利进行，保障案件顺利侦结的重要手段。这项强制措施适用得当，对于依法打击犯罪、维护社会和谐稳定具有重要意义，尤其是对于严重危害国家安全、公共安全、人民群众生命财产安全以及严重扰乱社会秩序的犯罪案件，检察机关依法从重从快批捕犯罪分子，对于维护国家安全、社会和谐稳定发挥着重要作用。

最高人民检察院曹建明检察长在 2013 年 6 月召开的第四次全国检察机关侦查监督工作会议上指出："侦查监督部门既承担着审查逮捕职责，又承担着对立案、侦查活动的监督职责，处于打击犯罪、保障人权、维护社会公平正义、促进社会和谐稳定的前沿……侦查监督工作直接关系到社会安宁和人民群

众的幸福安康,是检察机关参与平安中国、法治中国建设不可或缺的重要途径[①]。"曹检察长的讲话高屋建瓴地指明了侦查监督部门的职责和任务,对于深化职责认识,具有重要指导意义。

(二)依法履行侦查监督职责,防止发生冤假错案

审查逮捕是检察机关履行侦查监督职能的重要环节,是检察机关防止发生冤假错案的第一道关口。错误逮捕不仅对犯罪嫌疑人造成羁押后果,严重侵犯其人身权利,更为严重的是该司法认定有可能延续至审查起诉甚至审判阶段,导致案件最终成为冤假错案。检察机关侦查监督部门通过认真审查案件事实和证据,全面准确把握逮捕条件,对于证据存疑不符合逮捕条件规定的"有证据证明有犯罪事实"证明标准的,依法作出存疑不捕的决定,或者对于没有犯罪事实的或者犯罪嫌疑人的行为明显不构成犯罪或者犯罪事实并非犯罪嫌疑人所为的,依法作出不批准逮捕决定或者不予逮捕决定,是严把防止冤假错案第一关口的重要职责所在。

(三)依法开展侦查活动监督,排除非法证据,有效保障犯罪嫌疑人人身权利

由于逮捕是剥夺犯罪嫌疑人、被告人人身自由的一种强制方法,使用不当就要侵犯公民的人身自由。为适应打击犯罪和保障公民权利的要求,我国刑事诉讼法对于逮捕的条件、权限和程序等都作了严格规定,加重了对人权保障的内容。对审查逮捕来说,不仅重新明确了审查逮捕的条件,也更加严格规定了逮捕审查程序,特别是作出了对证据合法性审查和排除非法证据的规定。通过对证据合法性的审查,把好案件的证据关,以证据为依托,把好案件的事实关,同时在证据审查中还可以发现侦查活动监督的线索,开展侦查活动监督,这都是防止冤假错案,依法保障犯罪嫌疑人人身权利的有效途径。

(四)引导侦查机关及时收集固定完善证据,为案件顺利移送起诉、依法判决打下基础

人民检察院通过对重大疑难复杂案件适时介入侦查,参加侦查机关对重大案件的讨论,讯问犯罪嫌疑人、询问被害人、证人等诉讼参与人,听取律师意见等活动,既可以提前了解案情、熟悉证据,为准确把握逮捕条件,及时作出逮捕决定打下基础,又能够及时向侦查机关提出引导侦查取证、补充完善证据的意见和建议,防止关键性证据灭失和侦查方向偏离,为案件的顺利起诉和依法审判打下基础。同时,介入侦查,还有利于人民检察院依法履行侦查监督职能,及时发现和纠正侦查活动中的违法行为。

---

① 《检察日报》2013年6月22日第1版。

二、审查逮捕的内容

（一）审查逮捕的条件

刑事诉讼法将逮捕条件分为三种情形：一是"一般逮捕条件"；二是"径行逮捕条件"；三是"可以转捕的条件"。三种情形分别针对审查逮捕中遇到的不同情况："一般逮捕条件"是在原逮捕条件的基础上转化而来，适用于一般犯罪，实践中用的最多；"径行逮捕"是本次刑事诉讼法修改新增加的一种逮捕情形，主要针对主观恶性大、缺乏羁押条件的犯罪嫌疑人，无须再审查其社会危险性，或表明立法上已认为这些情形自然具有社会危险性，不再需要检察人员进行判断；对于"转捕"的情形虽然旧的刑事诉讼法也有规定，但修改后的刑事诉讼法和《刑诉规则》的规定更加明确。

1."一般逮捕条件"是关于逮捕条件的一般规定，根据修改后刑事诉讼法第79条的规定须符合下列三个条件：

（1）逮捕的事实、证据条件——有证据证明有犯罪事实。这是逮捕的前提条件和事实基础。相关司法解释对"有证据证明有犯罪事实"细化解释为同时符合以下三种情形：

①有证据证明发生了犯罪事实，该犯罪事实可以是单一犯罪行为的事实，也可以是数个犯罪行为中任何一个犯罪行为的事实。在审查逮捕阶段，并不要求查清犯罪嫌疑人所有犯罪事实，只要有查证属实的证据可以证明犯罪嫌疑人实施了犯罪行为即可。但由于逮捕涉及对人身自由的剥夺，因此必须严格把握罪与非罪的界限。

②有证据证明该犯罪事实是犯罪嫌疑人实施的。这一要求，使得客观存在的犯罪事实与可能适用逮捕的犯罪嫌疑人通过证据联系起来，防止张冠李戴，错捕无辜。

③证明犯罪嫌疑人实施犯罪行为的证据已有查证属实的。这是对证据的要求，所谓"查证属实"，即侦查人员依照法定程序收集的证明犯罪嫌疑人实施犯罪行为的证据有其他证据与之相互印证，而不能是孤证。同时证据应依照法定程序取得，不能是非法证据，如果证据有瑕疵，应当要求侦查机关进行补正或作出合理解释。但证据标准无须达到起诉所要求的"证据确实、充分"的程度。

（2）逮捕的刑罚条件——可能判处徒刑以上刑罚。在审查案件时，应当考虑犯罪嫌疑人所犯罪行的严重程度、犯罪情节、认罪悔罪态度等综合分析判断是否可能被判处徒刑以上刑罚。如果犯罪嫌疑人不可能被判处徒刑以上刑罚，或者虽有可能判处徒刑以上刑罚，但根据犯罪嫌疑人的犯罪情节和悔罪表现，符合缓刑条件的，一般也不需批准或者决定逮捕。需要强调的是，这种判断只能根据审查逮捕当时的证据作出，而大量的侦查工作、证据的补充和完善都需要在捕后去完成，捕后有可能出现政策法律或者证据发生变化的情形，从而影响到审判阶段的实际量刑。因此，"可能判处徒刑以上刑罚"的判断，只是逮捕阶段的初步评估，是一种不确定的判断。

（3）逮捕的社会危险性条件——采取取保候审尚不足以防止发生社会危险性。社会危险性条件是在保留原逮捕必要性条件精神内核的基础上修改而来，进一步细化为五种明确的社会危险性条件。一是可能实施新的犯罪的；二是有危害国家安全、公共安全或者社会秩序的现实危险的；三是可能毁灭、伪造证据，干扰证人作证或者串供的；四是可能对被害人、举报人、控告人实施打击报复的；五是企图自杀或者逃跑的。对社会危险性条件的把握一般要求要有一定证据证明或者有迹象表明，防止完全凭借办案人员主观判断，因此，这就要求侦查机关在提请逮捕时，还应当移送证明犯罪嫌疑人具有法定社会危险性情形的证据材料。倘若犯罪嫌疑人的社会危险性不大或者虽有社会危险性，但采取取保候审可以防止发生这种社会危险性，就没有必要采取逮捕措施，可以采用其他强制措施。

综上，人民检察院审查批准或者决定逮捕时，应当正确理解和把握逮捕的三个条件以及三个条件的相互联系，并结合具体案情综合考虑，而后作出正确的决定。

2. "径行逮捕条件"是此次逮捕条件的又一重大变化。刑事诉讼法首次规定当符合一定条件时，可以直接作出逮捕决定，无须再对社会危险性进行判断，这便是"径行逮捕"。共规定有三种情形：一是有证据证明有犯罪事实，可能判处十年有期徒刑以上刑罚的；二是有证据证明有犯罪事实，可能判处徒刑以上刑罚，曾经故意犯罪的；三是有证据证明有犯罪事实，可能判处徒刑以上刑罚，身份不明的。这表明从立法的角度，认为这三种情形的犯罪嫌疑人，或者主观恶性较大，或者犯罪恶习较深，或者缺乏不予羁押的基本条件，均体现出较大的社会危险性，因此无须再对社会危险性另行审查。

3. "可以转捕的条件"针对的是特定的犯罪嫌疑人。"可以转捕的条件"是指被取保候审、监视居住的犯罪嫌疑人违反取保候审、监视居住规定，情节严重的，可以予以逮捕。关于实践中对违反取保候审、监视居住的规定是否可以批准逮捕的问题，该条件给出了明确的答案。我们认为，对于严重违反取保候审、监视居住规定的行为，经审查犯罪嫌疑人确已涉嫌犯罪，且违反取保候审、监视居住行为的程度已经达到了逮捕的社会危险性条件的，则应当予以逮捕；对于只是违反了取保候审、监视居住的一般管理性规定，尚未达到逮捕的社会危险性程度的，则可以综合考虑案件情况，选择予以逮捕或者继续采取非羁押性强制措施。对于不符合"可能判处徒刑以上刑罚"条件的犯罪嫌疑人，是否可以予以转捕的问题在实践中有不同的认识，对此，2014年4月全国人大审议通过的立法解释给予了明确回答："根据刑事诉讼法第79条第3款的规定，对于被取保候审、监视居住的可能判处徒刑以下刑罚的犯罪嫌疑人、被告人，违反取保候审、监视居住规定，严重影响诉讼活动正常进行的，可以予以逮捕。"也就是说，转捕的情形可以不受一般逮捕条件的限制。

（二）审查逮捕程序

审查逮捕根据提请主体不同，存在三种不同的审查程序：第一种是属于公安机关管辖的案件，由公安机关向同级人民检察院的侦查监督部门提请逮捕，侦查监督部门审查后作出批准或不批准逮捕的决定。第二种是属于省级以下（不含省级）人民检察院直接立案侦查的案件，由下级院侦查部门报请上一级人民检察院的侦查监督部门，侦查监督部门审查后决定是否逮捕的程序，此类案件的报请与审查主体不再是同级部门。这是自2009年起检察机关加强对自身监督所作出的一项重要改革措施，且在试行期间实行的"同级审查"方式由于容易造成权责分离或流于形式，在《刑诉规则》修改时予以取消。第三种是对于省级和最高人民检察院直接立案侦查的案件，还保留了由本院侦查部门移送侦查监督部门审查决定的模式。三种模式在办案中并存，侦查监督检察官应当特别注意各自程序的不同要求和审查的侧重点，注意对各项法律文书的选择和适用。下面就具体程序和审查中的注意事项进行阐述：

1. 案件受理。受理提请、报请、移送审查逮捕案件是人民检察院审查逮捕的第一道程序。对公安机关提请、下级检察机关报请、本院侦查部门移送审查逮捕的案件，人民检察院首先应当对所移送的案卷材料和证据是否齐全，法律手续是否齐备，案件是否属于本院管辖等内容进行审查。这些事项有：（1）相关法律文书、案件材料是否完整，包括：《提请批准逮捕书》、《报请逮捕书》、《逮捕犯罪嫌疑人意见书》；犯罪嫌疑人被采取强制措施的法律文书、《拘留证》、搜查证和搜查笔录，讯问犯罪嫌疑人录音录像，扣押物证、书证清单，人大常委会或者主席团许可书等。（2）证据是否随案移送，与案件有关的物证、书证照片，讯问笔录、辨认笔录、询问笔录、勘验检查笔录、视听资料等是否齐备。案件受理工作由检察机关案件管理部门统一负责，不再由业务部门各自受理案件。人民检察院案件管理部门依法进行初步审查后，对符合受案条件的应当受理。如发现侦查机关提请逮捕的案件未按刑事诉讼法的规定移送案件材料和证据的，应当将案件退回侦查机关，或者要求侦查机关补充移送。对于不符合管辖规定的案件，应当建议侦查机关向有管辖权的机关移送。

2. 审查案件。人民检察院依法受理审查逮捕案件后，应当立即移送侦查监督部门进行审查，侦查监督部门应当指派有法律职务的承办人对案件进行认真审查。审查的内容主要包括以下几个方面：其一，犯罪嫌疑人的行为是否构成犯罪；其二，侦查机关认定的犯罪嫌疑人所犯罪行的性质、罪名及适用法律是否正确；其三，犯罪嫌疑人是否符合逮捕条件；其四，有无证据需要补正或者作出合理解释；其五，有无证据需要依法排除；其六，有无遗漏应当逮捕的共同犯罪嫌疑人或者其他犯罪事实；其七，侦查机关在侦查活动中有无违法情形；其八，有无立案监督线索或者其他犯罪线索需要移送。

人民检察院在审查案件中，如认为报请逮捕的证据存在疑问的，可以复核有关证据以排除矛盾，但不得另行侦查；如认为遗漏应当逮捕的犯罪嫌疑人或者其他犯罪事实的，应建议公安机关提请批准逮捕或者补充侦查，从而保证批捕案件质量，为起诉、审判奠定基础，同时防止错捕或者漏捕，有效地履行侦查监督职能。

3. 作出决定。人民检察院对审查逮捕案件进行审查后，应当在法定期限内，根据不同情况分别作出批准逮捕、不批准逮捕或者逮捕、不予逮捕的决定。

对于公安机关提请逮捕的案件，检察机关作出批准逮捕决定的，连同案卷材料送达公安机关执行；作出不批准逮捕决定的，人民检察院应当说明理由，需要补充侦查的，应当同时通知公安机关补充侦查。对公安机关提请批准逮捕的犯罪嫌疑人，已被拘留的，人民检察院应当在接到《提请批准逮捕书》的7日以内作出是否批准逮捕的决定；未被拘留的，应当在接到《提请批准逮捕书》的15日以内作出是否批准逮捕的决定，重大、复杂案件，不得超过20日。人民检察院批准逮捕犯罪嫌疑人由检察长决定，重大案件应当提交检察委员会讨论决定。

对于下级检察机关报请上级检察机关审查逮捕的案件或者本院侦查部门移送审查逮捕的案件，犯罪嫌疑人已被拘留的，应当在侦查监督部门接到《报请逮捕书》或者《逮捕犯罪嫌疑人意见书》后的7日以内，由检察长或者检察委员会决定是否逮捕，特殊情况下，决定逮捕的时间可以延长1日至3日；犯罪嫌疑人未被拘留的，应当在侦查监督部门接到《报请逮捕书》或《逮捕犯罪嫌疑人意见书》后的15日以内，由检察长或者检察委员会决定是否逮捕；重大复杂的案件，不得超过20日。

对于批准逮捕的犯罪嫌疑人，检察人员认为在继续侦查过程中仍需侦查机关继续收集有关证据的，应当填写《逮捕案件继续侦查取证意见书》，该文书由原《提供法庭所需证据材料意见书》更名而来。

(1) 批准（决定）逮捕与执行。针对不同的情形，采取以下不同的执行方案。

对公安机关提请批准逮捕的案件，经审查认为符合逮捕条件的，由承办人提出批准逮捕建议，经检察长签发后，填写《批准逮捕决定书》，加盖院章，连同案卷材料等一并送达提请批准逮捕的公安机关执行逮捕。

对下级人民检察院报请审查逮捕的案件，经审查认为符合逮捕条件决定逮捕的，应当将《逮捕决定书》连同案卷材料等一并交下级人民检察院，由下级人民检察院通知同级公安机关执行。必要时，下级人民检察院可以协助执行。下级人民检察院应当在公安机关执行逮捕3日以内，将执行回执报上一级人民检察院。

对本院侦查部门移送审查逮捕的案件，经审查符合逮捕条件，经检察长或者检察委员会决定逮捕的，侦查监督部门应当将《逮捕决定书》连同案卷材料等送交侦查部门，由侦查部门通知公安机关执行。必要时，人民检察院侦查部门可以协助执行。

(2) 不批准（不予）逮捕与执行。针对不同的情形，采取以下不同的执行方案。

对公安机关提请批准逮捕的案件，经审查认为不符合逮捕条件，或者具有刑事诉讼法第15条规定的6种不应追究刑事责任的情形之一的，或者事实、证据未达到批准逮捕的程度，即证据不足的，由承办人提出不批准逮捕的建议，报请检察长决定或者检察委员会讨论决定后，填写《不批准逮捕决定书》并加盖院章，连同案卷材料、证据、不批准逮捕的理由，一并移送提请批准逮捕的公安机关执行。需要补充侦查的案件，应制作《不批准逮捕案件补充侦查提纲》，同时移送提请批准逮捕的公安机关。

对下级人民检察院报请审查逮捕的案件，经审查不符合逮捕条件或者不宜逮捕的，检察长或者检察委员会决定不予逮捕的，应当将《不予逮捕决定书》连同案卷材料一并交下级人民检察院，同时书面说明不予逮捕的理由。犯罪嫌疑人已被拘留的，下级人民检察院应当通知公安机关立即释放，并报上一级人民检察院；需要继续侦查并且犯罪嫌疑人符合取保候审、监视居住条件的，由下级人民检察院依法取保候审或者监视居住。

对本院侦查部门移送审查逮捕的案件，经审查不符合逮捕条件的，检察长或者检察委员会决定不予逮捕的，侦查监督部门应当将不予逮捕的决定通知侦查部门，并移交案卷材料。犯罪嫌疑人已被拘留的，侦查部门应当通知公安机关立即释放。发现不应当逮捕的，经检察长批准撤销逮捕决定或者变更强制措施，并通知公安机关执行。释放犯罪嫌疑人和变更强制措施的，侦查部门应当通知侦查监督部门。如发现被释放的犯罪嫌疑人和被变更强制措施的犯罪嫌疑人又需要逮捕的，应当重新办理逮捕手续。

4. 备案。实施备案审查制度，不仅有利于上级人民检察院及时发现和纠正下级人民检察院审查批准、决定逮捕工作中的错误，以保证国家法律的正确统一实施；还有利于加强上下级人民检察院之间的业务联系，有利于上级人民检察院及时地总结工作经验和教训，分析工作的规律和特点，以便有针对性地开展指导工作。

审查逮捕案件报上一级检察院备案包括以下情形：

（1）根据《刑诉规则》第312条的规定，外国人、无国籍人涉嫌危害国家安全犯罪或者涉及国与国之间政治、外交关系以及在适用法律上确有疑难的案件以外的案件，决定批准逮捕的，人民检察院应当在作出批准逮捕决定后48小时以内报上一级人民检察院备案，同时向同级人民政府外事部门通报。根据最高人民检察院《关于审查批准逮捕外国犯罪嫌疑人的规定》第3条的规定，外国人和中国公民涉嫌共同犯罪的，对需要逮捕同案中国籍犯罪嫌疑人的，若系由地市级人民检察院批准逮捕的，应当与批准逮捕的同案外国犯罪嫌疑人一并报省级人民检察院备案。根据其第4条的规定，批准逮捕的外国犯罪嫌疑人和同案中国籍犯罪嫌疑人的备案和通报材料，包括《书面报告》、《审查逮捕案件意见书》、《批准逮捕决定书》。上级人民检察院对涉外刑事案件的备案材料应当认真审查，发现错误应当依法及时纠正。

（2）根据《刑诉规则》第313条的规定，人民检察院办理审查逮捕的危害国家安全的案件，应当报上一级人民检察院备案。

（3）根据《刑诉规则》和《人民检察院直接受理侦查案件立案、逮捕实行备案审查的规定（试行）》（以下简称《备案审查规定》）的规定，对于省级人民检察院办理的直接立案侦查案件，高检院指定管辖的或者重大、疑难、复杂的案件继续实行报高检院备案审查的制度。即应当在决定逮捕之日起3日以内，由侦查监督部门填写《逮捕备案登记表》，连同《逮捕犯罪嫌疑人意见书》、《审查逮捕意见书》和《逮捕决定书》，报送高检院备案。高检院在审查备案材料过程中，可以向省级人民检察院了解案件事实、证据和适用法律等情况，并提出是否同意省级人民检察院立案或者逮捕决定的审查意见，报部门负责人审批。认为省级人民检察院的立案或者逮捕决定错误的，或者发现省级人民检察院有应当立案而未立案或者应当逮捕犯罪嫌疑人而未决定逮捕情形的，应当在报经检察长或者检察委员会决定后，书面通知省级人民检察院纠正，或者直接作出相关决定，通知省级人民检察院执行。

(4) 根据《关于人民检察院审查逮捕工作中适用"附条件逮捕"的意见（试行）》（以下简称《附条件逮捕意见》）第 11 条的规定，作出附条件逮捕的案件，应当报上一级人民检察院备案，同时抄送本院公诉部门。即人民检察院侦查监督部门应当在批准（决定）逮捕后 3 日以内，将逮捕决定书、审查逮捕意见书和附条件逮捕案件继续侦查取证意见书等相关材料报上一级人民检察院侦查监督部门备案，同时抄送本院公诉部门。其第 12 条规定，上一级人民检察院侦查监督部门收到备案材料后，应当进行审查并在 10 日以内提出书面意见。经审查认为适用"附条件逮捕"有错误的，应当报经检察长或者检察委员会决定，通知下级人民检察院纠正或者直接予以纠正。

5. 不批准逮捕案件的复议、复核。该部分讲述复议与复核的概念及程序。

(1) 复议、复核的概念。复议，是指人民检察院根据公安机关的要求，对本院所作的不批准逮捕决定依法重新进行审议，以决定是否改变原决定的一种诉讼活动。根据《公安机关办理刑事案件程序规定》（以下简称《公安程序规定》）第 137 条的规定，公安机关认为人民检察院的不批准逮捕决定有错误而要求复议，应当在收到《不批准逮捕决定书》后的 5 日内提出《要求复议意见书》，报经县级以上公安机关负责人批准后，送交同级人民检察院进行复议。

复核，是指人民检察院根据下级公安机关的提请，对下级人民检察院所作的不批准逮捕决定进行审查，以决定是否改变下级人民检察院的不批准逮捕决定的一种诉讼活动。根据《公安程序规定》第 137 条的规定，公安机关在收到同级人民检察院的《复议决定书》后，如认为同级人民检察院维持原不批准逮捕决定有再议必要的，应当在 5 日内写出《提请复核意见书》，报经县级以上公安机关负责人批准后，连同同级人民检察院的《复议决定书》和案卷材料，一并提请上一级人民检察院复核。

(2) 复议的程序。第一，受理案件。公安机关向作出不批准逮捕决定的人民检察院提出《要求复议意见书》，是人民检察院复议不批准逮捕案件的前提和基础。人民检察院侦查监督部门首先应当检查其所移送的案卷材料是否齐全，法律手续是否齐备，是否在收到《不批准逮捕决定书》后的 5 日以内提出，如公安机关移送的案卷材料不齐全，法律手续不齐备，或者提出复议意见的时间已超过 5 日，应建议公安机关补充或者不予受理。

第二，更换办案人员审查案件。对公安机关要求复议的不批准逮捕案件，人民检察院应当另行指派侦查监督部门办案人员进行复议。因为如复议案件仍让原办案人员进行，容易陷入先入为主的偏见，不利于保证复议案件的质量。复议案件审查的内容主要是原审承办人认定的事实和作出的决定是否正确，公安机关提出的复议理由是否成立。

第三,制作《不批准逮捕案件复议审查意见书》。负责案件复议的办案人员对案件进行审查后,应当认真制作《不批准逮捕案件复议审查意见书》,这是部门负责人审核、检察长审批的主要依据。《不批准逮捕案件复议审查意见书》的内容应包括:复议案件受案的时间、公安机关提请复议的理由及根据、原审承办人作出决定的主要事实依据和法律依据、经过复议审查认定的事实和依据以及复议的处理意见等。

第四,报请检察长审批。检察长对是否逮捕有批准权。原不批准逮捕决定是经检察长批准的,是否变更原不批准逮捕的相应决定仍应由检察长审批签发。

第五,制作《复议决定书》。人民检察院应当在收到《要求复议意见书》和案卷材料后的7日内作出是否变更的决定,通知公安机关。对复议后维持原不批准逮捕决定的,人民检察院应当制作《复议决定书》,连同案卷材料一并退回提请复议的公安机关执行。对于复议后改变原不批准逮捕决定的,人民检察院除制作《复议决定书》外,还应制作《撤销不批准逮捕决定通知书》和《批准逮捕决定书》,连同案卷材料一并送提请复议的公安机关执行。

(3)复核的程序。复核的程序分为四个步骤,具体如下:

第一,受理案件。公安机关收到同级人民检察院的《复议决定书》后,认为同级人民检察院维持原不批准逮捕决定有再议的必要,而向上一级人民检察院提出《提请复核意见书》,是上一级人民检察院复核案件的前提。上一级人民检察院应当检查其报送的案卷材料是否齐全,法律手续是否齐备,是否在收到《复议决定书》后的5日内提出,如报送的案卷材料不齐全、法律手续不齐备,或者提出复核意见的时间超过5日,应建议公安机关补充完善或者不予受理。

第二,指定专人审查案件。对公安机关要求复核的不批准逮捕案件,由上一级人民检察院侦查监督部门办理。司法实践中,上一级人民检察院侦查监督部门应当指定专人审查,如果原下级检察院侦查监督部门办理该案的承办人调动到上级院工作,在复核案件时不能指派同一人审查。复核案件由作出复议决定的上一级人民检察院办理,有利于保证复核案件的质量,维护司法公正。复核案件主要审查的内容是下级人民检察院《复议决定书》认定的事实和作出的维持原不批准逮捕决定是否正确,公安机关提出的复核理由能否成立。

第三,报请检察长审批或者提请检委会讨论决定。对公安机关提请上一级人民检察院复核的不批准逮捕案件,由检察长或者检察委员会作出是否变更的决定。

第四,作出复核决定。上一级人民检察院应当在收到《提请复核意见书》和案卷材料后的 15 日内报请检察长或者检察委员会作出是否变更的决定,通知下级人民检察院和公安机关执行。如需改变原决定,应另行制作《批准逮捕决定书》。必要时上级人民检察院也可以直接作出批准逮捕决定,通知下级人民检察院送达公安机关执行。下级人民检察院对上级人民检察院的复核决定必须执行。如上级人民检察院维持下级人民检察院不批准逮捕决定的,应当在《复核决定书》中写明:"本院决定维持××号《复议决定书》关于对犯罪嫌疑人不批准逮捕的决定",分别送达下级公安机关和下级人民检察院执行。

6. 报请重新审查。该部分主要讲述报请重新审查的概念及程序,具体内容如下:

(1) 报请重新审查的概念。报请重新审查,是人民检察院直接立案侦查案件审查逮捕"上提一级"后,为保证下级人民检察院对不予逮捕决定有异议时有表达不同意见的权利,对下级人民检察院不服不予逮捕决定的,增设的报请重新审查的程序。下级人民检察院认为上一级人民检察院作出的不予逮捕决定有错误的,应当在收到不予逮捕决定书后 5 日以内报请上一级人民检察院重新审查,上一级人民检察院在收到《报请重新审查逮捕案件意见书》和案卷材料后,应当另行指派承办人审查,在 7 日内作出是否变更的决定。

(2) 报请重新审查的程序,该程序分为四个步骤,具体情形如下:

第一,受理案件。下级人民检察院收到上一级人民检察院的《不予逮捕决定书》后,认为有错误而向上一级人民检察院提出《报请重新审查逮捕案件意见书》,是上一级人民检察院重新审查案件的前提。上一级人民检察院应当检查其报送的案卷材料是否齐全,法律手续是否齐备,是否在收到《不予逮捕决定书》后的 5 日内提出,如报送的案卷材料不齐全、法律手续不齐备,或者提出重新审查意见的时间超过 5 日,应建议下级检察机关补充完善或者不予受理。

第二,更换办案人员审查案件。对下级检察机关要求重新审查的不予逮捕案件,上一级检察院应当另行指派承办人审查,并在 7 日以内作出是否变更的决定。重新审查案件的内容主要是原审承办人认定的事实和作出的决定是否正确,下级检察机关提出的重新审查的理由是否成立。

第三,制作《维持不予逮捕决定通知书》或者《撤销不予逮捕决定书》、《逮捕决定书》。负责案件重新审查的办案人员对案件进行审查后,如果维持原不予逮捕决定的,应当制作《维持不予逮捕决定通知书》;如果改变原不予逮捕决定的,应当制作《撤销不予逮捕决定书》和《逮捕决定书》。

第四,报请检察长审批。检察长对是否逮捕有批准权。原不批准逮捕决定是经检察长批准的,是否变更原不批准逮捕的相应决定仍应由检察长审批签发。

(三) 延长侦查羁押期限

审查批准延长侦查羁押期限是法律赋予检察机关行使的一项司法权力，是检察权的重要组成部分。近年来，各地侦查机关（部门）提请批准延长侦查羁押期限案件大幅增加，从总体看，办案质量是好的，但也存在侦查机关（部门）提请不依法、不规范，检察机关审查把关不严、流于形式等问题。各级检察机关办案人员要进一步提高认识，树立以人为本和保障人权的刑事司法理念，摒弃重实体、轻程序，重配合、轻监督的陈旧观念，充分履行法律监督职责，严格按照刑事诉讼法、《刑诉规则》及高检院的有关规定，认真办理延长侦查羁押期限案件，维护国家法律的尊严，保障刑事诉讼活动的顺利进行，保护犯罪嫌疑人、被告人的合法权益，确保办案质量。

1. 依法办理提请批准延长侦查羁押期限的案件。根据刑事诉讼法第154条的规定，对犯罪嫌疑人逮捕后的侦查羁押期限不得超过2个月。案情复杂、期限届满不能终结的案件，可以经上一级人民检察院批准延长1个月。本条规定是首次提请延长侦查羁押期限案件的法律依据，要点是对"案情复杂，期限届满不能终结的案件"条件的把握，根据刑事诉讼法、《刑诉规则》的规定，"案情复杂，期限届满不能终结的案件"主要指下列案件：(1) 涉案犯罪嫌疑人在3人以上或者同案犯在逃的共同犯罪案件；(2) 一名犯罪嫌疑人涉嫌多起犯罪或者多个罪名的；(3) 案件定性争议大，在适用法律上确有疑难的；(4) 涉外案件或者需要境外取证的；(5) 与大要案有牵连，且影响大要案处理，大要案尚未终结的案件；(6) 具有刑事诉讼法第156条列举的四类案件情形的。

"期限届满不能侦查终结"案件，一般应当是客观上具有侦查难度，并经过侦查机关（部门）最大限度努力，仍在现有侦查期限内不能侦查终结的案件。

关于"上一级人民检察院"，应当是指正在进行侦查，期限届满不能侦查终结的侦查机关的上一级人民检察院。

2. 第二次提请延长侦查羁押期限的法定案件。根据刑事诉讼法第156条的规定，下列案件在第154条规定的期限届满不能侦查终结的，经省、自治区、直辖市人民检察院批准或者决定，可以延长2个月：(1) 交通十分不便的边远地区的重大复杂案件；(2) 重大的犯罪集团案件；(3) 流窜作案的重大复杂案件；(4) 犯罪涉及面广，取证困难的重大复杂案件。

刑事诉讼法第156条的规定，是对适用第154条延长侦查羁押期限后，仍不能侦查终结的几种特殊情况的明确列举。本规定的四类案件，一是与前述列举的五类案件同属于"案情复杂",二是较前五类情况更加"案情复杂"的情形,只有在适用刑事诉讼法第154条已经延长侦查羁押期限的基础上,又具备本规定四类情形的,方可考虑结合其他案情予以第二次批准延长侦查羁押期限。

3. 第三次提请延长侦查羁押期限的法定案件。根据刑事诉讼法第157条的规定,对犯罪嫌疑人可能判处10年有期徒刑以上刑罚,依照第156条规定延长期限届满,仍不能侦查终结的,经省、自治区、直辖市人民检察院批准或者决定,可以再延长2个月。适用本条的要点是"可能判处10年有期徒刑以上刑罚,依照第156条规定延长侦查羁押期限届满,仍不能侦查终结的"。因此,不可能判处10年有期徒刑以上刑罚的案件,或者在法定延长期限内,经侦查机关(部门)主客观努力能够侦查终结的,不适用本规定,依法不予批准延长侦查羁押期限。

4. 提请批准延长侦查羁押期限案件报送时间及材料要求。根据《刑诉规则》第278条的规定,公安机关需要延长侦查羁押期限的,应当在侦查羁押期限届满7日前,向同级人民检察院移送延长侦查羁押期限意见书,写明案件的主要案情和延长侦查羁押期限的具体理由。根据2001年最高人民检察院侦查监督厅《关于各省级人民检察院侦查监督部门规范办理提请批准延长侦查羁押期限案件的通知》,各省级检察院侦查监督部门对同级侦查机关(部门)移送的提请延长侦查羁押期限案件,审查后向最高人民检察院侦查监督部门报送的,应当在侦查期限届满4日前,报送提请延长侦查羁押期限的意见及相关材料。如交付邮寄时间来不及的,应当加急密传,并同时以机要邮寄方式报送案件正式文书、材料。办理犯罪嫌疑人、被告人在押的案件,需要向上级机关请示的,请示、答复时间应当计入办案期限。

本条所称"延长侦查羁押期限的意见书"和"有关材料",主要是指侦查机关报送材料,具体包括:

(1)侦查机关《提请延长侦查羁押期限意见书》[加盖侦查机关(部门)公章]。

(2)《提请批准延长侦查羁押期限报告书》,写明犯罪嫌疑人基本情况、主要案情和延长侦查羁押期限的具体理由。依据刑事诉讼法第154条提请延押的,应写明在逮捕犯罪嫌疑人后做了哪些工作,本次提请延长1个月的侦查提纲、计划等;依据刑事讼诉法第156条或者第157条提请延押的,应当写明上一次延押之后已经做了哪些工作,此次提请延押两个月的侦查提纲、计划。

(3)侦查监督部门制作的《提请批准延长侦查羁押期限审查报告书》(加盖检察院公章)。属于县级公安机关移送县级人民检察院提请省级人民检察院批准延押的，市级人民检察院应当将县级人民检察院审查报告归档备查，向省级人民检察院报送案件审查报告；对于已经向侦查机关发出《提供法庭审判所需证据意见书》的案件，应当对照审查侦查机关侦查进展情况、提请延押的侦查提纲等，对于侦查机关未说明延押理由或者侦查工作无明显进展的，提出不予批准延长侦查羁押期限的意见。

（4）有关附件（复印件）：《批准逮捕决定书》、《逮捕证》、《审查逮捕案件意见书》及重新计算侦查羁押期限的相关法律文书。

（5）需要说明的情况等其他材料。

检察院职务犯罪侦查部门报送的材料具体如下：

自侦部门《提请延长侦查羁押期限意见书》（加盖部门公章）。

侦查监督部门制作的《提请批准延长侦查羁押期限报告书》（加盖人民检察院公章）。

侦查监督部门制作的《提请批准延长侦查羁押期限审查报告》（加盖人民检察院公章）。属于县级人民检察院提请省级人民检察院批准延押的，市级人民检察院应当将县级人民检察院审查报告归档备查，向省级人民检察院报送案件审查报告。

有关附件（复印件）：《批准逮捕决定书》、《逮捕证》、《审查逮捕案件意见书》及重新计算侦查羁押期限的相关法律文书。

需要说明的情况等其他材料。

第二节　审查逮捕的方式

审查逮捕传统的方式基本是以案卷审查的方式进行的，检察人员在审阅案卷的证据材料和诉讼法律文书后，得出对案件事实的判断，并经过对逮捕条件的分析，得出是否予以逮捕的结论。单纯以审查案卷进行审查逮捕的方式在特定历史时期发挥了重要作用，并为现今审查逮捕方式的确立打下了重要和决定性的基础，但随着法制进程的不断前进，并吸收借鉴当今世界先进司法理念和西方法治先进国家的做法，我国的司法理念不断提高，体现在审查逮捕方式的变革中也非常明显。审查逮捕环节对诉讼主体参与性的关注，对犯罪嫌疑人诉讼权利的保障等都有了大幅提升。具体审查逮捕方式上，已不仅仅局限于传统的审查案卷材料这种方式，还包括讯问犯罪嫌疑人、听取律师意见、询问诉讼参与人、审查同步录音录像以核实证据合法性等多种方式；对于重大疑难复杂案件，在审查中还可以采取提前介入侦查、办案组或所在部门进行案件讨论等方式。下面就审查方式和审查中应注意的问题进行阐述：

一、审查方式与审查重点

（一）审阅案卷材料

这是审查逮捕最基本的工作方法，要做到全面细致，依法进行。

阅卷审查的主要内容是：

1. 审查案件来源及发案、立案和破案的经过。

2. 审查犯罪嫌疑人的基本情况，着重审查其刑事责任年龄、刑事责任能力和有无前科劣迹情况，是否属于特殊主体。

3. 将侦查机关提请批准逮捕或者移送、报请审查逮捕的犯罪事实与案卷中的证据材料相对照，是否能够对应证明，是否有遗漏的犯罪嫌疑人。

4. 审查与案件有关的证据。既要认真审查、鉴别、分析证据的客观性、关联性，也要认真审查证据形式和收集过程的合法性，有无瑕疵证据需要补正或者作出合理解释，有无需要依法排除的非法证据，确保证据与证据之间、证据与案件事实之间不存在矛盾或者矛盾得以合理排除。同时还要客观评价证据证明力的大小。

5. 审查对犯罪嫌疑人涉嫌犯罪的性质、罪名和适用法律的认定是否正确。当遇有一人犯数罪或者多次实施同一犯罪情况的案件，办案人员可以围绕其中的一罪或者一次犯罪行为来进行审查，只要有一罪或者一次犯罪行为符合逮捕条件即可。

6. 审查侦查机关在收集证据、采取侦查措施等侦查活动中有无违反程序法和实体法的情况，如果有侦查活动违法，应根据违法程度要求侦查机关对证据进行补正或作出合理解释或者排除非法证据，提出侦查活动监督意见等。

7. 审查各项法律文书是否齐全，是否具有法律效力。

（二）讯问犯罪嫌疑人

1. 讯问条件的要求：刑事诉讼法第86条明确了检察机关审查逮捕时可以讯问犯罪嫌疑人，询问证人、被害人、鉴定人等诉讼参与人，并且明确了某些情况下应当讯问犯罪嫌疑人。这一规定，有利于检察机关加强证据审查，全面获取犯罪嫌疑人罪重、罪轻或无罪的证据，更加全面地了解案件情况，及时发现和纠正侦查违法行为，准确适用逮捕措施，切实防止错捕、漏捕，实现客观公正、保障人权。《刑诉规则》第305条对应当讯问犯罪嫌疑人的情形进行了更严格的规定，将具体情形扩充为六种，即（1）对是否符合逮捕条件有疑问的；（2）犯罪嫌疑人要求向检察人员当面陈述的；（3）侦查活动可能有重大违法行为的；（4）案情重大疑难复杂的；（5）犯罪嫌疑人系未成年人的；（6）犯罪嫌疑人是盲、聋、哑人或者是尚未完全丧失辨认或者控制自己行为能力的精神病人的。这六项规定属于刚性的义务性规定，即检察机关审查逮捕时，遇有这六种情形之一的，都必须进行讯问。此外的情形，检察机关享有主动讯问的权力。刑事诉讼法还明确规定了审查逮捕时，可以询问证人，并将询问范围扩大到其他诉讼参与人。讯问犯罪嫌疑人和询问诉讼参与人的目的主要在于复核证据，及时发现和纠正侦查活动中的违法行为，依法排除非法证据，严把逮捕适用关。在复核证据时，对犯罪嫌疑人供述不稳定，刑事责任年龄不清，共同犯罪责任不清，发现漏罪、漏犯，发现违法取证等情形，要引起高度重视。

2. 讯问程序的规定：在讯问程序上，也应当严格按照有关规定进行。讯问犯罪嫌疑人时，检察人员不得少于两人。检察人员讯问被拘留的犯罪嫌疑人时，应当出具提讯凭证（注明审查逮捕起止日期）、《公安机关提请批准逮捕书》、《人民检察院报请逮捕书》或者《逮捕犯罪嫌疑人意见书》。

检察人员讯问犯罪嫌疑人前，应当做好以下准备工作：（1）全面审阅案卷材料，熟悉案情及证据情况；（2）掌握与本案有关的法律政策和专业知识；（3）针对犯罪嫌疑人的心理状态和案件整体情况做好应对预案和相关准备，必要时应当听取案件侦查人员的意见；（4）制作讯问提纲。检察人员讯问犯罪嫌疑人，应当注意方法与策略，防止因讯问不当造成犯罪嫌疑人不正常地推翻有罪供述，影响侦查活动顺利进行。严禁刑讯逼供。

检察人员讯问犯罪嫌疑人时，应当依法告知其诉讼权利和义务，认真听取其供述和辩解，并根据案件具体情况特别是阅卷中发现的疑点，确定需要核实的问题。其中，以下几个方面应当重点核实：（1）犯罪嫌疑人的基本情况，如：是否系未成年人，是否患有不宜羁押的严重疾病，是否系人大代表或者政协委员等；（2）犯罪嫌疑人被采取强制措施的时间和原因；（3）犯罪嫌疑人供述存在的疑点；（4）主要证据之间存在的疑点及矛盾；（5）侦查活动是否存在违法情形。犯罪嫌疑人检举揭发他人犯罪线索的，应当予以记录，并依照有关规定移送有关部门处理。

检察人员讯问犯罪嫌疑人应当制作讯问笔录，并交犯罪嫌疑人核对或者向其宣读，经核对无误后逐页签名、盖章或者捺指印并存卷。犯罪嫌疑人请求自行书写供述的，应当准许，但不得以自行书写的供述代替讯问笔录。

讯问犯罪嫌疑人，检察人员可以当面讯问，也可以通过专网进行视频讯问。其中，对于由上一级人民检察院审查逮捕的自侦案件，通过视频讯问的，上一级人民检察院应当制作笔录附卷，下级人民检察院应当协助做好提押、讯问笔录核对、签字等工作。因交通、通讯不便等原因，不能当面讯问或者视频讯问的，上一级人民检察院可以拟定讯问提纲，委托下级人民检察院侦查监督部门进行讯问。下级人民检察院应当及时将讯问笔录报送上一级人民检察院。

需要注意的是，讯问未被拘留的犯罪嫌疑人，讯问前应当征求侦查机关的意见，并做好办案安全风险评估预警工作。对被拘留的犯罪嫌疑人不予讯问的，应当送达听取犯罪嫌疑人意见书，由犯罪嫌疑人填写后及时收回审查并附卷。经审查发现应当讯问犯罪嫌疑人或者犯罪嫌疑人要求当面陈述的，应当及时讯问。

各级检察机关在办理审查逮捕案件中，应当严格遵照上述规定执行。需要强调的是，讯问犯罪嫌疑人必须是在全面细致阅卷的基础之上，有针对性地进行讯问。实践中，有的办案人员为了加快办案速度，采用先讯问犯罪嫌疑人的方式来熟悉案情，而后再回过头来阅卷。这种先讯问后阅卷的方式容易产生弊端，可能出现阅卷后才发现该讯问的问题没有讯问，已讯问的问题尚不明确的情况。因此，应当避免这种先讯问、后阅卷的做法。

（三）询问证人、被害人、鉴定人等诉讼参与人

1996年刑事诉讼法没有审查逮捕时询问诉讼参与人的规定，原《刑诉规则》以及《审查逮捕质量标准》中有"办理审查逮捕案件，认为证据存有疑问的，可以询问证人"的规定，修改后的刑事诉讼法从完善审查逮捕诉讼构造出发，明确规定可以询问证人，并将询问范围扩大到其他诉讼参与人。《刑诉规则》第308条规定可以询问的范围包括证人、被害人、鉴定人等在内的诉讼参与人。审查逮捕阶段询问证人等诉讼参与人的目的，主要在于复核证据，及时发现和纠正侦查活动中的违法行为，依法排除以暴力、威胁等非法方法收集的证人证言、被害人陈述等非法证据，严把逮捕适用关。

（四）听取犯罪嫌疑人委托律师的意见

刑事诉讼法第86条第2款规定："人民检察院审查批准逮捕，可以听取辩护律师的意见；辩护律师提出要求的，应当听取辩护律师的意见。"审查逮捕时，检察人员应当首先了解犯罪嫌疑人是否委托了律师，认为必要时，可以主动与辩护律师进行联系，听取其意见。如果辩护律师提出了要求，则应当听取辩护律师意见，并应当对辩护律师的意见制作笔录附卷。由于律师具备专门的法律知识，对犯罪嫌疑人是否涉嫌犯罪、有无社会危险性、是否适宜羁押、侦查取证活动是否违法等方面能够从不同于侦查机关的角度提出专业性意见。对律师提出的意见办案人员应当认真对待，"辩护律师提出不构成犯罪、无社会危险性、不适宜羁押、侦查活动有违法犯罪情形等书面意见的，办案人员应当审查，并在审查逮捕意见书中说明是否采纳的情况和理由"。对待辩护律师的意见（特别是可能影响到逮捕决定的书面意见），要在审查逮捕意见书中专门作出说明，以督促检察人员对辩护律师意见的重视和认真对待，有利于准确认

定案件事实、正确作出逮捕决定，也是对律师进行有效辩护的保障。

（五）同步录音录像的审查

刑事诉讼法第 121 条规定："侦查人员在讯问犯罪嫌疑人的时候，可以对讯问过程进行录音或者录像；对于可能判处无期徒刑、死刑的案件或者其他重大犯罪案件，应当对讯问过程进行录音或者录像。录音或者录像应当全程进行，保持完整性。"这是修改后刑事诉讼法新增加的规定，从法律上确立了讯问犯罪嫌疑人录音录像制度。根据刑事诉讼法和《刑诉规则》的规定，讯问犯罪嫌疑人录音录像的适用范围包括可能判处无期徒刑、死刑的案件或者其他重大犯罪案件以及职务犯罪案件，对上述范围规定之外的案件，法律和司法解释没有强制性要求讯问犯罪嫌疑人必须录音录像，但有条件的侦查机关或者认为必要时，可以进行录音录像。

在录音录像的移送方式上，对普通刑事案件和检察机关的自侦案件分别采取了不同的移送方式。对普通刑事案件，人民法院和人民检察院遵循有疑问时调取的原则，即在需要证实证据合法性时，向检察机关或者侦查机关调取录音录像。审查逮捕时发现侦查机关对于法律规定应当进行录音录像的案件没有进行录音录像的，应当提出纠正违法意见。并且在对证据合法性无法证实的情况下不应以该证据作为审查逮捕的依据。对于法律没有要求必须进行录音录像的案件，如果侦查机关进行了录音录像且符合调取条件的，侦查监督部门也可以进行调取并审查。对自侦案件则要求每一案件都应当进行录音录像并在审查逮捕和审查起诉时将录音录像与案件材料一并移送。

审查逮捕时，对录音录像的起止时间、是否剪接、删改等进行形式审查后，有选择性地审看录音录像中对证据真实性产生疑问相对应的部分。对于重大、复杂、有争议的案件，必要时可以审看全部的录音录像。

经审查，发现侦查机关讯问不规范、讯问过程违法、录音录像内容与讯问笔录不一致等情形的，应当要求侦查机关纠正、补正或者书面作出合理解释。发现讯问笔录与同步录音录像资料在内容上存在重大实质性差异或者侦查机关不能补正或者作出合理解释的，该讯问笔录不能作为批准或决定逮捕的根据。

（六）非法证据排除

检察机关在审查逮捕时，如果接到犯罪嫌疑人及其辩护人或者证人、被害人等对办案人员有刑讯逼供、暴力取证等非法行为的控告、举报及提供的线索的，或者在审查案件材料时发现可能存在非法取证行为的，应当进行必要的调查核实。调查核实可以采取讯问犯罪嫌疑人、询问办案人员、询问在场人员及证人、听取辩护律师意见、调取讯问笔录、讯问录音、录像、进行伤情检查或鉴定或者调取、查询犯罪嫌疑人出入看守所的身体检查记录及相关材料等调查核实方式。对以刑讯逼供等非法方法收集的犯罪嫌疑人供述和采用暴力、威胁等非法方法收集的证人证言、被害人陈述,应当依法排除;对于其他非法方法取得的证据,重点把握其违法危害程度与刑讯逼供和暴力、威胁手段是否相当,决定是否依法排除。进行非法证据排除可以使非法取证行为失去功利性,进而达到遏制刑讯逼供、暴力取证等非法行为的目的。审查逮捕阶段,拟对非法证据进行调查的,应当经检察长批准后进行,决定调查核实的,应当及时通知侦查机关。调查后,应当形成调查报告,对于依法排除非法证据的,应当在调查报告中说明,同时要求被排除的非法证据随案移送。

二、重大、疑难、复杂案件的审查活动

(一)适时介入侦查,引导取证、发表意见

刑事诉讼法第85条规定,"必要的时候,人民检察院可以派人参加公安机关对于重大案件的讨论"。《刑诉规则》第567条规定:"人民检察院根据需要可以派员参加公安机关对于重大案件的讨论和其他侦查活动,发现违法行为,情节较轻的可以口头纠正,情节较重的应当报请检察长批准后,向公安机关发出纠正违法通知书。"第318条规定:"对公安机关提请批准逮捕的犯罪嫌疑人……人民检察院可以对收集证据、适用法律提出意见。"第330条规定:"对于重大、疑难、复杂的案件,下级人民检察院侦查部门可以提请上一级人民检察院侦查监督部门和本院侦查监督部门派员介入侦查,参加案件讨论。上一级人民检察院侦查监督部门和下级人民检察院侦查监督部门认为必要时,可以报经检察长批准,派员介入侦查,对收集证据、适用法律提出意见,监督侦查活动是否合法。"这是人民检察院适时介入侦查的法律依据。多年来的司法实践已充分证明,人民检察院通过对杀人、爆炸、抢劫等严重危害人民群众生命安全和财产安全的案件、在本地区有重大影响的案件、疑难复杂案件适时介入侦查,参加公安机关的现场勘查、重大案件的讨论,讯问犯罪嫌疑人,询问被害人、证人等侦查活动,既可以提前了解案情、熟悉证据,确保逮捕案件质量和效率;又能够及时向公安机关提出侦查建议,引导侦查取证,防止关键性的证据稍纵即逝;同时还有利于人民检察院依法履行侦查监督的职能,及时发现和纠正侦查活动中的违法行为。

在职务犯罪案件逮捕权"上提一级"的案件中,修改后《刑诉规则》虽然取消了下级人民检察院侦查监督部门"同级审查"的做法,不再要求下级人民检察院侦查监督部门对案件进行审查并提出意见,改为无须经过下级人民检察院侦查监督部门审查而直接报请上级人民检察院审查逮捕的"直报程序"。但对重大、疑难、复杂的案件,必要时,检察机关侦查部门可以提请本院和上一级检察院侦查监督部门派员适时介入。上一级检察院侦查监督部门认为必要时，可以主动派员介入。上下级人民检察院侦查监督部门可以通过介入案件侦查、参加案件讨论等方式，及时对案件的证据收集、法律适用、是否符合报捕条件以及纠正违法侦查活动等内容发表意见。

（二）案件讨论

办案人员在审查逮捕中，对案件把握不准或者需要改变侦查机关提请批准逮捕意见的案件，应当建议所在部门讨论案件。部门负责人对进入审核程序的案件认为有必要时，也可以决定讨论案件。司法实践证明，对于疑难复杂案件通过集体讨论，可以集思广益，充分发挥集体智慧，从不同的角度帮助承办人员把关。如集体讨论意见一致，可以作为案件处理的意见；如出现分歧意见的，应当及时报请检察长审查决定。检察长认为必要时，可以提交检察委员会讨论决定。特别疑难复杂的案件，经检察委员会讨论不能作出决定的，应请示上一级人民检察院。

（三）对逮捕关键性证据的复核

在审查逮捕中如果认为报请批准逮捕的证据存有疑问的，可以复核有关证据。司法实践中，尤其是对罪与非罪、捕与不捕起决定作用的证据，对定罪数额"踩线"的案件、刑事责任年龄临界的案件、职务身份不明的案件、司法鉴定不实的案件、凭言词证据定罪的案件，以及犯罪构成要件欠缺的案件，如发现疑点或者矛盾，在法定期限许可的前提下，可以对关键证据进行必要的复验、复核，以解决疑点、排除矛盾。如果解决了疑点，排除了矛盾，可以批捕；否则，不能批准逮捕。值得说明的是，《刑诉规则》第304条规定，"侦查监督部门办理审查逮捕案件，不另行侦查"，不得直接提出采取取保候审的意见。这里的不另行侦查，与检察机关在审查逮捕中可以复核有关证据并不矛盾，检察机关办案人员对关键性证据进行复核过程中可进行调查，包括讯问犯罪嫌疑人、询问证人等诉讼参与人以排除疑点，准确认定案件事实和证据。

三、文书制作与案件汇报

（一）制作《审查逮捕意见书》

这是审查逮捕的核心工作文书，承办人须提出是否逮捕犯罪嫌疑人的意见。《审查逮捕意见书》主要应写明以下内容：第一，受案和审查过程；第二，犯罪嫌疑人基本情况；第三，发案、立案、破案经过；第四，经审查认定的案件事实和证据，包括侦查机关（部门）认定的案件事实和经审查认定的案件事实、证据及证据分析；第五，需要说明的问题；第六，处理意见。

特别需要注意的是，犯罪嫌疑人委托的律师提出不构成犯罪、无逮捕必要、不适宜羁押、侦查活动有违法犯罪情形等书面意见以及相关证据材料的，应当在《审查逮捕意见书》中说明是否采纳的情况和理由。

《审查逮捕意见书》应当浓缩案件的全貌，对案情的叙述要突出重点，详略得当；对证据的分析要客观真实，重在证据的证明力；对案件事实的判断和认定要有逻辑性，得出的结论应当是唯一的，具有排他性。《审查逮捕意见书》既是案件承办人业务水平的集中体现，也是侦查监督部门负责人据以审核案件，检察长批准或者决定逮捕，或报请检察委员会讨论决定案件的事实基础，更是日后复查案件，追究错案责任的主要依据。

（二）案件汇报

审查逮捕案件汇报是指检察机关的侦查监督部门在办案过程中，对重大、疑难、复杂的案件向领导或者上级机关报告，以便依法作出批准或者决定逮捕、不批准或者不予逮捕的意见的工作程序。

1. 汇报的准备。需要准备相关资料，并且制作书面文书汇报提纲。

（1）准备相关资料：

一是熟悉案情、梳理证据。在汇报前，办案人员应当再次熟悉案情，全面梳理案件事实和证据，对卷宗材料认真进行筛选、整合和提炼，以便在汇报中简练地引用和概括案情与证据，做到既突出重点，又揭示案情的全貌。

二是精心准备、查阅法律。办案人员要仔细查找案件所可能适用的法律与司法解释，准备相关法律资料，并从法律视角和公正立场上准确地认定和判断事实、证据，形成自己的见解。

三是征询意见、加强沟通。某些罪与非罪有较大争议的案件，办案人员可以事先征询公诉或者上级检察院相关部门的意见，并在汇报时如实反映。对一些重大、有影响的案件，如群体性案件，办案人员应当全面了解案发原因及社会反响，认真听取群众意见，为检察长或者检委会委员准确决策提供参考。

（2）制作书面汇报提纲。汇报提纲或者报告一般包括案件概况、事实和证据、需要说明的问题、处理意见四个部分。

案件概况主要包括：案件受理及审查情况，犯罪嫌疑人基本情况，发案、立案、破案经过。一般来讲可简要汇报，但对存在下列情况的应予着重说明：犯罪嫌疑人是否有影响羁押的严重疾病，是否为未成年人，有无前科，是否系累犯，是否在押以及采取强制措施情况。

事实和证据包括：①案件事实。第一，包括侦查机关（部门）认定的案件事实和办案人员经过审查认定的事实。第二，犯罪事实的基本要素，即时间、地点、动机、过程、手段、结果等。②证据分析。这部分是案件汇报的重点，承办人（汇报人）通过一定顺序的证据排列和分析论证来证明犯罪嫌疑人的行为已经构成犯罪。一是应根据案件性质、复杂程度,有效地对证据进行排列、分析论证。二是细致分析有罪证据、无罪证据、罪轻证据,合法证据、非法证据、瑕疵证据,阐明如何排除非法证据,如何采用无罪证据、罪轻证据,如何完善瑕疵证据等。三是准确适用法律,正确认定罪名。四是证据分析应繁简得当。证据内容一致的,择其一次简要予以概括即可;不一致的,阐明矛盾点及排除矛盾点的理由。对非法证据、瑕疵证据在汇报中应指出并说明,特别是非法证据被依法排除后,其余证据的证明力是否受到影响,是否还足以认定犯罪事实。五是对逮捕的三个条件应全面汇报,不能有缺失。在分析了"构罪"条件以后,应当说明影响量刑的一些因素,如数额、情节、后果,阐释是否可能判处徒刑,说明是否符合有无逮捕必要性的相关情形。六是要注重对全案证据的综合分析。在对每个证据或者每组证据进行分析的基础上,要围绕证据的合法性、客观性、关联性对全案证据进行综合分析,特别是对存在非法证据并予以排除的,要分析现有证据还能否形成证据链条,还能否支撑经审查认定的事实。

需要说明的问题包括:①对上级机关或者有关领导对案件的批示、指示意见,或者可能影响案件处理的有关背景情况予以说明。②对讨论的焦点问题进一步分析说明。③对犯罪事实尚不能认定的情况,或者证据尚有矛盾的情节,应在需要说明的问题中如实说明。④必要时,对于需要开展诉讼监督的情况(有无立案监督事项、侦查活动中有无违法事项等),犯罪嫌疑人的认罪态度及辩解,辩护律师的意见及提供的证据,赃款赃物追缴及处理情况,物品价格鉴定、人身损害鉴定中存在的问题,社会各方面意见,或者其他需要说明的问题也应予说明。

处理意见包括:①办案人员的意见、理由和法律依据。②承办部门内部对案件进行讨论的意见、理由和法律依据。③若系请示案件还须说明基层或者原办案部门的意见,如意见不一致应讲明分歧和各自的理由。④处理意见后面还应提供援引的法律原文,案件复杂的要作必要的论证。对事实不清、证据不足,需要继续调查的,要阐明下一步工作方向,制作相关提纲。

2. 审查逮捕案件汇报。承办人在审查逮捕案件汇报时,应当按照前述制作的汇报大纲或者报告依序进行。汇报时要根据情况择其要点,高度概括、言简意赅,对于需要重点汇报的,要细致清楚,防止遗漏。

第三节 证据审查要点与重点

证据的审查判断,是指司法人员对刑事诉讼过程中收集到的各种证据材料，进行分析、研究、对比和鉴别，审查其与案件事实之间是否存在客观的联系，是否真实、完备，审查其对查明和证实案件事实有无意义及证明力的大小，进而就案件事实作出相应结论的活动。

审查判断证据的前提和基础是收集证据；审查判断证据的目的和结果是运用证据证实犯罪，并依法追究被告人的刑事责任，同时也保障无罪的人不受刑事追究。

一、审查逮捕阶段证据的特点

整个刑事诉讼过程，从立案、刑拘、逮捕、起诉到审判，每一个诉讼阶段都离不开对证据的审查和判断。根据我国刑事诉讼法的规定，立案的条件是"发现犯罪事实或犯罪嫌疑人"；刑拘的条件是"有重大嫌疑"；逮捕的条件是"有证据证明有犯罪事实"；起诉的条件是"认为犯罪事实已经查清，证据确实充分"；审判的条件是"案件事实清楚、证据确实充分"。由于各诉讼阶段对证据的要求不同，因此，不同诉讼阶段的证据也呈现出不同的特点。与审查起诉、审判等诉讼阶段相比，在审查逮捕阶段的证据具有如下特点：

（一）证据的不确实、不充分性

逮捕是刑事诉讼中的一种强制措施，不是对案件的终结处理。审查逮捕当时据以认定的证据，往往不充分、不全面，许多证据都有待于在捕后的侦查阶段去获取和完善，有的证据还需要进一步查证属实，也有可能出现变化被推翻。从这一角度出发，我们认为，审查逮捕只是刑事诉讼中阶段性的评判，必然要受阶段性的限制，审查逮捕阶段的证据具有一定的不确定性。

（二）具有最低限度的保障性

根据修改后刑事诉讼法第79条规定，逮捕的证据条件是"有证据证明有犯罪事实"，这里的"有证据证明有犯罪事实"和起诉的条件"犯罪事实清楚，证据确实充分"明显不同，不苛求证据的充分和全面，但是也必须具有最低限度的保障，那就是应当符合"有证据证明发生了犯罪事实；有证据证明该犯罪事实是犯罪嫌疑人实施的；证明犯罪嫌疑人实施犯罪行为的证据已经查证属实的"这个最低限度的证明标准要求。如果证据的证明力不能满足这一最低需要，那么对犯罪嫌疑人就不能批准或者决定逮捕。否则，就有可能造成错捕，侵犯被逮捕者的人身权利，造成刑事赔偿。

二、逮捕证据的审查和判断

（一）审查判断证据的基本原则

逮捕证据的审查和判断要坚持"全面、合法"的原则。"全面"指的是既要审查证明犯罪嫌疑人有罪的证据、符合逮捕条件的证据,又要审查犯罪嫌疑人无罪的证据、不符合逮捕条件的证据。"合法"包含两层意思:一是指审查程序要合法,要依照刑事诉讼法和《刑诉规则》等有关法律、法规的规定,对提请批准逮捕或者移送审查逮捕案件的证据进行审查;二是指要审查逮捕证据的合法性。证据的合法性包括证据的来源合法及表现形式合法。

(二) 审查判断证据的步骤

审查判断证据是一种认识活动,必须坚持实事求是,一切从实际出发,具体情况具体分析,不得先入为主,力戒主观片面。应当由浅入深,从个别到整体,循序渐进。

1. 单个证据的审查判断。对单个证据的审查判断,主要是审查判断证据本身是否真实可靠,是否具有证明能力,是否具有证明价值。如通过审查证据的来源,看是否由司法人员依照法定程序收集;通过审查证据的内容,看是否存在被逼供、诱供、逼证或故意编造、篡改的情况;通过审查证据的形式,看是否符合刑事诉讼法的规定,手续是否完备。对那些明显虚假、毫无证明价值或者因其他原因依法不具有证据能力的证据材料,经过单个证据的审查判断即可筛除,对非法证据要坚决予以排除。

2. 多个证据的审查判断。司法实践中,有时对单个证据本身无法作出正确的审查判断,往往要将案件中证明同一事实的两个或两个以上的证据材料进行比较,看其内容和反映的情况是否一致,能否合理地共同证明该案件事实。如对同一犯罪嫌疑人就同一案件事实前后的多次供述作对比,看其供述的内容是否前后一致,有无矛盾。通过对多个证据的对比审查,包括对同一犯罪嫌疑人就同一案件事实前后的供述和对同一案件事实不同证据的对比,找出它们之间的相同点和差异点加以分析,看其是否符合客观实际,能否排除矛盾,作为定案的依据。

3. 全案证据的审查判断。全案证据的审查判断,是对案件中所有的证据材料进行综合分析、研究和鉴别,看其内容和反映的情况是否协调一致,能否相互印证从而得出相应的结论。单个证据和多个证据的审查判断,主要是查明证据本身是否真实可靠;而全案证据的审查判断则是在单个证据和多个证据的审查判断真实可靠的基础之上,再查明各个证据、各类证据能否互相印证,并据此作出捕或不捕的决定。

(三) 证据审查的方法

司法实践中,审查判断证据的方法很多,主要有鉴别法、对比法、印证法、排除法、反证法以及辨认法、鉴定法、实验法、对质法。由于审查逮捕的法定期限短,法律又明确规定审查逮捕阶段不另行侦查,因此,批捕阶段证的审查判断，主要是针对侦查机关移送的书面材料来进行鉴别、对比和印证。只有在法定期限许可的前提下，对个别案件中关键性的证据可以进行复核，如采用鉴定法、辨认法，以排除书面审查中出现的矛盾点。此外，根据司法实践经验，还可以针对刑事诉讼法规定的8种证据的特点及常见类犯罪的共性，总结出一套审查判断逮捕证据的方法，以适应审查逮捕时间紧、要求高的需要。

逮捕的性质决定了审查逮捕阶段证据的特点：关键是把握罪与非罪的界限。因此，逮捕证据的审查和判断应重点围绕报捕罪名犯罪构成的四要件来进行证据分析、研究，并据此作出逮捕与否的正确判断。

1. 犯罪主体证据的审查判断。犯罪主体是刑事责任的承担者，行为人是否具有主体资格，是审查逮捕案件必须查明的问题。第一，应当查明刑法对报捕的罪名是否要求特殊主体，该行为人是否具备特殊主体资格，有哪些证据材料可以证明其具备特殊身份的资格。第二，审查行为人是否达到刑事责任年龄，尤其是对责任年龄上下的青少年，对刑法第17条规定的8类重罪犯的刑事责任年龄，一定要查实。第三，审查行为人是否具有刑事责任能力，有无反常的迹象，是否存在不宜羁押的严重疾病等特殊情况。第四，对不是现场查获的犯罪嫌疑人，在审查时要特别注意查明被羁押的犯罪嫌疑人是否为真正的作案者，有无张冠李戴的可能等特殊情况，以防止错捕现象的发生。一般来说，行为人达到刑事责任年龄，具有刑事责任能力，又不存在不宜羁押的特殊情形，即符合逮捕主体的证据要求。如果行为人不符合犯罪主体的证据要求，客观上虽已造成危害结果，仍不能批准逮捕。

2. 犯罪主观方面证据的审查判断。主观上存在故意或过失，是行为人承担刑事责任的主观基础。对于逮捕案件主观方面证据的审查判断，首先，应查明行为人主观上是否存在故意或过失，并注意有些犯罪只能由故意构成，有些犯罪只能由过失构成，不能混淆。如不存在故意或过失，是否属于意外事件，或者是正当防卫和紧急避险。其次，对某些犯罪，法律规定行为人主观上除具有故意或过失，还必须同时具备目的要件。如行贿罪，法律规定必须以"谋取不正当利益"为必备要件，否则，主观上虽有故意，但谋取的是正当利益，就不构成行贿罪。再次，如果是共同犯罪，各行为人主观上必须具有共同的故意，即对共同实施犯罪行为的性质以及由此带来的危害结果存在共识，并且希望危害结果的发生。假如是策划、预备、实行、帮助不同分工的共同犯罪，必须经事先通谋，否则无事先通谋则不构成共犯。最后，对那些法律规定"明知"的犯罪，如行为人否认自己明知，则应当查明其辩解是否合乎情理。如不合乎情理，应当利用行为人前后自相矛盾的供述、不合常理的言行戳穿其谎言，同时充分运用其他间接证据来证明其是否明知，而不能靠主观臆断。

总之，如果行为人主观上没有故意或过失，或者缺少主观方面法定必备要件，或者缺乏主观方面的共同故意，或者是在不明真相的情况下实施的行为，虽然造成了一定的危害结果，但因缺乏主观要件，仍不能批准逮捕。

3. 犯罪客观方面证据的审查判断。客观上实施了危害社会的行为，并且造成了危害社会的结果，是行为人承担刑事责任的客观基础。对于逮捕案件客观方面证据的审查判断，首先，应查明该危害社会的行为是否确系犯罪嫌疑人所为，如发现犯罪嫌疑人没有作案时间，或者该犯罪嫌疑人没有实施该种犯罪的行为而将其逮捕，显然是错捕。其次，应查明危害结果是否达到了刑法规定的要求。我国刑法分则规定的犯罪类型大致有结果犯、行为犯、危险犯、情节犯几种，个别分则条款还采用结果犯和情节犯的双重标准，只要符合其一就构成该罪。其中结果犯要求必须发生了法定的危害后果（包括数额犯），否则不构成该罪；行为犯，只要求法定的行为一经实施，即构成该罪既遂，而不以造成实际的危害结果为必备要件；危险犯则要求法定的危险状态形成即构成犯罪既遂；而情节犯，由于法律未明确规定什么是严重后果、什么是重大损失、什么是情节严重，故司法实践中往往难以操作。对此，如有司法解释的按司法解释办，没有司法解释的，应予以慎重对待。再次，应查明危害行为与危害结果之间是否存在刑法上的因果关系。假如危害行为不是危害结果发生的直接原因，行为与结果之间仅仅是事实上的因果关系，就不能要求行为人承担刑事责任。最后，如果是特殊主体的犯罪案件，还应注意，犯罪行为是否发生在特殊主体身份的存续期间，如不是，就不构成特殊主体的犯罪或者构成其他犯罪。

总之，行为人虽然主观上存在某种故意或过失，但由于客观上没有条件或没有能力实施预想的行为，或者危害结果尚未达到刑法规定的要求，或者危害结果不是危害行为直接造成，或者是在丧失特殊主体身份后的行为，虽然也不同程度地造成了一定程度的社会危害性，但因为不符合刑法分则规定某种犯罪的客观要件，只能作出不批准逮捕或不予逮捕的决定。

4. 犯罪客体证据的审查判断。犯罪客体是因犯罪行为侵害而受到刑法保护的社会关系。在逮捕案件的审查判断时，首先，要查明已经发生的危害社会结果是达到构成犯罪、需要追究刑事责任的程度，还是属于应当由经济、民事、行政法规调整的违法行为。如果没有依法应当追究刑事责任的犯罪事实客观存在，那么也就无侵害的犯罪客体而言。其次，要注意区分犯罪客体与犯罪对象。通常情况下，危害行为侵害了一个犯罪对象和一个犯罪客体，如盗窃的对象是钱包，侵犯的客体是钱包主人的财产所有权。但有时一个危害行为侵害一个犯罪对象，但结果却同时侵害了两个不同的犯罪客体。如行为人贪图钱财，拆卸了正在使用中的铁路钢轨部件，侵害的对象是钢轨，侵害的客体是铁路企业的财产所有权和铁路运输的公共安全,此类情况属刑法理论上的想象竞合犯,通常的处断方法是择一重处,即以破坏交通设施罪定罪处罚。此例从表象看是此罪彼罪之争,但事实上也涉及罪与非罪。如被盗钢轨零部件的价值不大,达不到盗窃罪的起刑点,不能定盗窃罪,但从维护交通运输的公共安全出发,一颗小小的螺丝钉被拆卸,也有可能酿成车毁人亡的危险。因此,在审查逮捕时,必须把握好犯罪行为侵害的主要客体。最后,在审查逮捕案件时,有时会遇到同样一个危害社会的行为,由于行为人主观上的认识不同,而侵犯了不同的客体;或者为实现一个犯罪目的,由于手段行为的变化,由原来侵害的单一客体转化为侵害了双重客体。如行为人不知道是假毒品而贩卖,其行为涉嫌贩卖毒品罪,侵害的客体是国家对毒品的管理制度;如行为人明知是假毒品而贩卖,其行为涉嫌诈骗罪,侵害的客体是他人的财产所有权。又比如犯盗窃、诈骗、抢夺罪,为窝藏赃物、抗拒抓捕或者毁灭罪证而当场使用暴力或以暴力相威胁的,刑法规定均以抢劫罪定罪处罚。以上情形不一定都涉及罪与非罪,但由于侵害的客体不同,社会危害性的程度不同,最终对行为人的定罪量刑也不同。因此,在审查逮捕时,也应充分注意犯罪客体的变化。

对逮捕证据的审查判断过程,实际上就是运用查证属实的证据作出逮捕与否的结论的过程。逮捕的性质以及人民检察院法律监督的职责,要求我们必须严格执法。经审查,只有同时具备犯罪构成的四要件,符合刑事诉讼法第79条规定的逮捕条件,才能依法作出逮捕的决定。否则,缺少任何一个犯罪构成要件,都只能作出不批准逮捕或不予逮捕的决定。

三、证据合法性审查及非法证据排除

(一) 证据合法性的审查

1. 准确理解修改后刑事诉讼法"不得强迫任何人证实自己有罪"的规定。修正后的刑事诉讼法进一步完善了证据制度并建立了非法证据排除制度。在审查逮捕工作中,检察人员一定要深刻理解和落实"不得强迫任何人证实自己有罪"的规定,进一步加强对证据合法性的审查,尤其是对犯罪嫌疑人供述和辩解的审查。我国已经签署的《公民权利和政治权利国际公约》第14条规定,不得强迫任何人做不利于自己的供述或者证明自己有罪。修正后的刑事诉讼法第50条关于收集证据的一般原则中,首次规定了"不得强迫任何人证实自己有罪"的原则,并在第118条中保留了犯罪嫌疑人面对侦查人员讯问应当如实回答的规定。同时增加了侦查人员在讯问犯罪嫌疑人的时候,应当告知犯罪嫌疑人如实供述自己的罪行可以从宽处理的法律规定,这是对"坦白从宽、抗拒从严"的传统办案观念的重大调整,其目的在于从制度上进一步遏制刑讯逼供和其他非法收集证据的行为。"不得强迫任何人证实自己有罪"的实质在于"不得强迫",与犯罪嫌疑人自愿履行如实回答的义务和主动认罪悔罪并不矛盾。按照上述规定,侦查机关在讯问犯罪嫌疑人时有义务告知其如实供述可以得到从宽处理,但不得采取任何暴力、威胁等带有强制性的手段迫使犯罪嫌疑人承认和证实自己有罪。检察机关在审查逮捕时,应当通过审阅案卷材料、讯问犯罪嫌疑人、听取律师意见等方式,认真审查犯罪嫌疑人的有罪供述是在什么情况下做出的,侦查人员在讯问时是否告知犯罪嫌疑人如实供述自己罪行可以从宽处理的法律规定,有无言行上进行强迫乃至刑讯逼供等违法情形,发现违法的应当予以纠正,并排除非法获取的证据。同时,检察人员在讯问时必须秉持理性、平和、文明、规范的执法理念,认真落实不得强迫任何人证实自己有罪的规定。

2. 正确掌握审查证据合法性的法律规定和要求。证据的审查认定,应当结合案件的具体情况,从证据与待证事实的关联程度、各证据之间的联系、是否依照法定程序收集等方面进行综合审查判断。

对于行政机关在行政执法和查办案件过程中收集的物证、书证、视听资料、电子数据证据材料,鉴定意见、勘验、检查笔录等,经检察机关审查符合法定要求的,可以作为证据使用。

审查逮捕时,办案人员认为存在以非法方法收集证据情形的,可以书面要求侦查机关对证据收集的合法性进行说明。对侦查机关的说明或者解释,检察机关应当予以审查,对符合要求的证据可以作为批准或者决定逮捕的依据。审查逮捕时,认为侦查机关的讯问活动可能存在刑讯逼供等非法取证行为的;犯罪嫌疑人或者辩护人提出犯罪嫌疑人供述系非法取得,并提供相关线索或者材料的;犯罪嫌疑人对讯问活动合法性提出异议或者翻供,并提供相关线索或者材料的;案情重大、疑难、复杂等情形之一的,可以调取侦查机关讯问犯罪嫌疑人的录音、录像,对证据收集的合法性以及犯罪嫌疑人供述的真实性进行审查。

对采用刑讯逼供等非法方法收集的犯罪嫌疑人供述和采用暴力、威胁等非法方法收集的证人证言、被害人陈述,应当依法排除,不得作为批准或者决定逮捕的依据。对收集物证、书证不符合法定程序,可能严重影响司法公正的,审查逮捕时应当及时要求侦查机关补正或者作出书面解释,不能补正或者无法作出合理解释的,对该证据应当予以排除。经审查发现存在刑事诉讼法第54条规定的非法取证行为,依法对该证据予以排除后,其他证据不能证明犯罪嫌疑人实施犯罪行为的,应当不批准或者决定逮捕。在审查逮捕中依法排除非法证据的,应当在调查报告中予以说明。被排除的非法证据应当随案移送。

对侦查人员以非法方法收集证据的线索报经检察长批准后及时进行调查核实并通知办案机关。调查核实可以采取讯问犯罪嫌疑人，询问办案人员，询问在场人员及证人，听取辩护律师意见，调取讯问笔录、讯问录音录像以及调取、查询犯罪嫌疑人出入看守所的身体检查记录等相关材料，进行伤情、病情检查或者鉴定等方式。调查完毕后，应当制作调查报告，根据查明的情况提出处理意见，报请检察长决定后依法处理。

（二）非法证据排除

建立非法证据排除制度，是中央确定的深化司法体制改革的重要任务之一。2010年最高人民法院、最高人民检察院、公安部、国家安全部、司法部联合发布了《关于办理死刑案件审查判断证据若干问题的规定》和《关于办理刑事案件排除非法证据若干问题的规定》（以下简称"两个证据规定"）初步确立了我国的非法证据排除制度。修改后的刑事诉讼法第54~58条在总结吸收上述规定的相关内容基础上又确定了一整套非法证据排除的程序性规定，在法律层面建立了非法证据排除规则，使非法取证行为失去功利性，进而达到遏制刑讯逼供、暴力取证等非法行为的目的。在审查逮捕环节，侦查监督部门排除非法证据主要有以下几个需要注意的问题：

1. 审查逮捕阶段同样具有排除非法证据的职责。修改后的刑事诉讼法第54条第2款规定，在侦查、审查起诉、审判时发现有应当排除的证据的，应当依法予以排除。这一规定没有明确审查逮捕时是否需要排除非法证据。我们认为，审查逮捕时进行非法证据排除是有法律依据且有必要的：首先，法律上有依据。审查逮捕处于侦查阶段，修改后的刑事诉讼法关于侦查阶段排除非法证据的规定当然包括审查逮捕时，且2010年的"两个证据规定"明确了人民检察院在审查逮捕时应当排除非法证据。其次，从司法审查的角度看，审查逮捕是以对证据的审查判断为基础的司法活动，对证据的合法性、关联性、客观性进行审查判断是审查逮捕时的必然要求和作出正确逮捕决定的前提。如果对证据的合法性不加以审查，审查逮捕的依据都不存在，必将无法作出正确合法的逮捕决定。最后，从法律监督的角度看，检察机关有责任和义务审查侦查取证活动是否有违法行为，发现存在非法取证行为的，应当依法进行纠正，符合排除非法证据情形的，应当予以排除，不得将之作为审查逮捕的依据。因此，检察机关在审查逮捕时，如果接到犯罪嫌疑人及其辩护人或者证人、被害人等关于刑讯逼供、暴力取证等非法行为的控告、举报及提供线索的，或者在审查案件材料时发现可能存在非法取证行为的，应当进行审查，属于非法证据的，应当依法排除。

2. 侦监部门对非法证据的调查职责贯穿整个侦查阶段。侦监部门在作出是否逮捕的决定后,又接到侦查人员非法收集证据的控告举报或者对审查逮捕时证据取得合法性尚未确定的,应当履行或者继续履行调查职责。首先,这是由侦监部门承担侦查活动监督职责决定的,检察机关依法对侦查机关的侦查活动是否合法进行监督,是检察机关履行法律监督职责的一个重要方面。对证据收集合法性的审查不仅是审查认定证据、正确作出逮捕决定的要求,也是发现侦查活动违法、履行侦查活动监督职责最有效的方式之一。其次,在审查逮捕时,犯罪嫌疑人从侦查机关到检察机关,由于更换了办案部门,犯罪嫌疑人更容易在这一环节提出对侦查活动中的违法行为以及证据取得合法性的控告,侦监部门应当引起重视,这既是对证据合法性审查的前提,也是侦查活动监督的重要工作来源。最后,如果侦查取证时出现了刑讯逼供等非法行为,由于审查逮捕环节距离侦查取证行为相隔时间最短,犯罪嫌疑人身上被刑讯逼供的伤痕等很可能尚未消除,犯罪嫌疑人对受到刑讯逼供的记忆也最清晰,这是进行伤情鉴定、保全固定证据的最佳时机,否则到审查起诉环节或者审判环节,伤情已经痊愈,相关证据很可能已经灭失,将不利于对非法取证活动的调查和对犯罪嫌疑人权利的保障。

3. 关于调查核实程序。侦监部门负责对侦查阶段非法证据的调查核实工作。拟对非法证据进行调查的,应当经检察长批准后进行。决定调查核实的,应当及时通知办案机关。这样做主要是考虑到:一是调查核实过程中需要办案机关提供其取证合法性的证明或者作出合理解释和说明等,配合调查。二是对非法取证的调查会涉及对办案人员责任的查处,甚至涉及违法取证人员的刑事责任,为防止对办案人员进行秘密调查,因此要求及时通知办案机关。对于涉及办案人员刑事责任的问题,应当商请渎职侵权检察部门适时参加调查工作。

4. 关于调查核实后的处理。调查后应当形成调查报告,对于依法排除非法证据的,应当在调查报告中说明,同时要求被排除的非法证据应当随案移送,原因在于:一是说明该证据已经调查核实认定为非法证据予以排除,没有作为审查逮捕的依据。在后面的诉讼中,如果当事人再次提出对该证据合法性质疑时,前一阶段的调查核实结果可以作为依据。二是在审查起诉、庭前会议或者法庭审理中,当事人可能再次提出对该证据合法性的质疑,该证据本身的存在和随案移送不能缺少。被排除的证据不能作为审查逮捕的依据。对于非法取证的人员,尚未构成犯罪的,应当向被调查人所在单位提出纠正意见。认为需要追究刑事责任的,应当移送立案侦查。

四、审查逮捕证明标准的把握

关于把握审查逮捕的证明标准,一般是以证据所证明的事实已经构成犯罪作为"有证据证明有犯罪事实"的证明标准。根据《人民检察院审查逮捕质量标准(试行)》第 2 条规定,所谓"有证据证明有犯罪事实",是指同时具备以下情形:其一,有证据证明发生了犯罪事实,该犯罪事实可以是单一犯罪行为的事实,也可以是数个犯罪行为中任何一个犯罪行为的事实;其二,有证据证明犯罪事实是犯罪嫌疑人实施的;其三,证明犯罪嫌疑人实施犯罪行为的证据已有查证属实的。相应地,第 3 条规定不属于"有证据证明有犯罪事实"的情形则包括:证据所证明的事实不构成犯罪的;仅有犯罪嫌疑人的有罪供述,而无其他已查证属实的证据印证的;证明犯罪嫌疑人有罪和无罪的主要证据之间存在重大矛盾且难以排除的;共同犯罪案件中,同案犯的供述存在重大矛盾,且无其他证据证明犯罪嫌疑人实施了共同犯罪行为的;没有直接证据,而间接证据不能形成相互印证链条的;证明犯罪的证据中,言词证据系采取刑讯逼供、暴力取证或者以威胁引诱、欺骗等方法取得,依法予以排除后,其余的证据不足以证明有犯罪事实的;现有证据不足以认定犯罪嫌疑人符合犯罪主观方面要件的;证明未成年的犯罪嫌疑人在实施被指控的犯罪达到刑事责任年龄的证据不足的;证明患有间歇性精神病的犯罪嫌疑人在实施被指控的犯罪时系精神正常的证据不足的;虽有证据证明发生了犯罪事实,但无证据证明犯罪事实是该犯罪嫌疑人实施的;其他不能证明有犯罪事实的情形。

与此同时,对于极少数符合一定条件的重大案件,在现有证据所证明的事实已经基本构成犯罪的情况下,经过严格的批准程序,可以"附条件逮捕"。一般意义上的逮捕和附条件逮捕都是有证据证明有犯罪事实的具体体现,属于对法定逮捕条件的分层次把握,既能保证对多数案件从严把关,防止错捕和错不捕,又可以保障对极少数严重刑事犯罪案件的侦查工作需要,体现了宽严相济刑事政策在逮捕措施上的具体应用。

在司法实践中,逮捕的证明标准与侦查终结、提起公诉标准和作出有罪判决不同,侦查终结、提起公诉和作出有罪判决的前提是"犯罪事实清楚,证据确实、充分"。修正后的刑事诉讼法第 53 条第 2 款规定:"证据确实、充分"是指:其一,定罪量刑的事实都有证据证明;其二,据以定案的证据均经法定程序查证属实;其三,综合全案证据,对所认定的事实已排除合理怀疑。我们可以看出,逮捕的证明标准和起诉的证明标准,无论是需要证明的案件事实的范围还是对证据属实性的查证程度,二者都有明显区别,适用逮捕措施无须达到"定罪量刑的事实都有证据证明"、"证据均经查证属实"和"排除合理怀疑"的证明程度,这是不同诉讼阶段对证明标准的不同要求,符合刑事诉讼的认识规律。另外,对于已经批准逮捕的案件,侦查机关必须继续开展侦查工作,检察机关应当积极引导取证,以使案件达到"事实清楚,证据确实充分"的程度;对于逮捕时符合"有证据证明有犯罪事实"的条件,但由于捕后侦查机关未再继续进行侦查取证或者取证达不到要求,导致案件因达不到相关证据要求而被不起诉或者判决无罪的,这种情况下并不意味着发生了错捕。

第四节　审查逮捕阶段疑罪的处理

一、疑罪的产生原因与类型

(一)疑罪的产生原因

疑罪,顾名思义,是定罪出现疑问,这种疑问主要表现在依据现有事实和证据认定行为人的行为是否构成犯罪产生疑问或者构成何罪存在疑问。在审查逮捕阶段,出现"疑罪"问题是一种经常发生的情况,对于这种情况的处理,往往是对承办人办案水平和办案能力的一种考验,"疑罪"案件处理是否得当,既考验了侦查监督部门打击犯罪、维护社会稳定的能力,同时也考验了侦查监督部门是否坚守了法律底线、保障了人权、有效防止了冤假错案。因此,审查逮捕中的"疑罪"问题必须高度重视,认真研究对待。首先,我们认为,在审查逮捕阶段产生"疑罪"有其客观的特殊原因:

第一,受到案件所处阶段的影响制约。审查逮捕的案件往往处在侦查的初期,侦查机关对案件的侦查取证还未全面展开,有罪、无罪的证据收集不充分,证明犯罪嫌疑人实施犯罪行为的证据链条尚未形成,有时甚至出现较大的缺口,在此情况下,认定犯罪嫌疑人实施犯罪行为,达到"有证据证明有犯罪事实"的程度尚存在疑问,自然会出现"疑罪"。

第二,审查主体的不同所致。人们常说,要换位思考。同样一件事情,如果由不同的人认识或者同一个人转换一下角度去认识,就会产生不同的判断。对于案件也是如此,由于审查逮捕阶段的承办人并非是案件的侦查人员,并没有直接参与案件的侦查取证过程,对案件的认识往往更趋理性,在审查时对案件证据的审查还要严格把握证据的合法性、客观性、关联性三个属性,一旦经过这三个方面的审查,发现有些证据还存在非法取证的情况,属于非法证据,有些证据的客观性由于没有得到其他证据的印证,其客观性受到影响,这样因审查主体不同导致对案件证据的审查判断不同,进而导致对案件性质的认识不同,"疑罪"的出现就在所难免。

第三,对案件适用法律的不同认识所致。同样的案件事实,在适用法律上侦查机关和检察机关的认识往往不同,有的认为已经构罪,有的认为不构成犯罪,这就是形成"疑罪"。即便同是检察办案人员,在审查讨论同一案件时,或者在审查逮捕、审查起诉不同的诉讼阶段,有时对案件的定性也会出现分歧意见,这种分歧有时是"罪"与"非罪"的分歧意见,有时是此罪与彼罪的分歧意见,这也是"疑罪"问题。

(二)"疑罪"的类型

通过前述我们可以看出,在审查逮捕阶段的疑罪主要可以分为以下两类:

第一,因证据问题出现的疑罪。因证据问题出现疑罪是司法实践中经常出现的一种情况,具体情况比较复杂,从犯罪构成四个要件的角度看,主要可以分为犯罪主体、犯罪主观方面、犯罪客体、犯罪客观方面因证据存在矛盾或者疑问,造成"疑罪"。譬如受贿罪的主体要求是国家工作人员,但有些案件中犯罪嫌疑人是否具有国家工作人员身份就往往存在争议,对于这些案件有一种意见认为即便属于非国家工作人员,只要构成受贿罪,逮捕也没有问题,因为将来在查清其真实身份后如果属于非国家工作人员可以按照刑法第163条非国家工作人员受贿罪起诉审判,这种观点在有些案件中应该说是没有问题的,但受贿罪情况比较复杂,譬如刑法第388条规定的受贿罪是"国家工作人员利用本人职权或者地位形成的便利条件,通过其他国家工作人员职务上的行为,为请托人谋取不正当利益,索取请托人财物或者收受请托人财物的,以受贿论处。"符合本条规定的国家工作人员实施了本条规定的行为,按照本条规定可以依照受贿罪定罪处罚,但是如果行为人不属于国家工作人员,通过其他国家工作人员职务上的行为,为请托人谋取不正当利益,索取请托人财物或者收受请托人财物的,就不能构成受贿罪,在此情况下如果对犯罪嫌疑人批准(或者决定)了逮捕,那么无疑就会造成错案。因此主体证据在有些情况下非常重要,往往是罪与非罪的关键,并不都是此罪与彼罪的问题。除此之外,我们经常遇到的一些刑法中规定的"目的犯",构成该罪就需要犯罪嫌疑人主观方面具有该目的,往往一些案件因此而存疑,成为"疑罪",譬如合同诈骗罪要求犯罪嫌疑人在主观方面必须具有"以非法占有为目的",只有具有此目的才能作为犯罪处理,否则就可能属于民事欺诈行为,不构成犯罪,如果在审查逮捕时经过审查案件事实和证据,认为证明犯罪嫌疑人具有非法占有目的的证据不足,那么就会出现"疑罪"。除此之外,还存在因构成犯罪的客观方面或者客体证据存在矛盾或者疑问而造成的"疑罪",就不再举例赘述。

第二,因法律适用问题出现的疑罪。审查逮捕时在法律适用问题上出现的"疑罪",从大的方面讲,主要可以分为两种情况:一种情况是犯罪嫌疑人实施的这种行为是否属于刑法调整的范围?换句话说,就是这种行为到底是犯罪行为还是民事违法行为、行政违法行为,存在争议,形成"疑罪",这种情况下的"疑罪"有的是因为证据问题,即案卷材料中缺乏充分的证据证明犯罪嫌疑人实施的行为属于犯罪行为或者是法律明确规定可以追究刑事责任的行为，有的则不是因为证据问题，在审查逮捕时办案人员对于案件事实证据的认识一致，但就是对于行为的性质产生分歧意见，譬如司法实践中一直争议较大的"票据贴现行为"究竟是否构成非法经营罪，不仅在理论上争议较大，在司法实践中遇到个案更是往往出现分歧意见，成为"疑罪"；另一种情况是在审查逮捕时对于犯罪嫌疑人的行为构成犯罪认识一致，但究竟构成何罪，存在争议，形成"疑罪"，譬如在构成"受贿罪"与"非国家工作人员受贿罪"之间存在争议，在是构成"职务侵占罪"还是"挪用资金罪"之间存在争议，在是否构成"贪污罪"与"职务侵占罪"之间存在争议。一般来说，这种情况下的"疑罪"，并不影响逮捕强制措施的适用，因为从理论上说只要符合修改后刑事诉讼法第79条规定的逮捕条件，即符合"有证据证明有犯罪事实、有社会危险性、可能判处有期徒刑以上刑罚"的条件，就可以对犯罪嫌疑人批准逮捕，但在有些情况下，譬如涉嫌的罪名是轻罪和重罪之间的争议，则会影响到逮捕强制措施的适用，因为如果认定为属于轻罪时，则应慎重适用逮捕强制措施。

二、证据问题产生疑罪的案件的审查与处理

审查逮捕中的疑罪即是对犯罪嫌疑人是否达到逮捕条件存在疑问、难以确证的情况，之所以会对案件难以确证的一个重要原因就是证据发生了问题。当证据确实能够充分证明犯罪构成的，对犯罪嫌疑人的社会危险性综合判断可以作出逮捕决定。当证据能够证明犯罪嫌疑人无法达到逮捕条件的，当然应作出不捕决定，而有些案件却面临着有一定证据证明存在犯罪事实，但证明犯罪事实的证据尚不够充分，对认定犯罪构成还有些差距，而产生了疑罪的困扰。有人说，根据疑罪从无原则，产生疑罪就应当不批准逮捕，我们完全赞成疑罪从无原则在逮捕阶段的指导作用，但"疑罪从无"原则是对证据进行审查判断后最终对案件的认定原则。我们这里所说的疑罪，是指审查逮捕人员拿到案件后对现有证据进行一个审查判断，对有疑点和矛盾的证据进行分析、甄别、排除的过程，甄别后确认的证据再作为认定案件事实的证据综合评判，判断其是否达到了逮捕的证明标准。对认定案件事实、犯罪构成仍然存有疑问的，根据疑罪从无原则应当作出不捕决定。

因证据问题产生的疑罪可以分为证据不足导致的疑罪和证据矛盾导致的疑罪两类。

（一）证据不足导致疑罪案件的审查与处理

证据不足可以是因为侦查机关收集取证不到位，使证明犯罪构成的关键性证据缺失，也可能是由于非法取证致使关键性证据被排除而导致证据不足。审查逮捕阶段的证明标准是"有证据证明有犯罪事实"，由于审查逮捕处于刑事诉讼的侦查阶段，只是刑事诉讼中阶段性的评判，其必然受到阶段性的限制，因此审查逮捕阶段的证据具有不确定性、不充分性，还需要进一步查实。但必须限制在"有证据证明有犯罪事实"的限度内。如果证据的证明力不能满足这一最低需要，那么对犯罪嫌疑人就没有达到逮捕的要求，也就导致了案件的证据不足。

1. 对于证据不足的案件，审查逮捕时不进行补充侦查。《刑诉规则》第304条第2款规定，"侦查监督部门办理审查逮捕案件，不另行侦查"。审查逮捕中应正确理解"审查逮捕案件不另行侦查"的含义，搞清与"逮捕关键性证据复核"的关系，有利于检察机关准确及时地作出捕或不捕的决定，同时，也有利于检察机关切实有效地开展侦查监督。审查逮捕案件不另行侦查，应当理解为：一是对提请批准逮捕案件以外的罪行不进行侦查。如在审查逮捕中发现另有应当逮捕的犯罪嫌疑人或者提请批准逮捕罪名以外的罪行，应当向公安机关发出《应当逮捕犯罪嫌疑人意见书》或者建议公安机关侦查。二是对提请批准逮捕案件不进行补充侦查，即在审查逮捕中发现需要逮捕而证据还不足的，检察机关不自行补充侦查，而是在作出不捕决定的同时，建议公安机关补充侦查后重新提请批准逮捕。三是对提请批准逮捕案件不重复侦查。因为审查逮捕的法定期限短，只能针对公安机关提请批准逮捕犯罪事实的矛盾点进行个别复核，而非全面的复核。

审查逮捕案件不另行侦查，并不排斥以下必要的审查工作：(1) 检察机关适时介入公安机关的侦查活动，既能够提前熟悉案情，又可以引导侦查取证；(2) 检察机关对决定能否逮捕关键性的证据进行必要复核过程中的调查活动，包括讯问犯罪嫌疑人、询问证人、听取辩护律师意见；(3) 检察机关开展立案监督中的初查工作，发现职务犯罪线索和公安机关应当立案而没有立案的，及时移送检察机关侦查部门和公安机关立案。

总之，我们既要严格执行《刑诉规则》关于"审查逮捕案件不另行侦查"的规定，又要避免因强调逮捕案件不另行侦查，而放弃必要的证据复核和调查工作。

2. 符合附条件逮捕的案件，可以作出附条件逮捕的决定。实践中，为保障审查逮捕的质量，防止出现错误逮捕和捕后无罪或判轻刑的现象，办案部门有时会出现高于法律要求的"有证据证明有犯罪事实"这一逮捕的最低标准，以"犯罪事实或某一犯罪事实已经基本查清，证据确实充分"的较高程度的标准作为逮捕标准的情况。办案中的这种实际把握的逮捕条件高于法定的逮捕条件的做法有历史原因、有我国现实法治环境的原因、也有检察人员自身认识不足和办案考核评价等原因,鉴于各种原因的综合考虑,目前我们这一做法虽然对于保证逮捕案件质量具有重要意义,但不利于对一些重大疑难案件的处理,有时甚至会造成打击不力。为此,我们在审查逮捕工作中建立了附条件逮捕工作制度,并严格规定了附条件逮捕的条件、适用范围和程序,司法实践中,对于符合附条件逮捕的案件,即便案件在证据上存在一些疑点,也可以作出附条件逮捕的决定。

3. 不符合逮捕条件的案件,应当作出不捕决定,加强引导侦查取证工作。对无法达到"有证据证明有犯罪事实"逮捕条件的案件,应当作出不捕决定,同时对于需要进一步补充完善的证据应当加强引导侦查取证工作。制作"不捕案件补充侦查提纲",将需要补充完善的证据事项在提纲中详细列明,既对侦查机关继续完善收集证据指明了方向,明确任务,也为侦查监督部门作出的不捕决定得到侦查机关的信服和理解提供了充分的依据,减少了侦查机关对不捕案件复议复核的提出。

通知补充侦查是指侦查监督部门对侦查机关提请批准逮捕的案件,经审查认为主要事实不清、证据不足作出不批准逮捕的决定,同时退回原侦查机关对不足部分再次进行侦查的一种诉讼活动。刑事诉讼法第88条规定:"人民检察院对于公安机关提请批准逮捕的案件审查后,对于不批准逮捕的,人民检察院应当说明理由;需要补充侦查的,应当通知公安机关。"《刑诉规则》第319条规定:"对公安机关提请批准逮捕的犯罪嫌疑人,具有本规则第143条至第144条规定情形,人民检察院作出不批准逮捕决定的,应当说明理由,连同案卷材料送达公安机关执行。需要补充侦查的,应当同时通知公安机关。"根据上述规定,检察机关侦查监督部门对于不批准逮捕需要补充侦查的,应当列出明确、具体的《不捕案件补充侦查提纲》,由侦查机关进行补充侦查,这是捕中阶段引导侦查取证的一种方式。

对于不批准逮捕需要补充侦查的案件,为了更好地做好引导侦查取证工作,需要注意以下两点:

第一,要明确需要补充侦查的案件范围。在司法实践中,有以下情形之一的案件,一般需要公安机关补充侦查:

(1) 无确实证据证明犯罪嫌疑人实施犯罪或证据未查实的;

(2) 虽有证据证明犯罪嫌疑人实施或参与了犯罪行为,但证据之间存在矛盾或无法排除犯罪嫌疑人合理辩解的;

(3) 无充分证据证明犯罪嫌疑人已达到刑事责任年龄的;

(4) 现有证据不足以认定犯罪嫌疑人有主观罪过的;

(5)侦查程序严重违反法律规定,主要是指侦查活动中有徇私舞弊、刑讯逼供等严重违反诉讼程序的情形。

凡具有上述情形之一的,不能确定犯罪嫌疑人构成犯罪和需要追究刑事责任时,才属于法律规定的"事实不清、证据不足,不符合逮捕条件",人民检察院在作出不批准逮捕决定的同时,可以通知侦查机关补充侦查。

第二,对于需要补充侦查的案件,要制作好《不捕案件补充侦查提纲》。制作《补充侦查提纲》是检察机关侦查监督部门对侦查机关的侦查活动进行有效引导的有力措施。因此,《补充侦查提纲》制作水平的高低直接关系到检察机关侦查监督部门引导侦查取证的水平,甚至关系到案件的成败。《补充侦查提纲》制作得好,能够引导侦查机关侦查到必要的证据,并做好对证据的固定、保全工作,这为下一步案件的报捕、移送起诉直至审判都能打下坚实的基础,如果《补充侦查提纲》制作得不好,导致侦查机关应该收集的证据没有收集,那么无疑会影响案件的质量,还可能会使侦查机关丧失补充侦查的机会,因此侦查监督部门一定要高度重视。制作《补充侦查提纲》不能泛泛而谈,一定要针对该案的具体情况、围绕涉嫌犯罪的构成要件提出需要补充侦查的证据意见,这就要求侦查监督部门的办案人员要详细、具体列明需要补充侦查的事项。制作《补充侦查提纲》的证据要求不仅要按照案件逮捕证据规格的标准,而且最好要按照起诉的标准提出,促使侦查机关在取证方面能够毕其功于一役。侦查监督部门要将需补侦证据的内容、要求等罗列在统一制作的法律文书上,侦查机关收到后,应该组织办案人员及时进行补侦证据工作,并在规定的期限内将侦查结果通过书面回执告知检察机关,如补充侦查的证据已达检察机关的补证要求,应将提请批准逮捕卷宗一并移送检察机关审查。

(二)证据矛盾导致疑罪案件的审查与处理

在审查逮捕中如果认为报请批准逮捕的证据存有疑问的,可以复核有关证据。在司法实践中,尤其是对罪与非罪、捕与不捕起决定作用的证据,对定罪数额"踩线"的案件、刑事责任年龄临界的案件、职务主体身份不明的案件、司法鉴定不实的案件、仅凭言词证据定罪的案件,以及一罪一起犯罪事实案件中犯罪构成要件欠缺的案件,如发现疑点或者矛盾,在法定期限许可的前提下,可以对关键证据进行必要的复验、复核,以解决疑点、排除矛盾。对关键证据进行审查判断时,要根据证据的种类,有所侧重。

对物证、书证要看相关联的证据是否全面收集,是否为原物、原件,收集、保管及鉴定过程中是否受到破坏或者改变,血液、指纹、毛发等生物样本是否经过 DNA 鉴定。不能证明物证、书证来源的,不能作为定案的根据。物证、书证的收集程序、方式存在瑕疵,办案人员能够进行补正或者作出合理解释的，可以采用，否则不能采用。

对证人证言和被害人陈述要注意审查是否以暴力、威胁等非法方法取得，是否与证人的年龄、认知水平相当，证人的猜测性、评论性、推断性的证言，不能作为证据使用，但根据一般生活经验判断符合事实的除外。证人的证言前后矛盾或与基本常识等存在出入，使办案人员对证人证言的内容产生疑问的，还可以对证人进行询问，让其进行合理解释，以排除疑点和矛盾，另外还可以综合证人与案件当事人、案件处理结果的利害关系等进行判断。

对犯罪嫌疑人的供述和辩解，要注意审查其是否受到刑讯逼供等非法取证，必要时可以查看同步录音录像，调取犯罪嫌疑人进出看守所的健康检查记录、笔录等进行审查。注意对犯罪嫌疑人的供述是否前后一致、是否符合案情和常理的审查。特别是对供述出现反复和翻供的情形，要引起特别重视，往往冤假错案的产生都是对犯罪嫌疑人合理辩解重视不够，对其提供的线索和说明的违法取证等情况视而不见。因此在讯问犯罪嫌疑人时要充分听取其翻供的理由和原因，对无理辩解的，要有相应证据予以反驳，对合理辩解和自我辩护的，更要充分重视，对其提供的证据或线索应要求侦查机关予以补充侦查，最后再与全案证据进行综合审查判断，特别是审查其辩解是否有其他言词证据或书证、物证的支撑和印证。

最后，要对证据进行综合审查判断，对证据的证明力，应当结合案件的具体情况，从各证据与待证事实的关联程度、各证据之间的联系等方面进行审查判断。证据之间具有内在的联系，共同指向同一待证事实，且能合理排除矛盾的，才能作为定案的根据。

（三）疑罪案例分析：以一起翻供案件的证据审查判断为例

1. 基本案情与证据情况：2007年12月4日1时许，犯罪嫌疑人崔强（保安）利用在酒店值班之机，伙同其女友刘婷，采用螺丝刀撬锁方式，在其二人打工的酒店盗窃收银台内现金4240元，盗窃保险柜未遂。

（1）证人证言，作证的人有唐莉、李小明、李志刚、梁慧等。

①唐莉（酒店经理）证实：2007年12月4日一早发现酒店收银台抽屉内现金4240元被盗，门锁没有被撬痕迹，保险柜倒在地上。作案时间内保安崔强在酒店值班。

②李小明、李志刚（酒店员工）证实：2007年12月4日0时许，二人去关酒店风机时，发现崔、刘二人在酒店大厅内，崔打开的大厅门，刘坐在大厅门口的领位桌后。

③梁慧、祝晓梦、黄美（女，酒店员工，刘婷室友）证实：2007年12月3日22时许刘婷回宿舍后出去洗澡，24时刘婷未归，12月4日8时许刘婷在

宿舍睡觉。证明刘婷有作案时间。

④张丽芬（女，酒店员工）证实：警察现场调查时，刘婷曾想请假离开，有作案嫌疑。

⑤王燕（女，刘婷初中同学）证实：刘婷未在其处寄存银行卡或现金，有勘验、检查笔录佐证（刘婷曾供述将赃款交与王燕）。

（2）犯罪嫌疑人供述与辩解。以下是犯罪嫌疑人崔强与刘婷的供述与辩解：

嫌疑人崔强分别于2007年12月4日、5日、7日被侦查员讯问三次，其供述前后稳定，证实：2007年12月3日23时许，我在酒店大厅值班，女友刘婷在大厅陪我聊天，刘婷让我请她朋友吃饭，我说没钱，即使想偷也没有工具。十分钟后刘婷拿来改锥、扳手、白色球鞋。刘婷在吧台外为我望风，我到吧台内将放钱的抽屉撬开并把钱放在吧台桌面上，后准备撬保险柜，因未成功将保险柜踹倒。后将钱放回抽屉一部分，剩余的钱连同改锥、扳手、球鞋全部交给刘婷。刘婷拿着钱和工具先走了。

刘婷于2007年12月4日被讯问一次，承认参与盗窃并为崔强望风：2007年12月4日0时许，我在大厅与崔强聊天，半小时后，我看见崔强从厕所换了一双白球鞋，他说让我到大厅给他望风，他要撬保险柜，当时我同意并按他说的做了。中间我听到撬东西的声音，后看到崔强拿东西往口袋内装，我意识到应该是钱。崔出来后让我回宿舍，并让我当什么事都未发生过。

刘婷分别于2007年12月5日、7日、10日被讯问五次，均否认参与盗窃：因为我害怕被抓进监狱，我在派出所是胡说的，亲笔供词也是瞎写的，没有人吓唬我。我没有盗窃，也没有看到崔强撬抽屉偷钱。只要不被抓进监狱，我愿意还钱。

（3）书证、物证：①扣押物品清单。②勘验、检查笔录一份，现场发现足迹一种，作案时间为2007年12月3日22时许至12月4日9时许，1人作案，作案人对现场熟悉，疑为内盗。③案发现场照片。④亲笔供词：嫌疑人崔强于2007年12月5日、刘婷于2007年12月4日各提供亲笔供词一份。

2. 本案分歧意见与理由。本案崔强盗窃行为不存在争议，分歧焦点在于现有证据能否证明刘婷是崔强的共犯，对此有两种意见：

意见一，认为刘婷参与盗窃，为共犯：（1）刘婷的供述合法有效，未刑讯逼供。（2）刘婷的有罪供述中情节能与其他证据印证，包括帮助望风、听到撬锁声音、对崔强作案前后所穿鞋子与勘查笔录同。（3）二人为男女朋友，崔不存在诬陷刘婷的理由。（4）刘婷的无罪辩解不具有合理性，其了解作案细节和愿意还钱无法按常理解释。（5）刘婷有作案时间与动机。

意见二，认为认定刘婷参与盗窃的证据不足：（1）刘婷的有罪证据只有崔强的供述，但根据承办人调取的证据显示，民警对崔强有诱供之嫌，故该证据存疑。（2）刘婷在第一份笔录中只承认望风，没有供述提供作案工具、帮助转移赃款和工具。此后笔录对参与盗窃全盘否定。（3）刘婷曾带领民警指认丢弃作案工具的地点，但起获作案工具（螺丝刀）与指认地点有200米距离，且与崔强供述工具不一致。

3. 综合分析。本案证据某些环节存在矛盾，不能形成完整的证据链。首先，刘婷仅第一次作有罪供述，随后均作无罪辩解。且刘婷在唯一一次有罪供述中只承认望风，并未提到提供作案工具和帮助转移赃物、作案工具等情节。其次，本案赃物未起获，一把螺丝刀是在刘婷指认地点200米外找到的，且与崔强供述的作案工具不一致。最后，不能仅因刘婷的有罪供述与崔强部分供述情节相吻合，并根据刘婷有作案时间、知晓部分作案细节，加之主观认为崔不存在诬陷女友的可能性，即断定刘婷参与盗窃并排除其五次无罪辩解。

因此，综合对证据的分析，本案确定嫌疑人刘婷有罪的证据只有刘婷的一次有罪供述及崔强的供述，根据刑事诉讼法的相关规定，仅有嫌疑人的有罪供述，而无其他已查证属实的证据佐证的，不能认为是"有证据证明有犯罪事实"，且刘婷的有罪供述、无罪供述与崔强的供述之间存在重大矛盾，难以简单排除刘婷的无罪供述，也不能通过证据锁链证明刘婷实施了共同犯罪行为，因此现有证据不足以证明刘婷参与盗窃，不符合应当批准逮捕的条件。

（四）案例引申——对翻供的审查判断与对策

1. 翻供之审查判断。翻供是犯罪嫌疑人供述或辩解的表现形式，是司法实践中的常见现象，对翻供的审查判断应当注意以下两点：

（1）贯彻证据裁判原则及无罪推定原则。证据裁判原则要求对案件事实的认定，必须有相应的证据予以证明。要正确区分客观上的事实与法律认定的事实不同，司法机关认定的案件事实，必须要有合法有效、充分的证据予以证明，并且应在法律程序中确定的事实。无罪推定原则更是要求司法人员在审查犯罪嫌疑人翻供时，不能主观有罪推定，先入为主，而应秉持公正立场，全面分析正反两方面证据，客观判断。本案刘婷是否实施了犯罪行为，在没有充分的证据前提下，办案人员不能凭感觉和经验判断，只有司法人员主观上的确信，但没有经过法定程序确认的证据的证明，是不能从法律上对事实加以认定的。刘婷的供述前后不一，在不能推翻其翻供不成立的情况下，其无罪辩解还是有证明力的，在只有"一对一"的口供，又没有扎实的其他相关证据的情况下，很难说有证据证明刘婷实施了犯罪事实。

（2）遵循自白自愿规则和补强证据规则。自白自愿规则是指基于犯罪嫌疑人、被告人自由意志而作出的自白才具有证据能力的规则。补强证据规则要求对于犯罪嫌疑人、被告人自白或自白以外的其他供述要有其他证据予以证实，才能作为定案的依据①。本案刘婷在后来翻供时，虽未表明先前的有罪供述为非法取得，但司法机关也无法提供补强证据，证明嫌疑人供述的自愿性和真实性，这种情况下，当嫌疑人的有罪供述与无罪辩解发生矛盾时片面采用嫌疑人的有罪供述，是有疑问的。要想排除嫌疑人供述间的矛盾，应当加强对证据的补强，特别是加强物证、书证、勘验检查笔录等实物证据的补强，通过补强，有些矛盾证据就能够得以排除。

审查翻供的真伪，可以从审查翻供的时间、理由、内容及供证的先后顺序来进行判断。

其一，审查翻供的时间。一般来说，嫌疑人刚到案时，尤其是在很短的时间内就被查获归案的，嫌疑人对如何应对司法机关还没有足够的心理准备，其开始作的有罪供述，往往可信度较高。到案一段时间后，受多种因素的影响而翻供的，一般可信度不是很高。但前提是嫌疑人的供述必须是在自由意志的情况下作出的，如果侦查机关不能提供有效证据证明取证的合法性，嫌疑人供述的证明力必然受到影响。

其二，审查翻供的理由。嫌疑人一旦翻供，整个证据链条会出现断裂，司法机关就面临着审查嫌疑人原口供合法性和证明力以及翻供供述的证明力等问题。嫌疑人常以被刑讯逼供、诱供作为翻供的理由，这时审查人员应引起重视，按照刑事诉讼法和《刑诉规则》的规定，检察人员应注意向其提取侦查人员违法取证的线索，成立的，让侦查机关对证据的合法性进行证明，启动非法证据调查。其他理由翻供的，要注意审查其翻供理由的合理性，审查翻供理由与案件背景、环境是否相符，是否有其他证据相印证或证明翻供内容不存在等。

其三，审查翻供的内容。如果口供的内容明确、具体、详细，能和案件中的客观情况相印证，则口供的可信度较高，如果先前的口供虽然承认有罪，但内容笼统，不能和案件中的客观情况相印证，其口供的可信度就会受到怀疑，其翻供也就更能影响到司法机关的判断。

其四，审查供证的先后顺序。审查是先有供后有证，还是先有证后有供也是一种重要的审查判断翻供的方法。一般来说，如果先取得了嫌疑人的口供，再根据口供获得相关物证，或者隐蔽性很强的证据的，则口供的可信度高，嫌疑人后来的翻供就很难认定。如果先有被害人报案或者证人证言及辨认而抓获

---

① 郑旭：《刑事证据规则》，中国政法大学2000年博士论文，第49、206页。

的嫌疑人并获取口供的，口供的可信度高；而根据一些间接证据或共犯口供获得的嫌疑人口供，虚假的可能性较高，实践中也常容易引起翻供。

其五，审查供与证之间的矛盾。审查供与证的内容时要特别注意细节，本案刘婷的有罪供述中对作案细节的描述与现场勘查结论之间有较大的矛盾，这些矛盾的存在，无疑增强了其翻供的可信度。

其六，审查供与供之间的矛盾。即审查同案犯的供述是否一致，如果同案犯对很多作案细节的供述一致，其后又翻供的，翻供的可信度就很低，如果对案件中的很多问题交代并不一致，后来又翻供的，翻供的可信度就较高。本案刘婷在先前供述中对作案工具的提供、赃款的处理等问题上与同案犯的口供存在较大不同，司法机关又没有及时通过现场勘验等手段及时补充证据，致使翻供后，诸多矛盾无法排除，增强了翻供的可信度。

因此，对本案而言，侦查机关第一时间获取了嫌疑人的口供，原本嫌疑人有罪供述的可信度较高，其后续的翻供也只是单纯的否认，缺乏合理的翻供理由。但侦查机关在嫌疑人翻供后没能提供证明取证合法的证据、对嫌疑人刘婷有罪供述中与同案犯供述内容矛盾之处也未引起重视，未进行相关物证的取证巩固工作，致使对刘婷的翻供没有其他证据作为分析判断的基础，也没有其他证据能够排除两嫌疑人供述间的矛盾，补充证据的最佳时机一过，很难再补充相关证据，根据疑罪从无的原则，不得不作出不捕的决定。

2. 翻供之对策。司法机关只要在实践中善于预测可能的翻供点，及时收集相关证据，建立组合证据，翻供也是可以有效应对的。组合证据是指由多个能相互印证、环环相扣的证据组成的证据体系。通过使用笔录、亲笔供词、录音录像、物证、书证、勘验检查笔录等多种证据表现形式加以固定，或以直接证据和若干间接证据相印证的方式，组合构成一个有机的证据体系，这样就可以变被动为主动，即使嫌疑人翻供，但由于有环环相扣的诸多直接证据、间接证据相互印证，组合证据的证明力不仅不会因翻供而受到影响，反而能更好地揭露嫌疑人的主观恶性，帮助司法人员作出准确判断。要建立起有效的组合证据体系，关键是依据不同的案件特点，准确预测可能的翻供点，这既是建立有效组合证据体系的重点，也是建立有效组合证据的难点，需要司法人员在实践中充分发挥主观能动性，多总结类案规律和特点，因案制宜。

三、法律适用问题产生疑罪的案件的审查与处理

根据前述，因法律适用问题产生的疑罪，主要分为罪与非罪的疑罪和此罪与彼罪的疑罪。尽管这两种情况差别明显，所导致的法律后果不同，但在审查逮捕时遇到这种情况如何处理，还有一些基本相同的方法。

(一) 案件讨论

对于一些疑罪案件，通过案件讨论，形成共识，按照多数人的意见处理，是一种较好的处理办法。俗话说，真理愈辩愈明。这说明真理是不怕辩的，案件的正确处理意见也是如此。至于案件讨论的方式、层次，要根据案件情况不同而不同。司法实践证明，对于疑难复杂案件通过集体讨论，可以集思广益，充分发挥集体的智慧，从不同的角度帮助承办人把关。如集体讨论意见一致，可以作为案件处理的意见；如意见出现分歧的，应当及时报请检察长审查决定。检察长认为必要时，可以提交检察委员会讨论决定。特别疑难复杂的案件，经检察委员会讨论不能作出决定的，应请示上一级人民检察院。

(二) 加强捕诉沟通与衔接

对于重大疑难复杂案件或者案件定性存有争议的案件，侦查监督部门一定要加强与本院公诉部门的联系、沟通，做到信息互通。首先，对于在定性上存有争议的案件，在案件讨论阶段，侦查监督部门可以主动请求公诉部门派员参加讨论，或者以部门名义正式征求公诉部门的意见，听取是否构成犯罪、应予逮捕的意见，作为案件承办人提出案件处理意见的参考；其次，对于在审查逮捕时案件定性存有争议的，如果案件被批捕的，侦查监督部门应在案件批捕后及时向本院公诉部门通报案件有关情况，并密切关注案件的侦查终结移送审查起诉情况，当案件进入审查起诉环节时，公诉部门应当及时告知侦查监督部门案件的审查起诉情况，对于因案件存有争议，拟作不诉处理的，应当及时通知侦查监督部门，如果犯罪嫌疑人在押的，可先撤销逮捕决定或者对犯罪嫌疑人变更强制措施。

司法实践中，对于一些在审查逮捕时案件定性存有争议的案件，加强捕、诉部门的沟通，及时听取意见，对于案件的正确处理确实能够发挥很好的作用。反之，则会造成被动，甚至造成错捕。譬如王小明非法制造发票案就是一个典型案例。

基本案情：犯罪嫌疑人王小明，男，33岁，汉族，初中文化，无业，户籍所在地：辽宁省某市。1994年1月14日因盗窃罪被人民法院判处有期徒刑4年。1998年来京，案发前暂住北京市某区胡同39号出租房。因涉嫌非法制造发票罪，于2007年12月14日被刑事拘留，2008年1月18日被检察机关批准逮捕。2007年12月13日22时许，民警在对北京市某区某胡同39号出租房例行检查时，将该出租房内正在利用电脑、打印机等设备非法制造北京市某医院门诊专用收据的犯罪嫌疑人王小明、协助盖章的犯罪嫌疑人王大光及阻碍检查的犯罪嫌疑人李大刚抓获，现场起获非法制造的北京市某医院门诊专用收据3729张，其中7张为当晚制作完成。后经蹲守，将承租该房屋的犯罪嫌疑人李小超抓获。

诉讼过程：犯罪嫌疑人王小明涉嫌非法制造发票一案，公安机关于2007年12月13日立案侦查。2008年1月18日该区检察院经审查后认为王小明涉嫌非法制造发票罪，决定批准逮捕。该案移送审查起诉后，该区检察院经审查后认定犯罪嫌疑人王小明的行为不构成非法制造发票罪，于2008年8月26日建议公安机关撤回。同年9月1日公安机关以不构成犯罪为由将案件撤回。

原因与教训：本案在审查逮捕阶段、审查起诉阶段，对于案件事实、证据并无争议，但两部门的处理意见不同的原因就在于案件定性出现分歧，也就是案件的法律适用出现分歧意见。该案审查逮捕时，侦查监督部门认为，现有证据能够证实犯罪嫌疑人王小明伙同他人利用电脑、打印机、假印章等工具非法制造北京市医院门诊专用收据3729份的事实。犯罪嫌疑人王小明伙同他人、非法制造功能等同于发票的医院收据凭证，现有法律及司法解释未对收费凭据的性质进行规定，因此，出于维护国家利益，应将收费凭证比照发票处理。王小明等人非法制造收费凭证3000余张，情节严重，社会危害性大，有逮捕必要。该案移送审查起诉后，公诉部门向国家税务总局了解情况，国家税务总局出具函证明，本案中起获的3729份北京市门诊专用收据不属于税务发票范畴。故此，公诉部门认为犯罪嫌疑人王小明非法制造的北京市门诊收费专用收据属行政事业收费收据，不属于刑法中规定的发票范畴，犯罪嫌疑人王小明的行为不构成非法制造发票罪，建议公安机关撤回移送起诉。

本案的错捕就在于法律适用上出现了错误，把本不属于刑法调整对象的医院收费凭证错误地纳入刑法中规定的发票范畴。根据刑法第209条的规定，非法制造发票罪是指违反国家税收管理法规，伪造、擅自制造增值税专用发票，可以用于出口退税、抵扣税款的发票以外的其他发票的行为。显然，本罪的犯罪对象是发票，侵犯的客体是国家对发票的管理秩序和税收秩序。侦查监督部门办案人员在审查逮捕时首先应当考虑的是医院收费收据是否属于刑法第209条规定的发票，如果存在争议则显然是罪与非罪的争议，关系重大，应当慎重，但由于没有认真征求有关部门（包括本院公诉部门以及院外税务机关）的意见，造成案件的错捕，教训无疑是深刻的，值得认真研究和汲取。

（三）及时请示

遇到案件定性问题即法律适用问题，及时向上级检察机关请示是一种常见的做法。关于案件的请示，大体可以分为两类，一类属于非正式请示，是上下级检察院内设部门之间的请示，如下级院侦监部门请示上级院侦监部门，这种请示上级院内设部门的答复意见不具有法律效力，仅供下级院内设部门办理案件时作为参考；另一类则属于正式请示，是下级检察院对上级检察院的请示，对于上级检察院的答复意见，下级检察院必须执行。由于这种请示具有正式性，因此必须严格依照最高人民检察院有关规定执行，作为侦查监督部门的办案人员应当掌握。根据《最高人民检察院办理下级人民检察院请示件暂行规定》（高检办发〔2005〕18号）的有关规定，案件请示的范围、要求如下：（1）下级人民检察院可以就执法工作中发生的重大案件、重大侦查行动、适用法律以及其他重要业务工作等事项向上级人民检察院进行请示。分、州、市以上人民检察院对下级人民检察院请示的案件，经研究仍难以作出决断的，可以本院名义逐级向上级人民检察院请示。（2）上级人民检察院办理下级人民检察院就案件法律适用的请示，必须是事实清楚、证据确凿，在适用法律上确属疑难、复杂而难以决断的案件，且须符合以下条件：第一，经过下级人民检察院检察委员会讨论；第二，有争议的案件须写清争议焦点和具体分歧意见，并写明检察委员会多数委员的意见；第三，须有检察长的明确意见；第四，须附全部案卷材料及检察委员会讨论记录；第五，加盖院章。通过上述规定可以看出，对于法律适用上确有疑难的案件，下级人民检察院可以向上级人民检察院请示，但要经过严格的程序，并且这种案件必须是事实清楚、证据确凿的案件，显然，由此可以看出，对于那些因事实不清、证据不足导致案件法律适用存有争议或者造成疑难的案件并不属于向上级院请示的范围，对于此类案件，如何处理，应当严格把握，慎用逮捕强制措施，对于经过审查也不符合"附条件逮捕"的，应当依法作出事实不清、证据不足不批准逮捕的决定，将案件退给侦查机关，对于仍需要继续侦查的，应当向侦查机关列明详细的补充侦查提纲，并跟踪侦查机关的侦查取证情况。

思考题

1. 审查逮捕阶段如何审查、排除非法证据？
2. 如何完善审查逮捕社会危险性条件的审查、判断、分析？
3. 审查逮捕中疑罪如何处理？

第三章　刑事立案监督工作

第一节　刑事立案监督的职责与内容

　　立案是一项十分重要而严肃的诉讼活动，是刑事诉讼启动的标志，在我国刑事诉讼法中有专章规定。根据我国刑事诉讼法第 107 条规定，公安机关或者人民检察院发现犯罪事实或者犯罪嫌疑人，应当按照管辖范围，立案侦查。而为了加强对侦查机关是否依法立案侦查的监督，保障打击犯罪、保护人民的刑事诉讼目的的实现，我国刑事诉讼法第 111 条规定：人民检察院认为公安机关对应当立案侦查的案件而不立案侦查的，或者被害人认为公安机关对应当立案侦查的案件而不立案侦查，向人民检察院提出的，人民检察院应当要求公安机关说明不立案的理由。人民检察院认为公安机关不立案理由不能成立的，应当通知公安机关立案，公安机关接到通知后应当立案。这一规定明确了刑事立案监督的概念、职责和任务等内容。

一、刑事立案监督的职责

　　根据刑事诉讼法和《刑诉规则》的相关规定，所谓刑事立案监督，是指人民检察院对侦查机关的刑事立案活动、行政执法机关的涉嫌犯罪案件移送是否合法而进行的法律监督。刑事立案监督和侦查活动监督、刑事审判监督、刑罚执行监督、民事审判监督、行政诉讼监督共同构成我国检察机关诉讼法律监督职能的基本体系。刑事立案监督的职责就是在于纠正侦查机关、行政执法机关在立案活动中的违法现象，确保刑事立案活动正确合法进行，保障刑事案件当事人的正当权利，确保国家法律统一正确地实施。

二、刑事立案监督的内容

　　刑事立案监督的内容包括对公安机关应当立案而不立案的监督、对公安机关不应当立案而立案的监督、对行政执法机关不移送涉嫌犯罪案件的监督和对人民检察院侦查部门立案活动的监督四部分。第一，对公安机关应当立案而不立案的监督。1996 年，根据实践中存在的一些地方应当立案而不立案，群众告状无门的实际情况，在当年修改刑事诉讼法时，在第 87 条增加了立案监督的规定，加强了人民检察院对公安机关应当立案而不立案的监督。2012 年刑事诉讼法第 111 条援引了原刑事诉讼法第 87 条的规定，这类刑事立案监督可分为两种情形：一是检察机关依职权主动进行立案监督；二是检察机关依被害人申请被动进行立案监督。第二，对公安机关不应当立案而立案的监督。1998 年《刑诉规则》第 378 条规定，对于公安机关不应当立案而立案侦查的，人民检察院应当向公安机关提出纠正违法意见，这开启了我们对公安机关不应当立案而立案情形的监督。2010 年最高人民检察院、公安部《关于刑事立案监督有关问题的规定（试行）》（以下简称《立案监督规定》）对此又有进一步的完善。修订的《刑诉规则》吸收了前述规定的有益成分，在第 553 条第 1 款、第 555 条第 2 款，规定对公安机关不应当立案而立案的情形予以监督。第三，对行政执法机关不移送涉嫌犯罪案件的监督。《刑诉规则》吸收了国务院 2001 年《行政执法机关移送涉嫌犯罪案件的规定》（国务院第 310 号令）等行政法规的内容，在第 553 条第 3 款规定，人民检察院接到控告、举报或者发现行政执法机关不移送涉嫌犯罪案件的，应当向行政执法机关提出检察意见，要求其按照管辖规定向公安机关或者人民检察院移送涉嫌犯罪案件。这一规定表明检察机关可以对行政执法机关不移送涉嫌犯罪案件进行监督。第四，对人民检察院侦查部门立案活动的监督。1998 年《刑诉规则》第 379 条将对检察机关侦查部门应当立案侦查的案件不报请立案侦查的情形纳入监督范围，现行《刑诉规则》第 563 条不仅规定了对检察机关侦查部门应当立案侦查的案件不报请立案侦查的情形进行监督，同时也将检察机关侦查部门不应当立案侦查而不报请撤销案件的情形也纳入监督范围，由人民检察院侦查监督部门或者公诉部门建议侦查部门报请立案侦查或者撤销案件；建议不被采纳的，应当报请检察长决定。

第二节　刑事立案监督的程序和方法

一、立案监督线索的受理

受理立案监督线索是开展立案监督工作的前提和基础。司法实践中，人民检察院的线索主要来源于以下几个方面：被害人及其法定代理人、近亲属提供的；检察机关侦查监督部门在办案过程中发现的；检察机关在行政执法与刑事司法衔接信息共享平台发现的；行政执法机关移送的；检察机关内部其他业务部门移送的；新闻媒体报道的；以及其他各种交办、转办的案件线索。

对于受理的案件线索，应当及时予以登记。同时，为了更好地获取立案监督线索，应当重点做好以下工作：

一是加强与院内、院外部门的联系、沟通。检察机关内部侦查监督、公诉、控告申诉、职务犯罪侦查等部门之间要加强联系与配合，要建立顺畅的案件线索移送机制。同时，要加强与人大、政府信访部门、有关行政执法机关的联系，及时获取立案监督案件线索。

二是加大宣传，增强人民群众的法律意识和对于检察机关职能的了解，使其能够提供更多有价值线索。

三是建立信息通报制度与备案审查制度。根据《立案监督规定》的要求，人民检察院与公安机关应当建立刑事案件信息通报制度，公安机关定期向检察机关通报刑事案件发案、报案、立案、破案情况，有条件的地方还应当建立刑事案件信息共享平台，人民检察院从中发现立案监督案件线索。

二、对立案监督案件线索的审查

根据刑事诉讼法和《刑诉规则》的规定，人民检察院在获取立案监督线索后，应当对线索作必要的审查和调查，以保证立案监督工作的准确性。这一环节是立案监督工作的核心，关系到人民检察院能否作出正确的立案监督决定，立案监督工作能否顺利进行。这种调查，可以在受理立案监督线索后，要求公安机关说明理由之前进行；也可以在审查公安机关说明的理由时或者在通知公安机关是否立案前进行，但这种调查不属于专门的刑事诉讼活动，不具有强制性，凡剥夺或者限制当事人人身自由或者财产权利的措施在调查中均不得适用，这是在开展立案监督工作中必须注意的问题。调查的方法主要包括：其一，调取、审查有关书面材料。其二，询问。即对有关当事人、证人就该案是否符合刑事立案条件或与之有关的事实进行了解，询问前应做好充分准备，尤其对案件行为人进行询问前，应制订详细预案、询问提纲，以防给以后的办案工作带来阻力。其三，勘验、检查。即对于与犯罪有关的场所、物品、人身、尸体应当进行勘验或者检查。在必要的时候，可以指派或者聘请具有专门知识的人，协助检察人员进行勘验、检查。其四，鉴定。即委托具有专业知识的人员对有关专门问题进行分析研究和鉴别的行为，借此获取能够证明应当立案或者不应当立案的事实、证据。如在污染环境，生产、销售伪劣商品，走私、贩卖、运输、制造毒品，制作、贩卖、传播淫秽物品等案件中，鉴定往往起着非常重要的作用。

（一）对公安机关应当立案而不立案线索的审查

《刑诉规则》第555条第1款规定，人民检察院侦查监督部门经过调查、核实有关证据材料，认为需要公安机关说明不立案理由的，经检察长批准，应当要求公安机关书面说明不立案的理由。要求公安机关书面说明不立案的理由是监督公安机关立案的必经程序。在要求公安机关说明不立案理由之前，人民检察院应当进行调查，调查的重点是查明公安机关是否存在应当立案侦查而不立案侦查的事实，其内容包括：其一，是否符合刑事诉讼法规定的刑事立案条件；其二，是否属于公安机关的管辖范围；其三，公安机关已受理该案或者有证据材料证明公安机关已知悉该案，且不予立案的。

人民检察院在对公安机关应当立案侦查而不立案侦查的线索进行审查后，应当根据不同情况分别作出处理：其一，在没有犯罪事实发生，或者犯罪事实显著轻微，不需要追究刑事责任，或者具有其他依法不追究刑事责任情形的情况下，不再要求公安机关说明不立案理由，系投诉人投诉或者相关单位移送的应及时予以答复；其二，不属于被投诉的公安机关管辖的，应当将有管辖权的机关告知相关单位与个人，并建议向其控告或者移送；其三，对于投诉人提供的线索，公安机关尚未作出不予立案决定的，由于被监督的事由尚未发生，不能启动立案监督程序，人民检察院应当将线索移送公安机关处理；其四，有犯罪事实需要追究刑事责任，属于被投诉的公安机关管辖，且公安机关已受理该案或者有证据材料证明公安机关已知悉该案，且不予立案的，经检察长批准，应当要求公安机关书面说明不立案理由。

人民检察院要求公安机关说明不立案理由的，应当制作《要求说明不立案理由通知书》，及时送达公安机关，并且告知公安机关在收到通知书后7日以内，书面说明不立案的情况、依据和理由，连同有关证据材料回复人民检察院。对于公安机关主动立案的，人民检察院应当将公安机关送达的《立案决定书》复印件存档备查。

（二）对公安机关不应当立案而立案线索的审查

《刑诉规则》第555条第2款规定，有证据证明公安机关可能存在违法动用刑事手段插手民事、经济纠纷，或者利用立案实施报复陷害、敲诈勒索以及谋取其他非法利益等违法立案情形，尚未提请批准逮捕或者移送审查起诉的，经检察长批准，应当要求公安机关书面说明立案理由。前述"等违法立案情形"，是指除了该条列举的插手经济纠纷、报复陷害、敲诈勒索、谋取非法利益四种严重违法立案情形外，还包括其他明显违反法律规定予以刑事立案的情形。如没有证据证明有犯罪事实发生或虽有犯罪事实发生但不是犯罪嫌疑人所为，公安机关仍予以立案的，或者对明显不构成犯罪或者依法不应追究刑事责任的人立案的，等等。这条规定未吸收《立案监督规定》第6条中"且已采取刑事拘留等强制措施或者搜查、扣押、冻结等强制性侦查措施"的内容，应理解为开展监督的条件有所修改。侦查监督部门在监督公安机关不应立案而立案时，应当适用《刑诉规则》，即不再以"已采取刑事拘留等强制措施或者搜查、扣押、冻结等强制性侦查措施"为前提条件。

根据上述规定，人民检察院对公安机关不应当立案而立案线索的审查，应当重点审查以下内容：其一，公安机关是否已经刑事立案；其二，是否有证据证明公安机关可能存在违法动用刑事手段插手民事、经济纠纷，或者办案人员利用立案实施报复陷害、敲诈勒索以及谋取其他非法利益等违法立案情形；其三，案件尚未提请批准逮捕或者移送审查起诉。

人民检察院要求公安机关说明立案理由的，应当制作《要求说明立案理由通知书》，并及时送达公安机关，并且告知公安机关在收到通知书后7日以内，书面说明立案的情况、依据和理由，连同有关证据材料回复人民检察院。对于公安机关主动撤销案件的，人民检察院应当将公安机关送达的《撤销案件决定书》复印件存档备查。

（三）对行政执法机关不移送涉嫌犯罪案件线索的审查

人民检察院接到控告、举报行政执法机关不移送涉嫌犯罪案件的线索，应主要审查：该线索是否符合刑事诉讼法规定的刑事立案条件、行政执法机关是否不移送、行政执法机关是否因徇私舞弊不移送、被移送机关是否不受理等。审查完毕，按不同情形处理：对于该线索涉嫌犯罪而行政执法机关不移送的，检察机关应当向其提出检察意见，要求其移送；对于因徇私舞弊不移送，构成犯罪的，除监督行政执法机关依法移送外，还应向本院渎检部门移送职务犯罪线索；对于行政执法机关移送涉嫌犯罪案件而公安机关不受理的，应当积极协调公安机关受理案件，必要时监督公安机关立案。

（四）对人民检察院侦查部门应当立案侦查而不报请立案侦查或者不应当立案侦查而不报请撤销案件线索的审查

对此类案件的监督，进一步丰富了刑事立案监督的内容，是加强人民检察院内部制约的重要体现，是诉讼程序公正的重要保障机制。对此类案件主要审查：是否符合刑事诉讼法规定的刑事立案条件、是否属于人民检察院管辖、是否已经立案侦查、是否人民检察院侦查部门已发现或者受理该案且不予立案等。需要监督立案或者撤销案件的，人民检察院侦查监督部门或者公诉部门应建议侦查部门报请立案侦查或者撤销案件；建议不被采纳的，应报请检察长决定。

三、通知公安机关立案或者撤案

在收到公安机关提供的不立案理由或者立案理由书面说明，以及客观反映不立案或者立案情况相关证据材料的复印件后，人民检察院侦查监督部门应当予以审查，必要时可以询问办案人员和有关当事人，查阅、复制公安机关刑事受案、立案、破案等登记表册和立案、不立案、撤销案件、治安处罚、劳动教养等相关法律文书及案卷材料。核实不立案理由或者立案理由是否成立，以便作出通知立案或者撤销案件的决定：第一，认为公安机关不立案或者立案理由不能成立的,经检察长或者检察委员会讨论决定,应当通知公安机关立案或者撤销案件。人民检察院侦查监督部门应当制作《通知立案书》或者《通知撤销案件书》,说明依据和理由,连同证据材料送达公安机关,并且告知公安机关应当在收到通知立案书后15日以内立案,对通知撤销案件书没有异议的应当立即撤销案件,并将立案决定书或者撤销案件决定书及时送达人民检察院。第二,认为公安机关不立案或者立案理由成立的,应当通知控告检察部门,由其在10日以内将不立案或者立案的理由和根据告知被害人及其法定代理人、近亲属或者行政执法机关。

针对人民检察院以不构成犯罪或者依法不应追究刑事责任为由作出不批准逮捕决定后,公安机关仍不撤案的情形,人民检察院可以监督撤案。根据《公安程序规定》第183条之规定,经过侦查,发现具有下列情形之一的,应当撤销案件:其一,没有犯罪事实的;其二,情节显著轻微、危害不大,不认为是犯罪的;其三,犯罪已过追诉时效期限的;其四,经特赦令免除刑罚的;其五,犯罪嫌疑人死亡的;其六,其他依法不追究刑事责任的。对于经过侦查,发现有犯罪事实需要追究刑事责任,但不是被立案侦查的犯罪嫌疑人实施的,或者共同犯罪案件中部分犯罪嫌疑人不够刑事处罚的,应当对有关犯罪嫌疑人终止侦查,并对该案件继续侦查。

四、对立案监督案件的跟踪监督

人民检察院的立案监督工作不能仅以侦查机关立案或者撤案为目标,还应当监督侦查机关对检察机关所作决定的执行情况,对立案监督案件实行专人负责、逐案跟踪,形成完整的立案监督案件跟踪制度。

(一)通知公安机关立案后的跟踪监督

对于人民检察院通知公安机关立案的案件,公安机关在收到通知立案书后超过15日不予立案的,人民检察院应当发出《纠正违法通知书》予以纠正。公安机关仍不纠正的,报上一级人民检察院协商同级公安机关处理。对通知公安机关立案的案件有多名犯罪嫌疑人,而公安机关只对部分犯罪嫌疑人立案的,人民检察院应当发出《纠正违法通知书》予以纠正;对符合逮捕条件的,要建议公安机关提请逮捕。对犯罪嫌疑人在逃的,督促公安机关加大追逃力度。对于人民检察院通知公安机关立案的案件,如果公安机关经过立案侦查决定撤销案件的,人民检察院应当及时审查公安机关撤销案件的原因,发现撤销案件不当的,应当发出《纠正违法通知书》,通知公安机关予以纠正。

公安机关立案后3个月以内未侦查终结的,人民检察院可以向公安机关发出立案监督案件催办函，要求公安机关及时向人民检察院反馈侦查工作进展情况。

对于由公安机关管辖的国家机关工作人员利用职权实施的重大犯罪案件，人民检察院通知公安机关立案，公安机关不予立案的，经省级以上人民检察院决定，人民检察院可以直接立案侦查。

（二）通知公安机关撤销案件后的跟踪监督

对于通知公安机关撤案的案件，人民检察院应当进行跟踪监督，要求公安机关在对通知撤销案件书没有异议时立即撤销案件，并将撤销案件决定书副本及时送达检察机关存档备查。人民检察院对通知公安机关撤案后的跟踪监督也应分情况进行。

1. 如果在公安机关收到《通知撤销案件书》后，认为撤销案件通知有错误向人民检察院要求复议的，人民检察院应当予以受理，并安排其他办案人员对案件材料重新审查。在收到公安机关《要求复议意见书》和案卷材料后7日以内作出是否变更撤销案件的决定，并向公安机关发出《通知撤销案件复议决定书》。人民检察院经复议认为原撤销案件通知有错误的，应当立即纠正；人民检察院经复议认为原撤销案件通知没有错误的，应当告知公安机关如无异议立即撤销案件，如有异议可向上一级人民检察院提请复核。

2. 如果在公安机关收到《通知撤销案件复议决定书》后，认为复议决定无法接受而向上一级检察机关提请复核的，上一级人民检察院应当予以受理、审查，并在收到《提请复核意见书》和案卷材料后15日以内作出是否变更的决定，发出《通知撤销案件复核决定书》，要求下级人民检察院和公安机关执行。上一级人民检察院复核认为原撤销案件通知有错误的，下级人民检察院应当立即纠正；上一级人民检察院复核认为原撤销案件通知正确的，下级公安机关应当立即撤销案件，并将撤销案件决定书副本及时送达同级人民检察院。

3. 如果公安机关对《通知撤销案件书》没有异议，既不立即撤案，又不提请人民检察院复议的，人民检察院应当发出《纠正违法通知书》，通知公安机关予以纠正。公安机关仍不纠正的，报上一级人民检察院协商同级公安机关处理。

第三节　刑事立案监督中存在的问题与完善

一、要注意立案监督工作的规范化

检察机关是国家的法律监督机关，在开展立案监督工作中应当更加注意严格执法、规范执法。开展刑事立案监督工作，一定要严格把握立案监督的条件、程序，要经认真审查和调查，才能启动立案监督程序，确保立案监督工作的准确性，切实防止轻易和草率。

二、要切实纠正公安机关对监督立案的案件"消极侦查"现象

一要加强监督立案后的跟踪，了解是否存在立而不查、久拖不决的现象，何时报捕、是否移送审查起诉。二要加强与公安机关的联系与配合，注意及时催办。对于因犯罪嫌疑人外逃、证据缺失等原因导致案件搁浅的，主动提出侦查取证的建议，协助其尽快破案。三要加强对立而不侦、侦而不结背后司法腐败的查处力度，增加立案监督的法律威慑力。四要提请上级检察院通过其同级公安机关对负责侦查工作的下级公安机关进行督办。

针对公安机关对当事人的报案、控告、举报受理后长期不作出是否立案决定的"消极侦查"现象，当事人向人民检察院提出的，人民检察院应当受理并进行审查，认为符合刑事立案条件的，应当将案件线索移送有管辖权的公安机关，并要求公安机关及时书面回复审查处理情况。公安机关未在合理期限内作出立案或者不立案决定，也未向人民检察院说明情况的，人民检察院应当进行立案监督。上述"合理期限"可参考《公安机关办理经济犯罪案件的若干规定》（2006年2月12日颁布）中第6条关于立案审查期限的规定，即公安机关接受涉嫌经济犯罪线索的报案、控告、举报、自首后，应当进行审查，并在7日以内决定是否立案；重大、复杂线索，经县级以上公安机关负责人批准，立案审查期限可延长至30日；特别重大、复杂线索，经地（市）级以上公安机关负责人批准，立案审查的期限可延长至60日。公安机关接受行政执法机关移送的涉嫌经济犯罪案件后，应当在3日内进行审查，并决定是否立案。上级公安机关指定管辖或书面通知立案的，应当在指定期限内立案侦查。

三、要正确处理立案监督数量、质量和效果的关系

立案监督工作要取得实效，既要强化监督的力度，又要重点突出。从理论上分析，立案监督和侦查活动监督与审查逮捕不同，前者属于主动型监督。对于立案监督工作，需要不等不靠，主动出击，扩大监督线索的来源，保持一定的数量规模，才能强化监督的力度，这实质上也是监督效果的体现。但是，我们也应当看到，人民检察院对公安机关的立案监督具有指令性，关系着检察机关的权威，立案监督工作必须严肃、准确，不能以片面追求数量为目标，还要突出监督的重点，大力提高监督案件的质量，才能收到更大的成效。

要重点监督纠正有罪不究、以罚代刑和违法立案、动用刑事手段插手经济纠纷等人民群众反映强烈的问题。要继续加大对黑恶势力犯罪、严重暴力犯罪和破坏社会主义市场经济秩序犯罪，破坏环境、资源犯罪，尤其是侵害农民利益、危害农业生产、影响农村稳定的犯罪，以及制售有毒有害食品药品等涉及民生犯罪的监督。而对于危害性不大的轻微刑事案件、当事人达成刑事和解的案件及未成年人、老年人所犯轻微刑事案件等，一般不要启动立案监督程序。要把能否有效化解社会矛盾，促进社会和谐作为考量立案监督工作的重要指标，全面考评立案监督工作。

四、要加强对行政执法机关移送涉嫌犯罪案件的监督，建立健全行政执法与刑事司法相衔接机制

加强对行政执法机关移送涉嫌犯罪案件的监督，推动建立健全行政执法与刑事司法衔接机制是检察机关充分发挥刑事立案监督职能的内在要求，也是当前和今后一定时期之内刑事立案监督工作的一项重要内容。这项工作的核心就是督促行政执法机关及时移送、监督公安机关及时立案侦查涉嫌犯罪案件。在工作中，要认真审查行政执法机关抄送的《行政处罚决定书》副本，认为确属涉嫌犯罪、应当移送追究刑事责任而不移送的，要向行政执法机关提出移送的书面意见并督促落实。行政执法机关对公安机关不立案的决定有异议，建议检察机关进行立案监督的，检察机关要认真审查，依法开展立案监督。行政执法机关对案情复杂、疑难，是否构成犯罪难以认定的案件向检察机关咨询的，检察机关要认真研究并及时回复意见。对已经立案侦查的重大案件，可适时介入侦查活动，提出完善、固定证据的意见。发现应当移送而不移送，或者干预执法、阻挠移送和刑事追诉涉嫌犯罪的，检察机关要坚决依法查办。

五、要严密法网，不能放纵在审查逮捕过程中发现公安机关遗漏的犯罪事实或者遗漏的同案人

在审查逮捕中发现遗漏犯罪事实或者同案人的，侦查监督部门不另行进行侦查，而应对报捕的案件事实进行审查，并依法作出是否批准逮捕的决定，同时对漏罪漏犯区分情况进行处理。所遗漏的犯罪事实与公安机关立案侦查的犯罪属于同一性质的，应通过《补充侦查提纲》或者《继续侦查取证意见书》引导公安机关补充侦查取证，并向本院公诉部门通报；所遗漏的犯罪事实与立案侦查的犯罪属于不同种类犯罪的，应当将线索移送公安机关，按照立案监督程序办理。遗漏涉嫌犯罪的同案人的，应当将线索移送公安机关，并向公诉部门通报情况；如果现有事实、证据证明该同案人符合逮捕条件的，应当按照《刑诉规则》第321条规定的纠正漏捕程序办理。

六、要把握在立案监督统计考评工作中的注意事项

各级人民检察院侦查监督部门要坚持数量、质量和效率、效果相统一的原则，依法、规范开展立案监督和侦查活动监督工作，严禁在统计工作中弄虚作假。上级人民检察院侦查监督部门要抓好督导检查，对有下列情形之一的，应当要求下级人民检察院侦查监督部门纠正，并视情节予以通报批评或者建议有关部门给予纪律处分：其一，对共同犯罪案件按犯罪嫌疑人人数拆分为多个案件进行立案监督和统计的；其二，对同一个犯罪嫌疑人按涉嫌不同罪名分别进行立案监督和统计的；其三，与侦查人员串通制作虚假立案监督文书的；其四，对同一犯罪行为重复进行立案监督的；其五，其他监督和统计不规范的情况。

思考题

1. 公安机关受理当事人报案、控告、举报后长期不作出是否立案决定的，如何开展立案监督？

2. 在审查逮捕过程中发现公安机关遗漏犯罪事实或者遗漏同案人的，应如何处理？

3. 人民检察院在对公安机关应当立案而不立案的线索进行审查后，应当根据不同情况作出哪些处理？

第四章 侦查活动监督工作

第一节 侦查活动监督的职责与内容

一、侦查活动监督职责概述

侦查活动监督，是指人民检察院依法对侦查机关侦查刑事案件时的侦查活动是否合法而进行的监督。具体而言，是指人民检察院对公安机关、国家安全机关、军队保卫部门、监狱、海关走私犯罪侦查机关以及人民检察院侦查部门在办理刑事案件过程中所进行的各项专门调查活动和所采取的有关强制性措施是否合法进行的专门监督。侦查活动监督贯穿于侦查活动全过程，对于监督侦查机关依法正确行使侦查权，准确打击犯罪，保护公民人身、财产权利、民主权利和其他权利不受非法侵害，确保刑事诉讼的顺利进行具有十分重要的意义。刑事诉讼法第98条、《刑诉规则》第564条明确规定人民检察院依法对侦查机关侦查活动是否合法实行监督。

二、侦查活动监督的内容

根据刑事诉讼法第113条的规定，侦查是指公安机关对已经立案的刑事案件，所进行的收集、调取犯罪嫌疑人有罪或者无罪、罪轻或者罪重的证据材料的过程以及采取拘留、执行逮捕等强制措施，概括来说包括收集、调取证据和采取强制措施，因此，从刑事诉讼法对侦查的定义来看，侦查活动监督内容应当包括对公安机关收集、调取证据材料的活动和采取强制措施的活动是否依法实施的监督。按照《刑诉规则》第565条的规定，侦查活动监督的内容是重点发现和纠正侦查机关的以下侦查违法行为：（1）采用刑讯逼供等非法方法收集犯罪嫌疑人供述的；（2）采用暴力、威胁等非法方法收集证人证言、被害人陈述，或者以暴力、威胁等方法阻止证人作证或者指使他人作伪证的；（3）伪造、隐匿、销毁、调换、私自涂改证据，或者帮助当事人毁灭、伪造证据的；（4）徇私舞弊，放纵、包庇犯罪分子的；（5）故意制造冤、假、错案的；（6）在侦查活动中利用职务之便谋取非法利益的；（7）非法拘禁他人或者以其他方法非法剥夺他人人身自由的；（8）非法搜查他人身体、住宅，或者非法侵入他人住宅的；（9）非法采取技术侦查措施的；（10）在侦查过程中不应当撤案而撤案的;(11)对与案件无关的财物采取查封、扣押、冻结措施,或者应当解除查封、扣押、冻结不解除的;(12)贪污、挪用、私分、调换、违反规定使用查封、扣押、冻结的财物及其孳息的;(13)应当退还取保候审保证金不退还的;(14)违反刑事诉讼法关于决定、执行、变更、撤销强制措施规定的;(15)侦查人员应当回避而不回避的;(16)应当依法告知犯罪嫌疑人诉讼权利而不告知,影响犯罪嫌疑人行使诉讼权利的;(17)阻碍当事人、辩护人、诉讼代理人依法行使诉讼权利的;(18)讯问犯罪嫌疑人依法应当录音或者录像而没有录音或者录像的;(19)对犯罪嫌疑人拘留、逮捕、指定居所监视居住后依法应当通知而未通知的;(20)在侦查中有其他违反刑事诉讼法有关规定的行为的。需要特别指出的是,以上所列侦查违法行为,并非侦查活动监督的全部内容,而是对侦查活动监督重点内容的概括性表述,是检察机关侦查监督部门在开展侦查活动监督过程中须重点关注的地方。

概括来看,主要是对以下几个方面的侦查活动进行监督:

(一)对公安机关侦查取证行为的监督

对公安机关侦查取证行为的监督包括对讯问犯罪嫌疑人、询问证人、勘验、检查、侦查实验、辨认、鉴定、通缉、扣押物证、书证等事项的监督。重点是对刑讯逼供、暴力取证等违法收集证据行为以及伪造、隐匿、销毁、调换、私自涂改证据、帮助当事人毁灭、伪造证据的监督(《刑诉规则》第565条第1~3项)。需要特别指出的是,司法实践中,侦查人员在办案过程中,在不同动机的支配下,为了获取犯罪嫌疑人的口供,而对犯罪嫌疑人进行刑讯逼供或者以其他非法方法逼取口供。这种做法不但侵犯了犯罪嫌疑人的合法权益,干扰了刑事诉讼活动的顺利进行,而且极易罪及无辜,造成冤、假、错案。如近年来经媒体曝光的杜培武、李久明、佘祥林、赵作海等冤错案件,虽然这类因刑讯逼供造成的冤错案件数量极少,但造成的影响却是非常恶劣,严重影响了司法公正,教训非常深刻。

(二)对公安机关决定、执行、变更、撤销强制措施等活动中违法行为的监督

对公安机关决定、执行、变更、撤销强制措施等活动中违法行为的监督包括对拘传、拘留、取保候审、监视居住、逮捕等强制措施是否合法的监督。重点是对公安机关执行人民检察院批准或者不批准逮捕决定的情况、释放被逮捕的犯罪嫌疑人或者变更逮捕措施的情况的监督以及对应当退还取保候审保证金不退还的监督(《刑诉规则》第565条第13项及第568条)。

(三)对公安机关采取强制性侦查措施的监督

对公安机关采取强制性侦查措施的监督,重点是对非法采取技术侦查措

施、对与案件无关的财物采取查封、扣押、冻结措施,或者应当解除查封、扣押、冻结不解除的监督,对贪污、挪用、私分、调换、违反规定适用查封、扣押、冻结的财物及其孳息的监督(《刑诉规则》第565条第9、11、12项)。

(四)对侦查过程中徇私舞弊、以权谋私、故意制造冤假错案等渎职行为的监督

对侦查过程中徇私舞弊、以权谋私、故意制造冤假错案等渎职行为的监督,具体而言主要是对徇私舞弊、放纵包庇犯罪分子,甚至充当"保护伞";或者出于个人的私利或者报复陷害等目的,故意捏造、编造犯罪事实,伪造虚假证据,意图陷害他人,使其受到刑事追究;以及严重背离了公正执法的要求,利用查办案件的职务便利,谋取非法利益甚至在办案过程中贪污、受贿等渎职违法行为进行监督(《刑诉规则》第565条第4~6项)。

(五)对侦查过程中侵害他人身体自由及非法侵入住宅等侵权行为的监督

此类监督主要是对侦查过程中非法拘禁他人、非法剥夺他人人身自由以及非法搜查他人身体、住宅,或者非法侵入他人住宅等侵权行为的监督(《刑诉规则》第565条第7、8项)。

(六)对侦查过程中没有依法保障相关当事人诉讼权利的监督

对侦查过程中没有依法保障相关当事人诉讼权利的监督,重点是对侦查过程中不告知权利义务规定及阻碍当事人、辩护人、诉讼代理人依法行使诉讼权利等侦查违法行为进行监督(《刑诉规则》第565条第16、17项)。

(七)对侦查过程中违法撤案、立案行为的监督

撤案是一种发生在侦查过程中非常重要的诉讼行为,属于侦查活动监督的范围。根据刑事诉讼法第161条的规定,在侦查过程中,发现不应当对犯罪嫌疑人追究刑事责任时,应当撤销案件,终止侦查。"发现不应当对犯罪嫌疑人追究刑事责任"是撤销案件的必要条件,它包括:情节显著轻微、危害不大,不认为是犯罪的;犯罪已过追诉时效期限的;经特赦令免除刑罚的;依照刑法告诉才处理的犯罪,没有告诉或者撤回告诉的;犯罪嫌疑人死亡的;其他法律规定免予追究刑事责任的。在办案过程中如果没有出现上述应当撤销案件的法定情形而撤销案件,就会放纵犯罪分子,给国家、社会和公民的合法权益造成损害。所以,人民检察院应当加强对公安机关撤案的监督,发现不应当撤案而撤案的要坚决予以纠正。同时,对于侦查机关不应当立案而立案,非法插手经济纠纷等侦查违法行为,也要像监督撤案一样强化监督,确保依法规范执法(《刑诉规则》第565条第10项)。

(八)其他违反刑事诉讼法有关规定侦查违法行为的监督

除以上情形之外,其他严重违反刑事诉讼法有关规定的行为,如违反羁押

和办案期限规定，案件立而不侦、久拖不决，违法重新计算和延长侦查羁押期限；侦查机关收集、获取证据，讯问犯罪嫌疑人依法应当录音或者录像而没有录音或者录像，询问被害人、证人的方法不合法；非法勘验、检查、扣押物证、书证；未严格依法实施追缴赃款物品、辨认、鉴定、通缉等。侦查机关在侦查活动中采取以上侦查措施，不按照法律规定的程序和形式实施，也属侦查违法行为，需要人民检察院及时予以监督纠正。

第二节 侦查活动监督程序与方法

一、侦查活动监督的程序

侦查活动监督的程序，主要是指检察机关实行侦查活动监督的途径和方式。实践证明，完备的监督程序，对于保证监督活动的顺利进行，实现监督目的，具有极为重要的意义。

（一）侦查活动监督的承办部门

侦查活动监督主要由侦查监督部门承担，此外，公诉、监所检察等部门也承担部分侦查活动监督职责。

（二）侦查活动监督的途径

侦查活动监督的途径，即人民检察院为履行侦查监督职能，发现侦查机关在侦查活动中各种违法行为的具体方式。根据刑事诉讼法的规定和司法实践，人民检察院侦查监督部门进行侦查活动监督的途径，主要有以下几个方面：

一是通过审查批捕进行。人民检察院在审查批捕时，应当审查侦查机关的侦查活动是否合法，及时发现侦查过程中特别是执行人民检察院批准或者不批准逮捕决定的情况，以及释放被逮捕的犯罪嫌疑人或者变更逮捕措施的情况是否存在违法情形。发现违法情况，应当提出意见通知侦查机关纠正。构成犯罪的，移送有关部门依法追究刑事责任。具体包括：其一，审查案卷材料。主要是审查各种证据之间是否存在矛盾，特别是要注意审查犯罪嫌疑人口供和其他证据之间的矛盾、犯罪嫌疑人翻供情况。其二，讯问犯罪嫌疑人。通过讯问犯罪嫌疑人，可以及时发现侦查活动中的各种违法情况，特别是刑讯逼供、徇私舞弊等重大违法行为。对犯罪嫌疑人反映的违法情况，要注意结合其他有关情况进行分析和判断。其三，询问证人。通过询问证人，既可以发现侦查活动中违法情况的线索，也可以核实犯罪嫌疑人或者其他公民提供的有关违法情况的真实性。其四，听取辩护律师对侦查活动有无违法犯罪情形的意见。

二是通过介入侦查活动进行。介入侦查活动，即通常所说的"提前介人",是指检察机关根据需要派员参加侦查机关对于重大案件的讨论和其他侦查活动。适时介入侦查活动,既可以及时了解案情,掌握证据,依法从快批捕,又可以及时对侦查活动中的违法情况实行监督,是一种行之有效的办案制度和监督途径。主要包括:其一,参加公安机关对于重大案件的讨论。其二,参与讯问犯罪嫌疑人、询问证人活动。检察人员参与上述活动,并不是代替有关侦查人员进行侦查活动,更不是干预公安机关的侦查活动,而是通过这一方式,一方面及时了解案情,为尽快批捕、起诉服务;另一方面依法履行法律监督职责。其三,提前审阅有关的案件材料。在公安机关提请批准逮捕、移送审查起诉之前审阅有关的案件材料,可以及时了解案情,发现侦查活动中的违法行为,并予以及时纠正。其四,参与现场勘验、检查。主要是参与公安机关对于重特大案件现场的勘验、检查。通过参与这些侦查活动,实行法律监督。

三是通过受理有关的控告、申诉进行。诉讼参与人向人民检察院就侦查人员在侦查活动中除刑事诉讼法第115条规定的5种行为之外的侵犯其诉讼权利和人身权利的行为提出控告的,人民检察院应当受理,并及时审查,依法作出处理。根据刑事诉讼法第115条的规定,当事人和辩护人、诉讼代理人、利害关系人对司法机关及其工作人员有规定的行为之一的,即采取强制措施法定期限届满,不予以释放、解除或者变更的;应当退还取保候审保证金不退还的;对与案件无关的财物采取查封、扣押、冻结措施的;应当解除查封、扣押、冻结不解除的;贪污、挪用、私分、调换、违反规定使用查封、扣押、冻结的财物的,应当首先向该司法机关提出申诉或者控告,对申诉或者控告的处理不服的,才能向同级人民检察院申诉。未向办理案件的机关申诉或者控告,或者办理案件的机关在规定时间内尚未作出处理决定,直接向人民检察院申诉的,人民检察院应当告知其向办理案件的机关申诉或者控告。需要明确的是,人民检察院在审查逮捕中发现有刑事诉讼法第115条规定的违法情形的,不能以当事人和辩护人、诉讼代理人、利害关系人提出控告和申诉为前提,依据有关规定,可以直接监督纠正。

依据有关规定,侦查监督部门应当在收到控告检察部门移送的案件材料之日起15日以内提出审查意见。人民检察院对刑事诉讼法第115条第1款第3~5项的申诉,经审查认为需要侦查机关说明理由的,应当要求侦查机关说明理由,并在收到理由说明以后15日以内提出审查意见。

四是通过跟踪监督进行。跟踪监督是检察机关在实践中总结出来的一种有效的监督方式。主要是指定专人负责,对于侦查机关执行人民检察院批准或者不批准逮捕决定的情况,以及撤销、变更强制措施的情况进行跟踪了解,发现有违法情形的,及时履行侦查监督职能。

二、侦查活动监督的方法

侦查活动监督的方法，是指人民检察院对于发现的侦查活动中的违法情况进行纠正、处理的措施和手段。有效的监督方法，对于确保监督的效果，促进侦查机关在侦查工作中严格执法，具有重要意义。

侦查活动监督的方法主要有：

（一）口头纠正违法

口头纠正，是指履行监督职责的检察人员发现侦查活动中存在情节较轻的违法行为时，以口头的方式要求侦查人员予以纠正的一种监督方法。口头通知纠正是一种较为常见的监督方法。对于违法性质、情节、后果较轻，对司法公正影响不大的工作失误或程序瑕疵，按照2013年高检院侦查监督厅《关于进一步规范书面纠正违法适用工作的通知》要求可以口头提出纠正意见。如讯问犯罪嫌疑人时应当依法告知其法定诉讼权利而没有告知的；侦查人员一人讯问犯罪嫌疑人、询问证人的；对犯罪嫌疑人采取刑事拘留、逮捕、指定居所监视居住措施后未依法通知其家属或所在单位的；对用作证据的鉴定意见应当依法告知犯罪嫌疑人、被害人而没有告知的；变更逮捕措施未依法及时通知人民检察院的；在案件材料或诉讼文书上应当有侦查人员、证人、鉴定人等的签名而没有签名，或遗漏应当记载的事项的；其他性质、情节、后果比较轻微的违法、违规行为。对于侦查机关同一性质的轻微违法行为，在一段时期内屡经口头提出而仍不纠正的，可以综合发出一份书面纠正违法意见。适用这一方法应当注意：适用于情节较轻的违法行为；可以由履行监督职责的检察人员向侦查人员或者侦查机关负责人提出纠正，必要时，也可由部门负责人提出；由履行职责的检察人员提出纠正的应及时向部门负责人汇报。

（二）书面纠正违法

书面纠正违法，是指人民检察院对于侦查活动中情节较重的违法行为以特定的书面形式要求其纠正的一种监督方法。适用这一方式应当注意以下几个方面：

一是适用于情节较重的违法行为。对于侦查人员故意实施《刑诉规则》第565条规定的违法行为，或者违法手段较为恶劣，情节、后果较为严重，损害司法公正的，可以发出书面纠违意见。按照高检院侦查监督厅《关于进一步规范书面纠正违法适用工作的通知》要求，主要针对以下违法行为：对犯罪嫌疑人刑讯逼供的；对被害人、证人以体罚、威胁、诱骗等非法手段收集证据的；伪造、隐匿、销毁、调换、私自涂改证据的；徇私舞弊，放纵、包庇犯罪分子的；故意制造冤、假、错案的；利用侦查权谋取非法利益的；非法剥夺他人人身自由的；非法搜查的；非法采取技术侦查措施的；违法撤案的；违法采取查封、扣押、冻结措施，或者不依法解除上述措施的；贪污、挪用、私分、调换、违反规定使用查封、扣押、冻结的款物及其孳息的；违法决定、执行、变更、撤销强制措施的；超期羁押的；其他严重侵犯当事人合法权利或者严重影响侦查工作依法公正进行的。

二是必须经检察长批准。由承办人首先制作《纠正违法通知书》，然后经部门负责人审核，报经检察长批准后再向侦查机关发出。书面纠正不得由检察人员或者部门负责人自行决定。

三是注意监督落实情况。发出《纠正违法通知书》后，跟踪监督落实情况，才能确保纠正违法的效果。就是说，人民检察院发出纠正违法通知书的，应当根据公安机关的回复，监督落实情况；没有回复的，应当督促公安机关回复。人民检察院提出的纠正意见不被接受的，公安机关要求复查的，应当在收到公安机关的书面意见后7日以内进行复查。经过复查，认为纠正违法意见正确的，应当及时向上一级人民检察院报告；认为纠正违法意见错误的，应当及时撤销。上一级人民检察院经审查，认为下级人民检察院的纠正意见正确的，应当及时通知同级公安机关督促下级公安机关纠正；认为下级人民检察院的纠正意见不正确的，应当书面通知下级人民检察院予以撤销，下级人民检察院应当执行，并及时向公安机关及有关侦查人员说明情况。同时，将调查结果及时回复申诉人、控告人。

（三）检察建议

检察建议是人民检察院为促进法律正确实施、促进社会和谐稳定，在履行法律监督职能过程中，结合执法办案，建议有关单位完善制度，加强内部制约、监督，正确实施法律法规，完善社会管理、服务，预防和减少违法犯罪的一种重要方式。人民检察院在刑事检察工作中，发现公安机关在执法过程中存在苗头性、倾向性的不规范问题，需要改进的，可以制作并向有关单位发出《检察建议书》，建议有关单位完善制度，加强管理，堵塞漏洞。

（四）更换办案人建议

对于有严重违法但尚未涉嫌犯罪的侦查人员，检察机关可以向其所在机关提出更换办案人员的检察建议。一方面，建议更换办案人机制是防控司法腐败有效途径。及时跟踪督察效果，有效遏制司法腐败的滋生蔓延。另一方面，建议更换办案人机制，是适应司法体制和检察机制改革任务的要求。应该说，目前检察改革的重点就包括了完善查处刑讯逼供行为工作机制，建立对渎职司法人员进行调查和建议更换办案人员的机制，完善渎职案件移送查处机制等改革措施。

（五）追究法律责任

侦查活动中的违法行为情节严重构成犯罪的，应当追究其刑事责任，以保证侦查活动监督的严肃性。根据规定，侦查监督部门发现侦查人员在侦查活动中的违法行为情节严重构成犯罪的，应当移送本院侦查部门审查，并报告检察长。侦查部门审查后应当提出是否立案侦查的意见，报请检察长决定。对于不属于本院或者人民检察院管辖的，应当移送有管辖权的机关处理。对本院侦查部门侦查中的违法行为，应当根据情节分别处理。情节较轻的，可以直接向侦查部门提出纠正意见；情节较重或者需要追究刑事责任的，应当报告检察长决定。

三、人民检察院直接受理案件的侦查活动监督

刑事诉讼法明确规定，人民检察院对直接受理的案件的侦查，适用刑事诉讼法有关侦查的规定。因此，人民检察院直接受理案件侦查监督的范围、内容和途径与人民检察院对公安机关的侦查监督基本相同，但人民检察院直接受理案件的侦查活动监督毕竟属于内部的监督，其在监督的程序和措施上，具有与对公安机关等侦查活动监督不同的特点：

（一）不应使用《纠正违法通知书》

人民检察院直接受理案件的侦查监督不能使用《纠正违法通知书》。人民检察院在对公安机关的侦查活动监督工作中，如果发现比较严重的违法行为，应当报请检察长批准后，向公安机关发出《纠正违法通知书》。但是，人民检察院内部的审查逮捕、审查起诉和侦查部门，都是检察机关内设部门。因此其侦查监督方法应当比较直接，对于侦查中的一般违法问题，可以更多地通过口头通知，监督本院侦查部门纠正违法行为。侦查部门接到纠正违法的口头通知后，应当认真纠正，并将纠正的情况回复本院审查逮捕或者审查起诉部门。

（二）严重情况应报告检察长决定

审查逮捕或者审查起诉部门发现侦查活动中比较严重的违法行为或者需要追究刑事责任的，应当报告检察长决定。检察机关的侦查部门和侦查监督部门都是在检察长统一领导下进行工作的。因此审查逮捕或者审查起诉部门发现侦查部门比较严重的违法行为或者需要追究刑事责任的，不能自行决定处理，应当报告检察长决定。对于审查逮捕或者审查起诉部门的纠正意见，侦查部门如果不同意，也应当报告检察长决定。

第三节　侦查活动监督存在的问题及完善

一、侦查活动监督工作中存在的问题

当前和今后一个时期，我国人民内部矛盾凸显、刑事犯罪高发、对敌斗争

复杂期的基本态势没有改变,并且呈现出境内与境外、传统安全与非传统安全、虚拟社会与现实社会、人民内部矛盾与敌我矛盾"四个相互交织"的新特点,影响国家安全和社会稳定的不确定因素增多。群体性事件、涉众型犯罪易发、高发,处理难度加大,维护公共安全和社会稳定的任务会更加繁重。修改后刑事诉讼法既细化了逮捕条件,新增了非法取证行为调查核实、继续羁押必要性审查等监督方式,也严格规范强制措施的适用,强化了当事人、辩护人和其他有关人员的知情权、辩护权、申诉权等,对监督工作提出了新的更高要求。人民群众的民主意识、法制意识、维权意识不断增强,不仅要求检察机关自身严格公正执法,也要求强化对其他部门执法司法活动的监督,特别是近期浙江张高平、张辉叔侄强奸案等数起冤假错案相继曝光后,社会各界要求加强对立案和侦查活动特别是刑讯逼供、暴力取证等违法行为监督的呼声更加强烈。如何将保障人权原则、程序公正要求落实到侦查活动监督的全过程,切实履行好监督职责,对我们提出了新的挑战。

一是侦查活动监督的重要性尚未得到应有重视。近年来,最高人民检察院和各地都出台了一系列强化诉讼监督的文件,诉讼监督的重要性得到进一步认同。但是,部分检察机关仍然存在重办案、轻监督思想,为维系、处理好与公安机关之间的关系,不愿监督、不敢监督、不善监督。还有部分检察机关人员、物质配置不足,把办案当作"硬任务",将监督视为"软指标",一手硬、一手软,大量的批捕案件办理使其无力再从事监督工作,种种原因使侦查监督职能未得到充分发挥,监督效果大打折扣。这也是部分地区,如湖北省检察机关为强化诉讼监督而实行"诉讼职能与诉讼监督职能分离进行机构分设,职能优化改革"试点的重要动因。

二是执法观念不适应时代发展需要。执法观念上未能做到与时俱进,特别是还不能适应修改后刑事诉讼法的要求,不同程度上依然存在着重打击轻保护、重实体轻程序、重口供轻证据、重有罪证据轻无罪证据、重协作配合轻监督制约等思想观念。在办理审查逮捕案件时不能正确把握社会危险性条件,有的不敢监督、不愿监督,对非法取证行为的调查和排除非法证据有顾虑,怕影响与侦查机关(部门)的关系;有的为了考核指标需要,片面追求办案数量,对极轻微侦查违法行为也发《纠正违法通知书》,可捕可不捕的轻刑案件也予以追捕。

三是工作虽取得了积极成效但发展还很不平衡。一方面,审查逮捕与立案监督、侦查活动监督"一体两翼"的工作格局还不平衡,立案监督和侦查活动监督工作相对薄弱。检察业务中对不该立案而立案、非法干预经济纠纷、违法适用刑事拘留、监视居住等强制措施的监督和对搜查、查封、扣押、冻结等强制性侦查措施的监督等职能还没有完全履行，有的司法干警对重大案件和职务犯罪案件应当审查同步录音录像的规定不认真落实，该退案的不退案。另一方面，各地侦查活动监督工作的开展还很不平衡，地区间在重视程度、工作力度、机制建设等方面还存在很大差距，影响了全国侦查活动监督工作有效开展的整体成效。如 2013 年全国检察机关侦查监督部门对侦查违法行为共提出书面纠正违法意见 37684 件次，但湖北、安徽、山东、河北、陕西五省份合计提出书面纠正违法意见 18265 件次，占全国总量的 48.5%。另外，对自侦案件侦查活动的监督还较为薄弱，监督力度还有待进一步加大。

四是发现和调查核实违法的能力亟待提升。少数地方侦查监督部门满足于办理逮捕案件，监督意识不强，存在不愿监督、不敢监督、不善监督的情形，在挖掘侦查活动监督线索和主动开展监督方面下功夫不够，对法律赋予的侦查活动监督职责落实得不坚决、不彻底，监督措施不够有力，效果不明显。特别是不少侦查监督干警的"调查意识"、"办案意识"不强，对刑事诉讼法规定的调查核实责任的重要性认识不到位，工作积极性不够，调查核实侦查违法的能力与强化侦查活动监督的要求之间还存有较大差距，影响了侦查活动监督工作的深入开展。

五是知情渠道不畅制约监督职能发挥。就全国侦查活动监督实践情况看，侦查活动监督线索绝大部分来源于审查逮捕案件的办理以及检察机关对公安机关执行批捕或不批捕决定的后续监督，而来源于介入侦查、诉讼参与人申诉或控告的比较少，总体上线索来源渠道比较单一。如湖北省检察机关侦查监督部门受理的违法线索来源，群众控告的仅占 9%，犯罪嫌疑人、近亲属及知情人鉴于各种考虑，特别是慑于侦查机关压力，往往不愿意提出控告，一定程度上制约着侦查活动监督职能的发挥。由于侦查活动监督线索很大程度上依赖于对报捕案件的审查，导致与逮捕工作密切相关的监督一般开展较顺利，而对查封、扣押、冻结等强制性措施以及指定居所监视居住决定的监督的开展情况则不理想。如果侦查机关不报捕或者移送案件时有选择地移送法律文书，检察机关就会因缺乏知情渠道，难以及时发现和纠正违法。同样，对捕后侦查进展情况不知情，也影响捕后羁押必要性审查等工作的开展。

六是执法保障机制还不够健全。我国的侦查活动监督方式主要是事后监督。与公安机关刑事案件信息共享、介入侦查等机制还未在全国范围内建立，侦查监督与公诉衔接、侦查监督与职务犯罪侦查衔接等机制还不健全，违法行为调查核实、非法证据排除、自身监督制约机制等还不够完善，监督纠正违法手段单一、缺乏立法保障刚性，人员少任务重的矛盾日益突出，侦查活动监督工作科技含量特别是信息化程度不高，诸多不利因素的存在制约着监督工作的有效开展，影响了侦查活动监督工作的整体成效和规范发展。

二、深入推进侦查活动监督工作的对策建议

（一）探索公开审查案件的监督办案方式

对于案件事实清楚，证据收集到位，不涉及国家秘密、商业秘密和个人隐私，公开案情不至于影响案件侦查的审查逮捕、侦查活动监督案件，可以试行公开听取侦查人员、犯罪嫌疑人及其辩护人、被害人及其诉讼代理人意见以及人大代表、政协委员、人民监督员、特约检察员、基层组织代表意见的审查监督方式，进一步推进检务公开，拓宽人民群众有序参与司法的渠道，增强中立性和透明度，以公开促公正，缓解侦查活动监督压力，提高侦查活动监督的执法刚性和公信力。

（二）完善执法信息互通共享和调查核实违法的工作机制

会同侦查机关进一步深化刑事案件信息共享，努力推进信息化共享平台建设，充分发挥共享机制和平台的作用，解决知情渠道不畅的问题。规范介入侦查引导取证机制，建立健全对违法线索的调查核实机制，增强侦查活动监督的及时性、准确性和有效性。

（三）完善捕诉、捕侦衔接机制

建立对争议较大案件邀请公诉部门参加讨论机制，对立案监督、追捕、纠正违法、排除非法证据和捕后要求继续取证等案件形成向公诉部门通报机制，强化跟踪监督，完善向自侦部门移送线索和配合查处机制，加强相互沟通协调，形成监督合力。

（四）改革完善业务考评机制

优化侦查活动监督工作考评目标设置，改变单纯以监督数量进行排名、考核的做法，坚持用反映力度、质量和实效的综合指标来考核、引导监督工作，特别是要将纠正违法的实效作为考核的主要依据，突出重点，务求实效。

思考题

1. 侦查活动监督的重点和方法是什么？
2. 刑事诉讼法修改对侦查活动监督工作的影响和挑战是什么？

第五章 办理核准追诉案件

第一节 核准追诉制度概述

一、追诉时效的概念

刑法上的时效,是指超过法定期限对刑事犯罪不得追诉或者对判处的刑罚不得执行的一项法律制度。时效有追诉时效和行刑时效之分,本章只分析追诉时效。追诉时效,是指依照刑法规定对犯罪人追究刑事责任的有效期限。实施了犯罪行为的人,如果经过法律规定的期限未被追究刑事责任,司法机关即不再进行追诉。超过追诉时效,追诉权即归于消灭,行为人对其行为不再承担任何刑事责任。如果在超过追诉期限后再犯新罪,也不能因为其先前行为而以再犯、累犯、惯犯论处。

根据法定刑轻重的不同,刑法对追诉期限的长短作了不同规定。犯罪的社会危害性越大,法定刑越高,追诉期限也越长。根据刑法第87条的规定,犯罪经过下列期限不再追诉:其一,法定最高刑为不满5年有期徒刑的,经过5年;其二,法定最高刑为5年以上不满10年有期徒刑的,经过10年;其三,法定最高刑为10年以上有期徒刑的,经过15年;其四,法定最高刑为无期徒刑、死刑的,经过20年。如果20年以后认为必须追诉的,须报请最高人民检察院核准。

追诉时效的确定,无论在理论上还是在实践中,都具有重要意义:首先,符合我国刑罚的目的。对犯罪分子追究刑事责任和适用刑罚,目的不在于惩罚犯罪,而主要在于通过惩罚与教育相结合,改造犯罪分子,预防犯罪。如果一个人在犯罪以后的法定追诉期限内没有再犯新罪,就可以推定他已经有悔罪自新的表现,不致再危害社会,本来应当通过适用刑罚达到的目的已经达到,也就没有必要再追究其刑事责任。其次,有利于维护社会秩序的稳定。超过追诉期限以后,行为人大部分已经改恶从善,有的已经走上正常生活和工作的道路,有的已经与被害人之间抛弃前嫌,有的甚至对社会做出了较大的贡献,这时候再追究其原先犯罪的刑事责任,往往容易引发新的不安定因素,不利于人民内部团结,无益于维护良好的社会秩序。最后,有利于提高司法机关与犯罪作斗争的效率。犯罪行为如果经过一定时间没有被追究刑事责任,原有的证据往往很难再全面收集,能够收集到的证据真实性往往有所欠缺,特别是被害人、证人死亡或者记忆不清、重要物证散失等情况,容易给侦查、起诉和审判工作带来很大困难和障碍。司法机关即使花费很大的人力、物力,也很难查清犯罪事实和作出正确裁判。在刑法上规定追诉时效,可以使司法机关从这一类案件中摆脱出来,集中力量打击现行犯罪,提高工作效率。

我国刑法中关于追诉时效的规定,一方面考虑充分发挥时效制度的积极意义,另一方面也考虑到避免犯罪分子利用时效制度逃避法律制裁。为此,刑法按照罪行轻重规定了不同的追诉期限,并作出了时效中断和不受追诉期限限制的规定,并且对法定最高刑为无期徒刑或者死刑的案件保留超过追诉期限后仍予追诉的可能性,体现了原则性与灵活性的结合,维护了法律的严肃性。

二、核准追诉制度的概念

核准追诉制度,是指对于特定犯罪,超过追诉时效且不具备时效延长的法定事由,如果必须追诉的,须由最高人民检察院核准的法律制度。包括以下几层含义:

(一)核准追诉的范围限定于法定最高刑为无期徒刑、死刑的特殊犯罪

刑法规定核准追诉的案件仅适用于法定最高刑为无期徒刑、死刑的犯罪,因为此类犯罪往往是后果非常严重,性质恶劣,手段残忍,社会危害性很大,即使超过20年,被破坏的社会关系仍然没有恢复。依法予以追诉,有利于维护公平正义,维护社会和谐稳定。

(二)属于必须追诉的情形

法定最高刑为无期徒刑、死刑的犯罪经过20年后并不是一律核准追诉,只对其中那些犯罪性质、情节和后果特别严重,虽然已过20年追诉期限,但社会危害性和影响依然存在,不追诉会严重影响社会稳定或者产生其他严重后果的,才予以核准。

(三)法律只授权最高人民检察院行使核准追诉权

刑法第87条第4项规定,如果20年以后认为必须追诉的,须报请最高人民检察院核准。核准追诉制度是追诉时效超期适用制度,是诉讼时效制度适用的例外,对这类特殊犯罪的追究要从严控制,慎之又慎。刑法把核准追诉的权利赋予最高人民检察院,这本身就体现了国家立法对核准追诉的慎重态度,有利于防止追诉权的滥用,有利于准确打击犯罪、保护人权,有利于保障国家法律的统一正确实施。

(四)无诉讼时效延长的法定事由

时效延长,是指在时效进行期间,由于法定事由的发生,不再计算追诉期

限，对犯罪人追究刑事责任不再受到追诉期限的限制。根据现行刑法第88条的规定，诉讼时效延长的法定事由有两种：一是在人民检察院、公安机关、国家安全机关立案侦查或者在人民法院受理案件以后，逃避侦查或者审判的，不受追诉期限的限制。二是被害人在追诉期限内提出控告，人民法院、人民检察院、公安机关应当立案而不予立案的，不受追诉期限的限制。而1979年刑法规定的诉讼时效延长的法定事由只有一种，即第76条规定，在人民法院、人民检察院、公安机关采取强制措施以后，逃避侦查或者审判的，不受追诉期限的限制。由于当前超出20年追诉时效期限的犯罪均是发生在现行刑法生效之前，按照刑法第12条从旧兼从轻的原则，均应适用1979年刑法的有关规定。

针对被害人1997年10月1日以后，追诉时效内提出控告，公安机关该立案而不立案，超过追诉时效的，最高人民法院《关于适用刑法时间效力规定若干问题的解释》（法释〔1997〕5号）第1条规定："对于行为人1997年9月30日以前实施的犯罪行为，在人民检察院、公安机关、国家安全机关立案侦查或者在人民法院受理案件以后，行为人逃避侦查或者审判，超过追诉期限或者被害人在追诉期限内提出控告，人民法院、人民检察院、公安机关应当立案而不予立案，超过追诉期限的，是否追究行为人的刑事责任，适用修订前的刑法第七十七条的规定。"

对于在何种情况下采取强制措施不受追诉期限限制的问题，最高人民检察院《关于刑法第七十七条有关采取强制措施的规定应如何适用的批复》（高检发研字〔1992〕4号）规定："刑法（1979年刑法）第七十七条有关在人民法院、人民检察院、公安机关采取强制措施以后，逃避侦查或者审判的，不受追诉期限的限制的规定，既适用于已经执行强制措施后逃避侦查或者审判的，也适用于人民法院、人民检察院、公安机关决定（批准）采取强制措施后，由于犯罪分子逃避而无法执行，以及犯罪分子在逃，经决定（批准）逮捕并发布通缉令后拒不到案的。人民检察院对符合上述情况的犯罪分子，应当依法追诉。"

三、核准追诉制度的意义

核准追诉制度是追诉时效制度的组成部分，其目的是为了解决一些极其严重犯罪超出追诉时效期限后的追诉问题，在刑法中设置核准追诉制度，适合我国国情和刑法特点，具有积极的意义。首先，我国社会主义初级阶段的国情和社会正义观、价值观、伦理观，难以接受对一些极其严重的犯罪经过一定的追诉时效期限就不再追究的情形。其次，如对严重犯罪一律因超出追诉时效而不追诉，社会上潜在的犯罪分子就会认为无论犯下多么严重的罪，逃过一段时间后就不会被追究,从而在犯罪时更加肆无忌惮,不利于犯罪预防。被害方也可能因为犯罪人得不到惩处,而采取私人复仇的行为或涉法上访,影响社会稳定。再次,对严重的刑事犯罪明确规定较为合理的 20 年追诉时效期限,使司法机关在判断严重犯罪是否需要追诉时,有一个普遍意义上的标准,即有利于保护犯罪人的权益,维护社会秩序的稳定。最后,不排除对一些非常严重,不得不追诉的犯罪,仍有追诉的可能,这样就弥补了最长追诉时效期限的局限性,防止放纵犯罪情形的发生。

第二节 核准追诉的条件

一、事实证据条件

核准追诉案件经过 20 年后,可能时过境迁,有的证据已经灭失,证据收集、固定会存在较大的难度。此外,核准只是追诉程序的启动。因此,对核准追诉案件的证据要求应当是要考虑案件现有证据情况,但又不应对证据是否充分提过高的要求,即"有证据证明存在犯罪事实,且犯罪事实是犯罪嫌疑人实施的"。这一条件要求查明基本事实,且有明确的犯罪嫌疑人,既体现了对核准追诉的慎重,有效保障核准追诉的质量和效果,同时又不要求达到犯罪事实清楚,证据确实充分的起诉、判刑标准,符合诉讼规律。

二、量刑条件

核准追诉的条件是犯罪行为应当适用的法定量刑幅度的最高刑为无期徒刑或者死刑。根据刑法规定,对于已过法定追诉期限的案件,只有法定最高刑为死刑或者无期徒刑的犯罪,才存在是否核准追诉问题。由于我国刑法规定的法定刑往往有多个量刑幅度,需要核准追诉案件的法定最高刑不是指法条规定的最高刑,而是指犯罪嫌疑人实施的具体犯罪行为所应适用的具体量刑幅度中的最高刑。对此,最高人民法院于 1985 年下发的《关于人民法院审判严重刑事犯罪案件中具体应用法律的若干问题的答复》(已于 2013 年 1 月 18 日失效)第 39 项问答中明确规定:"刑法(1979 年刑法)第七十六条按照罪与刑相适应的原则,将追诉期限分别规定为长短不同的四档,因此,根据所犯罪行的轻重应当分别适用刑法规定的不同条款或者相应的量刑幅度,按其法定最高刑来计算追诉时效期限。如果所犯罪行的刑罚,分别规定有几条或者几款时,即按其罪行应当适用的条或者款的法定最高刑计算;如果是同一条文中,有几个量刑幅度时,即按其罪行应当适用的量刑幅度的法定最高刑计算;如果只有单一的量刑幅度时，即按此条的法定最高刑计算。"

三、必要性条件

核准追诉的必要性条件是"必须追诉"。一些极其严重的犯罪，在经过20年追诉期限后仍有追诉的必要，是设立核准追诉制度的根本原因，所以追诉必要性条件是核准追诉的核心条件。相当数量的犯罪经过20年以上的时间后可能已经被社会淡忘，被破坏的社会关系已经恢复，没有再予追诉的必要。只有涉嫌犯罪的性质、情节和后果特别严重，虽然已过20年追诉期限，但社会危害性和影响依然存在，不追诉会严重影响社会稳定或者产生其他严重后果，才应当认为必须追诉。其他案件，一般不再追诉。

在办案实践中，对于追诉必要性可以从以下因素来衡量：一是犯罪性质。虽然法定最高刑都是死刑或者无期徒刑，但不同的犯罪性质具有不同的社会危害性，直接影响着其追诉必要性的认定。二是犯罪后果和情节。同一罪名下法定最高刑为无期徒刑或死刑的具体犯罪，由于犯罪后果和情节的不同，其社会危害性程度也不相同。因此在判断某个具体犯罪是否具有追诉必要性时，除犯罪性质之外，也要分析其犯罪后果和其所具备的从重、从轻、减轻的法定、酌定情节。三是犯罪嫌疑人犯罪后的有关情况。包括犯罪嫌疑人犯罪后至到案或罪行被发现期间的一贯表现；犯罪嫌疑人是属于投案自首还是被抓获，到案或罪行被发现后是否认真悔罪，是否积极向被害人赔礼道歉、赔偿损失，以取得被害人或其家属的谅解等。这些情况体现着犯罪嫌疑人的人身危险性和自我改造的程度，因此也是判断追诉必要性应考虑的因素之一。四是被害人、社会的态度。犯罪发生至今，被害人或其家属、社会公众对犯罪人是仍然愤恨，强烈要求追究刑事责任，还是已经淡忘或者原谅，直接体现着犯罪对被害人及其家属、对社会正常秩序所造成的损害是否消除和恢复，是判断有没有追诉必要的重要依据。

在办理案件中要结合上述方面进行全面客观地综合衡量，防止失之偏颇。尤其要注意的是，对社会关系是否恢复、核准追诉与否对社会稳定的影响，应当立足于案件本身以及社会的整体评价和认识，不能仅因个别方面的态度，如被害方的无理上访等，就简单认定有追诉必要。

四、客观条件

"犯罪嫌疑人能够及时到案接受追诉"是核准追诉的前提，也叫核准追诉的客观条件。当前，案件超出20年追诉期限的原因多是犯罪嫌疑人在逃，下落不明或者没有发现犯罪嫌疑人而无法追诉。随着时间的流逝，有的犯罪嫌疑人可能已经死亡或者年老体弱等原因导致刑事诉讼行为能力丧失。核准追诉的对象应当是犯罪嫌疑人和犯罪事实的结合，如果没有发现犯罪嫌疑人，或者犯罪嫌疑人因下落不明、丧失刑事诉讼行为能力等原因不能及时接受追诉，即使核准追诉也没有实际的意义。同时，要求犯罪嫌疑人能及时到案接受追诉，也有利于督促侦查机关及时履行侦查职责。

第三节 核准追诉的程序

一、核准追诉的启动

核准追诉的启动主体是案发地或有管辖权的基层侦查机关。侦查机关发现需要报请核准追诉的案件后，应当通过同级人民检察院层报最高人民检察院。确定先横后纵的审查程序的主要理由，一是地方检察院对案件的危害、影响、背景和案发地的社会情况等较为了解，由其受理并进行审查后提出意见，有利于最高人民检察院正确作出决定，保证案件质量；二是地方检察院经过审查后认为案件证据及相关材料存在问题的，可以及时引导侦查机关补充完善，以提高效率；三是有利于当地检察机关进行诉讼监督；四是实践证明这样做具有可行性，效果良好。

二、地方各级检察机关审查程序

地方各级人民检察院受理核准追诉案件，应当进行受案审查并开展必要的调查，对材料不齐备的，应当立即要求侦查机关补充移送。经检察委员会审议后，制作《报请核准追诉案件报告书》，写明是否同意核准追诉的意见，连同案件材料一并报送上一级人民检察院审查。办理核准追诉案件时，侦查机关应当收集、移送的四类证据材料：一是侦查机关《报请核准追诉意见书》；二是证明犯罪事实的证据材料，主要证明犯罪事实、情节；三是关于发案、破案以及侦查机关是否立案、采取强制措施、犯罪嫌疑人是否有重新犯罪等有关情况的书面说明及相关法律文书，主要用于审查犯罪是否超出追诉期限等问题；四是被害方、案发地群众、基层组织等的意见和反映，主要是用于审查犯罪的社会危害程度和至今存在的影响。地方各级检察院办理核准追诉案件的期限分别为受理案件后10日以内。

需要注意的是，地方检察院对侦查机关报送核准追诉的案件，经审查认为不符合核准追诉条件的，不能决定不报请核准追诉，而是将审查意见写入《报请核准追诉案件报告书》中，报送上级院审查。这样规定，一是决定报请核准追诉的权力在侦查机关，而决定是否核准追诉的权力在最高人民检察院，地方人民检察院审查案件只是为最高人民检察院审查案件提供协助，如果其认为不应当核准追诉，可以提出明确意见，层报最高人民检察院决定，而无权决定不报请最高人民检察院核准；二是有利于统一掌握核准追诉的标准。

三、最高人民检察院审查决定程序

最高人民检察院收到省级人民检察院报送核准追诉案件后，应当及时审查。由于地方检察机关对案件已经进行过必要的调查，为节约司法资源，最高人民检察院只在必要时派人到案发地进行调查。在此基础上，根据审查和调查的情况提出意见，经检察长批准或者检察委员会审议，作出是否核准追诉的决定，将《核准追诉决定书》或者《不予核准追诉决定书》逐级下达最初受理案件的人民检察院，送达报请核准追诉的侦查机关。最高人民检察院审查期限一般为1个月，特殊情况下可以延长15日。对已经逮捕的犯罪嫌疑人，在法定侦查羁押期限内不能作出是否核准追诉决定的，应当依法延长侦查羁押期限或者变更强制措施。人民检察院对批准逮捕的案件，应当要求侦查机关在核准追诉期间不得停止案件的侦查工作。

办理核准追诉案件应当坚持严格依法，从严控制。可追诉可不追诉的，一般不予追诉，以保护当事人合法权益，维护已经恢复正常的社会秩序。

四、最高人民检察院核准追诉案件决定的执行与监督

最高人民检察院对核准追诉案件的决定有两种：核准追诉与不予核准追诉。最高人民检察院决定核准追诉后，侦查机关不积极开展追诉侦查工作的，或者最高人民检察院决定不予核准追诉后，侦查机关又做出立案决定或者未及时撤销案件的，同级人民检察院应当予以监督纠正。

五、检察机关直接立案侦查案件的报请核准追诉程序

由于检察机关实行上下级领导体制，如果地方检察院对直接受理的案件认为需要报请核准追诉，而上级检察院经审查不同意报请核准的，则不需再报请最高人民检察院核准追诉，这是与其他侦查机关报请核准追诉所不同之处。

思考题

1. 核准追诉制度的意义是什么？
2. 核准追诉的条件有哪些？

第三部分
常用文书制作与范例

第六章 侦查监督文书概述

侦查监督文书是检察文书的重要组成部分，是人民检察院根据法律、司法解释以及侦查监督工作实际制定的，由侦查监督部门在依法履行侦查监督职责时使用的公文。为贯彻执行修订后的刑事诉讼法、《刑诉规则》，保证办案质量，最高人民检察院对检察刑事诉讼文书进行了修订，并于2013年1月1日下发实施。2013年，全国检察机关统一应用系统实施以后，又将这些文书格式录入统一业务系统中，由办案人员在办案中根据需要选择所使用的文书模板。根据实际运行中出现的问题，最高人民检察院又于2013年9月份对相关文书进一步修改完善。目前，在检察机关统一业务应用系统中，侦查监督部门使用的文书模板约有250余种。

第一节 侦查监督文书的分类

侦查监督文书按照不同的标准，可以做不同分类：

一、根据法条是否明文规定法律效力分类

根据法条是否明文规定法律效力，可以分为两类，即法律文书和工作文书。其中法律文书是依据有关法律的授权制作，以国家强制力保障执行，具有法律效力的文书。大多数法律文书具有普遍的约束力，任何单位或者个人都必须遵守或执行，否则要承担相关的法律责任。在工作实践中，法律文书要加盖检察院院章，发送对象主要是侦查机关或者案件当事人。工作文书主要是根据法律规定或者工作实际，为了审查案件、审批法律文书、对外进行工作沟通联系、释法说理等所使用的公文。工作文书有时作为法律文书的附件和说明，与法律文书配套使用。

需要指出的是，法律文书和工作文书的划分不是绝对的，部分工作文书也具有法律效力。

二、根据业务类别分类

根据业务类别，可分为四类，即审查逮捕及侦查羁押期限类文书，包括审

查逮捕、延长或者重新计算侦查羁押期限文书；立案监督类文书；侦查活动监督类文书；办理核准追诉案件类文书。具体是：

（一）审查逮捕及侦查羁押期限类文书

这类文书是检察机关办理审查逮捕案件，不服不批准逮捕决定的复议、复核案件，对错误（不）逮捕决定的纠错、审查报请延长捕后侦查羁押期限案件，本院直接立案侦查案件侦查羁押期限的重新计算，以及在办案中进行非法证据排除时使用的文书。主要包括：

首先，法律文书有：《批准逮捕决定书》、《逮捕决定书》、《逮捕决定书（上提）》、《逮捕决定书（追捕）》、《不批准逮捕决定书》、《不予逮捕决定书》、《不予逮捕决定书（上提）》、《撤销强制措施决定、通知书》、《撤销逮捕决定书、通知书》、《撤销不批准逮捕决定书》、《撤销不予逮捕决定书》、《维持不予逮捕决定通知书》、《撤销不批准逮捕决定通知书》、《提请批准延长侦查羁押期限报告书》、《批准延长侦查羁押期限决定书》、《不批准延长侦查羁押期限决定书》、《重新计算侦查羁押期限决定书》、《纠正非法取证意见书》及《提供证据收集合法性说明通知书》。

其次，工作文书有：《审查逮捕意见书》、《犯罪嫌疑人权利义务告知书》、《听取犯罪嫌疑人意见书》、《逮捕案件继续侦查取证意见书》、《不批准逮捕案件补充侦查提纲》、《不予逮捕通知书》、《不予逮捕案件补充侦查提纲》、《不批准逮捕理由说明书》、《不予逮捕理由说明书》、《通报逮捕外国、无国籍犯罪嫌疑人的函》、《通报逮捕政协委员的函》、《撤销逮捕理由说明书》、《重新审查逮捕意见书》、《不批准逮捕案件复议审查意见书》、《不批准逮捕案件复核审查意见书》、《提请批准延长侦查羁押期限审查报告》、《提请批准特别延期审理案件审查报告》、《提请批准特别延期审理案件报告书》、《延长审查逮捕期限审批表》、《重新计算侦查羁押期限案件审查意见书》及《逮捕案件备案报告书》。

（二）立案监督类文书

这类文书是侦查监督部门根据刑事诉讼法、《刑诉规则》的规定，在对侦查机关（部门）违法立案活动（应当立案而不立案以及不应当立案而立案）进行监督时使用的文书，包括：

首先，法律文书有：《要求说明立案理由通知书》、《要求说明不立案理由通知书》、《不立案理由审查意见通知书》、《立案理由审查意见通知书》、《通知立案书》及《通知撤销案件书》。

其次，工作文书有：《立案监督案件审查意见书》、《立案监督案件催办函》、《立案监督案件提请协商报告书》、《立案监督案件商请函》、《自侦不立案复议案件审查意见书》、《建议移送涉嫌犯罪案件函》、《报请立案侦查建议书》、《报请撤销案件建议书》、《通知撤销案件复议审查意见书》、《通知撤销案件复议决定书》、《通知撤销案件复核审查意见书》、《通知撤销案件复核决定书》及《立案通知书（对下级人民检察院）》。

（三）侦查活动监督类文书

这类文书主要是行使侦查活动监督职责，在追捕漏犯、纠正违法侦查活动和进行羁押必要性审查时使用的文书。主要包括：

首先，法律文书有：《应当逮捕犯罪嫌疑人建议书》、《应当逮捕犯罪嫌疑人通知书》、《提供指定居所监视居住案件材料通知书》、《纠正违法通知书》、《检察意见书》、《检察建议书》、《撤销纠正违法意见决定书》及《羁押必要性审查建议书》。

其次，工作文书有：《介入侦查情况登记表》、《督促回复函》、《职务犯罪案件线索移送函》、《纠正违法复查意见书》、《纠正违法案件复查报告》、《纠正违法案件复查报告审查意见书》、《督促纠正违法通知书》、《撤销纠正违法意见通知书》、《羁押必要性审查报告》及《要求说明未采纳改变羁押建议理由说明书》。

（四）办理核准追诉案件类文书

这类文书主要是根据刑法和《刑诉规则》的相关规定，地方人民检察院在报请最高人民检察院对法定最高刑为无期徒刑或者死刑，超出20年追诉期限的案件核准追诉，以及最高人民检察院经审查决定是否核准追诉时使用的文书，包括：

首先，法律文书有：《核准追诉决定书》和《不予核准追诉决定书》。

其次，工作文书有：《报请核准追诉案件报告书》和《核准追诉案件审查意见书》。

三、根据制作方式分类

根据制作方式，传统上可以分为填充式文书和叙述式文书。填充式文书是已事先印制好空白文书，在制作时只要在文书空白部分进行填充的文书，一般没有大段表述、分析，如《批准逮捕决定书》、《逮捕决定书》。而叙述式文书则没有事先印制的空白文书，需要承办人按照格式要求进行制作，一般会对事实、证据进行表述、对法律适用理由分析，说理性较强，如《审查逮捕意见书》、《不捕理由说明书》、《立案监督案件审查意见书》等。目前，由于检察机关已普遍使用检察业务统一系统，填充式文书会根据案卡填写的内容自动生成，一般不需要改动。而叙述式文书中虽然也可以自动生成一部分内容，如文书名称、编号、犯罪嫌疑人基本情况等,但相当比例的内容还需要承办人自己制作、调整。

四、根据文书是否由侦查监督部门专用分类

根据文书是否由侦查监督部门专用,可以分为侦查监督部门专用文书和检察机关通用文书。如审查逮捕及延长侦查羁押期限、立案监督类文书只有侦查监督部门才使用,因此是侦查监督专用文书。《纠正违法通知书》、《检察建议书》、《讯问笔录》、《讨论案件记录》及《犯罪嫌疑人权利义务告知书》等检察机关业务部门均使用的文书为通用文书。而核准追诉类文书由侦查监督、公诉两个部门在办理核准追诉案件时使用。

第二节 侦查监督文书制作的一般要求

一、制作和填写的基本要求

在办理案件时,应当严格依照有关法律、规则进行选取、制作、填写和使用检察工作文书。

(一)选取文书

在制作文书之前,应当了解每一种文书的使用条件和范围,并结合具体案情和实际需要准确选取相应的工作文书。

(二)制作和填写文书

填写纸质文书时,应当使用能够长期保持字迹的书写工具,做到字迹清楚、文字规范和文面整洁。文书设定的项目,要逐项准确填写;确有些栏目不需要填写的,用斜线"\"划去。填写电子文书时,应当从系统选项栏中准确选取相应的项目。制作叙述式文书时,应当做到描述案件事实清楚、引用法律条文准确、结论明确易懂以及语言准确精练。

(三)使用文书

文书制作完毕,应当按照要求予以送达、签收,办案单位留存的文书,应当根据规定入卷。在统一业务系统使用情况下,文书实现在网上制作、网上审批以及网上用印和打印。因此应当把网上审批表一并打印出来与文书一起入卷归档。

二、常见项目填写要求

(一)案件名称

根据不同的案件情况,采取不同的命名方法。对于有明确的当事人和涉嫌犯罪情节清楚的案件，可采取"人名+涉嫌罪名"命名，如"王××故意杀人案"；对于当事人不明而被害人和被害情况清楚的案件，可采取"被害人+被侵害情况"命名，如"张××被抢劫案"；对于当事人和被害人不明或者当事人、被害人人数众多不便概括以及需要保密等情形，可采取以案件发生时间或立案时间或者地名来命名，如"4·15案"、"×××（地名）抢劫案"。

（二）案件编号

各地在制作文书过程中应当本着便于对案件进行管理和统计的原则进行填写。现在统一业务系统中会自动生成编号。

（三）当事人姓名

当事人姓名要填写当事人合法身份证件上的姓名，如果没有合法身份证件的，填写在户籍登记中使用的姓名。如果当事人是外国人，除应当填写其合法身份证件上的姓名外，还应当同时写明汉语译名。对于一些叙述式文书，应当在写明当事人姓名的同时，写明当事人使用过的其他名称，包括别名、曾用名、绰号等。如有必要，还可写明笔名、网名等名称。确实无法查明其真实姓名的，也可以暂填写其自报的姓名。查清其真实姓名后，按照查清后的姓名填写，对之前填写的内容可不再更改，但应当在案件卷宗中予以书面说明。

（四）当事人出生日期

当事人的出生日期以公历（阳历）为准，除有特别说明的外，一律具体到年月日。确定犯罪嫌疑人的出生日期应当以其合法身份证件上记载的出生日期为准，没有合法身份证件的，以户籍登记中的出生日期为准。

（五）当事人住址

"当事人住址"应当填写当事人的经常居住地。当事人的经常居住地以户籍登记中的住址为准。如果该当事人离开户籍所在地在其他地方连续居住满一年以上的，则以该地为经常居住地，并应当在填写经常居住地的同时注明户籍登记的住址。

（六）当事人的单位及职业

"当事人的单位及职业"要填写当事人的工作单位名称以及从事的职业种类。单位名称应当填写全称，必要时在前面加上地域名称。认定当事人的工作单位，不能单纯凭人事档案是否在该单位，而应当视其是否实际在该单位工作。只要其实际在该单位工作的，即可认定为工作单位。职业应当填写从事工作的种类。没有工作单位的，可以根据实际情况填写经商、务工、农民、在校学生或者无业等。

（七）身份证件种类及号码

"身份证件种类及号码"要填写居民身份证、军官证、护照等法定身份证件的种类及号码。

（八）文化程度

"文化程度"要填写国家承认的学历。文化程度分为研究生（博士、硕士）、大学、大专、中专、高中、初中、小学、文盲等档次。

（九）批准人

"批准人"应填写批准制作该工作文书的有关负责人的姓名。

（十）批准时间

"批准时间"应填写批准制作该工作文书的有关负责人的签字时间。

（十一）办案人

"办案人"应填写办理案件检察官的姓名，或者有关事项承办人的姓名。

（十二）办案单位

"办案单位"应填写办案单位或者部门的名称。

（十三）填发时间

"填发时间"应填写实际制作工作文书的时间。

（十四）填发人

"填发人"应填写制作工作文书的人的姓名。

（十五）签名

需要当事人签名确认的文书应当由其本人签名，不能签名的，可以捺指印；属于单位的，由法定代表人、主要负责人或者其授权的人签名，或者加盖单位印章。当事人拒绝签名的，办案人员应当在文书中予以说明。

（十六）各类清单

"编号"栏一律采取阿拉伯数字，按材料、物品的排列顺序从"1"开始逐次填写。"名称"栏填写材料、物品的名称；"数量"栏填写材料、物品的数量，使用汉字大写数字填写；"特征"栏填写物品的品牌、型号、颜色、新旧等特点。表格多余部分应当用斜对角线划掉。

（十七）发文字号

文书编号一般是院简称+部门简称+文书简称+年度+文书编号，如"东检侦监批捕〔2013〕24号"。目前，发文字号会在统一业务系统中自动生成。

（十八）法律条文的援引

引用法律，应当写明法律的全称；引用的法律条文，要写明具体的条文号，条文中有款、项的，要具体到款、项。

（十九）计量单位

"计量单位"应填写国家法定计量单位。

(二十) 联系方式

"联系方式"应填写联系人的移动电话号码、固定电话号码、电子邮件地址等内容。

(二十一) 数字

在引用的法律条款、部分结构层次顺序和在词、词组、惯用语、缩略语、具有修辞色彩语句中作为词素的数字时应当使用汉字，其他情况下应当使用阿拉伯数字。结构层次序数：第一层为"一、"，第二层为"（一）"，第三层为"1."，第四层为"（1）"。文书发文字号中年度、发文顺序号应当使用阿拉伯数字。

(二十二) 成文日期

"成文日期"填写批准人的批准日期。内部审批类文书的日期，制作人在末尾落款处填写制作日期，审核人、批准人在其签名下方填写审核、批准时的日期。成文日期应当使用小写数字，如"2013年1月1日"。

(二十三) 印章的使用

对外使用的文书，应当在成文日期上方写明单位名称，在单位名称和成文日期上加盖能够对外独立承担法律责任的单位印章。

(二十四) 选择性项目的填写

纸质文书标题中的选择性项目不需要选择，电子工作文书可以根据需要选择制作相应的文书。文书内容部分出现选择性项目的，电子文书根据案情从相应选项中选择适当的项目。纸质文书根据具体情况删去不需要的内容：文书中空余部分、较短的文字内容，可用斜线"\"删去，有较长文字内容的可用横线"—"删去。对于带有"□"的选择性项目，在选定的□中打"√"。选择"其他"的，还应当在随后的横线处填写具体情形。

三、印制标准

第一，印制文书要按照《人民检察院法律文书格式》的尺寸大小印制。工作文书统一用国际标准 A4（297mm×210mm）纸。多联文书，每联文书的长、宽标准都统一；所有文书上空 37mm，下空 35mm，左空（订口）28mm，右空（翻空）26mm。

第二，文书格式要求：多联文书设置外边框属性为网络，宽度为 3.0 磅。标题居中，其中"×××检察院"字体为宋体小二号，文书名称的字体为宋体二号加粗，"存根"、"副本"字体为楷体_GB2312 小三号，文书文号为楷体_GB2312 四号，居右，正文书内容字体为仿宋_GB2312 三号，多联文书中的页眉（"第一联统一保存"）字体为楷体五号。

第三，正式印制时，填充式文书样本中标明的"样式"、"印"、"院印"

以及注明应含内容的文书和文字制作说明不要印出。

第四，文书的边线、横线、文字一律印成黑色。

由于填充式文书是事先印制好或者由电脑自动生成，下面仅以叙述式文书为例：

最高人民检察院
核准追诉决定书

高检　　核准追诉字〔　〕号

××人民检察院（报请核准追诉的省级人民检察院）：

你院以××号文书报请核准追诉的犯罪嫌疑人×××（犯罪嫌疑人姓名）涉嫌××（罪名）一案，本院经审查认为，……（概括论述犯罪嫌疑人涉嫌犯罪的行为），其行为触犯了《中华人民共和国刑法》第××条的规定，涉嫌××罪，法定最高刑为无期徒刑（死刑），虽然已超过追诉期限，但……（围绕追诉必要性，概括论述社会危害、法定酌定情节、社会影响等），必须追诉。根据《中华人民共和国刑法》第八十七条第四项的规定（对发生在1997年10月1日之前的犯罪决定核准追诉的，根据1979年《中华人民共和国刑法》第七十六条第四项的规定），决定对犯罪嫌疑人×××予以核准追诉。

年　月　日

（院印）

第七章 常用侦查监督法律文书制作及范例

第一节 审查逮捕类文书

一、批准（决定）逮捕文书

根据刑事诉讼法、《刑诉规则》的相关规定，检察机关可以作出四种批准（决定）逮捕的决定，相应的也有四种批准（决定）逮捕文书。分别如下：

（一）批准逮捕决定书

1. 文书格式。统一的文书格式对保证办案质量，加强刑事检察业务建设具有重要作用。批准逮捕决定书的格式如下：

××××人民检察院 批准逮捕决定书（存根）

××检××批捕[20××]×号

案由

犯罪嫌疑人基本情况（姓名、性别、年龄、工作单位、住址、身份证号码、是否为人大代表或政协委员）

送达机关

批准人

承办人

填发人

填发时间

第一联 统一保存

××××人民检察院 批准逮捕决定书（副本）

××检××批捕[20××]×号

你局于___年___月___日以___号提请批准逮捕书提请批准逮捕犯罪嫌疑人___，经本院审查认为，该犯罪嫌疑人涉嫌___犯罪，符合《中华人民共和国刑事诉讼法》第七十九条规定的逮捕条件，决定批准逮捕犯罪嫌疑人___。请依法立即执行，并将执行情况在三日以内通知本院。

××××年×月×日
（院印）

第二联 附卷

××××人民检察院 批准逮捕决定书

××检××批捕[20××]×号

你局于___年___月___日以___号提请批准逮捕书提请批准逮捕犯罪嫌疑人___，经本院审查认为，该犯罪嫌疑人涉嫌___犯罪，符合《中华人民共和国刑事诉讼法》第七十九条规定的逮捕条件，决定批准逮捕犯罪嫌疑人___。请依法立即执行，并将执行情况在三日以内通知本院。

××××年×月×日
（院印）

第三联 送达侦查机关

××××人民检察院 批准逮捕决定书（回执）

___人民检察院：

根据《中华人民共和国刑事诉讼法》第八十八条的规定，现将你院___年___月___日批准逮捕决定书的执行情况通知如下：犯罪嫌疑人___已于___年___月___日由___执行逮捕（或者因___未执行逮捕）。特此通知。

××××年×月×日
（公章）

第四联 侦查机关退回后附卷

2. 制作说明。该文书根据刑事诉讼法第 79 条的规定制作，为人民检察院对公安机关提请批准逮捕犯罪嫌疑人，经审查认为符合逮捕条件，决定批准逮捕时使用，文书发送的对象是提请批准逮捕的同级公安机关。[①]

（二）逮捕决定书

1. 文书格式。统一的文书格式对保证办案质量，加强刑事检察业务建设具有重要作用。逮捕决定书的格式如下：

[①] 由于业务统一系统中使用审查表或审批表进行审批，不再填写存根，为减少不必要的篇幅，本书对填充式文书不展示文书第一联即存根联。以下同。

××××人民检察院逮捕决定书（存根）

××检××捕〔20××〕×号

案由
犯罪嫌疑人基本情况（姓名、性别、年龄、工作单位、住址、身份证号码、是否为人大代表或政协委员）
送达机关
批准人
承办人
填发时间

第一联 统一保存

××××人民检察院逮捕决定书（副本）

××检××捕〔20××〕×号

犯罪嫌疑人_____涉嫌_____犯罪，根据《中华人民共和国刑事诉讼法》第七十九条和第一百六十三条的规定，决定予以逮捕。请依法立即执行，并将执行情况在三日以内通知本院。

此致

京北省公安厅

××年×月×日
（院印）

第二联 侦查监督部门附卷

××××人民检察院逮捕决定书（副本）

××检××捕〔20××〕×号

犯罪嫌疑人_____涉嫌_____犯罪，根据《中华人民共和国刑事诉讼法》第七十九条和第一百六十三条的规定，决定予以逮捕。请依法立即执行，并将执行情况在三日以内通知本院。

此致

京北省公安厅

××年×月×日
（院印）

第三联 侦查部门附卷

××××人民检察院逮捕决定书

××检××捕〔20××〕×号

犯罪嫌疑人_____涉嫌_____犯罪，根据《中华人民共和国刑事诉讼法》第七十九条和第一百六十三条的规定，决定予以逮捕。请依法立即执行，并将执行情况在三日以内通知本院。

此致

京北省公安厅

××年×月×日
（院印）

附：犯罪嫌疑人基本情况

第四联 送达执行机关

××××人民检察院逮捕决定书（回执）

_____人民检察院：

根据《中华人民共和国刑事诉讼法》第七十八条的规定，现将你院_____号逮捕决定书_____于_____年_____月_____日执行逮捕。

的执行情况通知如下：
犯罪嫌疑人_____已于_____年_____月_____日由_____执行逮捕。

特此通知

××年×月×日
（公章）

第五联 执行机关送回后附卷

2. 制作说明。该文书根据刑事诉讼法第 79 条、第 163 条的规定制作,为最高人民检察院、省级人民检察院侦查监督部门在办理本院直接立案侦查的案件时,认为犯罪嫌疑人的行为符合逮捕条件,决定逮捕犯罪嫌疑人时使用。这份文书需要说明的是,在第四联即送达执行机关一联中,要附犯罪嫌疑人基本情况。在"此致"后要填写同级公安机关,而不是本院侦查部门。

(三)"上提一级"案件所使用的逮捕决定书

1. 文书格式。统一的文书格式对保证办案质量,加强刑事检察业务建设具有重要作用。"上提一级"案件所使用的逮捕决定书的格式如下:

×××人民检察院逮捕决定书（存根）

×××检×捕[20××]×号

案由
犯罪嫌疑人基本情况（姓名、性别、年龄、工作单位、住址、身份证号码、是否为人大代表或政协委员）
报捕机关
送达机关
批准人
承办人
填发时间

第一联 统一保存

×××人民检察院逮捕决定书（副本）

×××检×捕[20××]×号

你院于____年__月__日以_____报请逮捕书报请逮捕犯罪嫌疑人_____，经本院审查认为，该犯罪嫌疑人涉嫌_____犯罪，根据《中华人民共和国刑事诉讼法》第七十九条和第一百六十三条的规定，决定对犯罪嫌疑人_____予以逮捕。请依法立即通知公安机关执行，并在三日以内将执行情况报本院。

×××年×月×日
（院印）

第二联 上级人民检察院侦查监督部门附卷

×××人民检察院逮捕决定书

×××检×捕[20××]×号

你院于____年__月__日以_____报请逮捕书报请逮捕犯罪嫌疑人_____，经本院审查认为，该犯罪嫌疑人涉嫌_____犯罪，根据《中华人民共和国刑事诉讼法》第七十九条和第一百六十三条的规定，决定对犯罪嫌疑人_____予以逮捕。请依法立即通知公安机关执行，并在三日以内将执行情况报本院。

×××年×月×日
（院印）

第三联 交下级人民检察院

×××人民检察院逮捕决定书

×××检×捕[20××]×号

（下级人民检察院同级公安机关）：

人民检察院于____年__月__日以_____号报请逮捕书报请逮捕犯罪嫌疑人_____，该犯罪嫌疑人涉嫌_____犯罪，根据《中华人民共和国刑事诉讼法》第七十三条第一百六十三条的规定，决定对犯罪嫌疑人_____予以逮捕。请依法立即执行，并在三日以内将执行情况通知人民检察院。

×××年×月×日
（院印）

第四联 由下级人民检察院送达同级执行机关

×××人民检察院逮捕决定书（回执）

（同级人民检察院）：

根据《中华人民共和国刑事诉讼法》第八十八条的规定，现将人民检察院____年__月__日以_____号逮捕决定书的执行情况通知如下：逮捕决定书决定逮捕的犯罪嫌疑人_____已由_____月_____日_____执行逮捕。

特此通知

×××年×月×日
（公章）

第五联 执行回执

2. 制作说明。该文书根据刑事诉讼法第 79 条、第 163 条制作，为上一级人民检察院在办理下级人民检察院立案侦查的案件时，认为犯罪嫌疑人的行为符合逮捕条件，决定逮捕犯罪嫌疑人时使用。需要注意的是，该文书与最高人民检察院、省级人民检察院在办理本院立案侦查的案件中适用的《逮捕决定书》同名，为加以区别，本文书文号增加"提"字。其中第二联、第三联的抬头部分填写下级人民检察院，第四联的抬头部分填写下级人民检察院的同级公安机关，第五联的抬头部分填写执行机关的同级人民检察院。

（四）"追捕"时使用的逮捕决定书

1. 文书格式。统一的文书格式对保证办案质量，加强刑事检察业务建设具有重要作用。"追捕"时使用的逮捕决定书的格式如下：

×××人民检察院逮捕决定书（存根）

××检××逮捕[20××]×号

案由

犯罪嫌疑人基本情况（姓名、性别、年龄、工作单位、住址、身份证号码、是否为人大代表或政协委员）

送达机关
批准人
承办人
填发人
填发时间

第一联 统一保存

×××人民检察院逮捕决定书（副本）

××检××逮捕[20××]×号

犯罪嫌疑人＿＿＿＿涉嫌＿＿＿＿犯罪，根据《中华人民共和国刑事诉讼法》第七十九条和《人民检察院刑事诉讼规则（试行）》第＿＿＿条的规定，决定予以逮捕。请依法立即执行，并将执行情况在三日以内通知本院。

×年×月×日
（院印）

第二联 侦查监督部门附卷

×××人民检察院逮捕决定书（副本）

××检××逮捕[20××]×号

犯罪嫌疑人＿＿＿＿涉嫌＿＿＿＿犯罪，根据《中华人民共和国刑事诉讼法》第七十九条和《人民检察院刑事诉讼规则（试行）》第＿＿＿条的规定，决定予以逮捕。请依法立即执行，并将执行情况在三日以内通知本院。

×年×月×日
（院印）

附：犯罪嫌疑人基本情况

第三联 送达移送机关

×××人民检察院逮捕决定书（回执）

×××人民检察院：

根据《中华人民共和国刑事诉讼法》第八十条的规定，现将你院＿＿＿年＿＿月＿＿日＿＿＿号逮捕决定书的执行情况通知如下：犯罪嫌疑人＿＿＿＿已于＿＿年＿＿月＿＿日由＿＿＿＿执行逮捕（或者因＿＿＿＿未执行逮捕）。

特此通知。

××年×月×日
（公章）

第四联 执行机关退回后附卷

2. 制作说明。该文书根据刑事诉讼法第 79 条和《刑诉规则》第 321 条、第 325 条、第 346 条、第 375 条的规定制作，为人民检察院发现应当逮捕的犯罪嫌疑人而侦查机关未提请/报请/移送逮捕，或者公诉部门追加移送审查逮捕的案件，人民检察院直接作出逮捕决定时使用。由于逮捕决定书名称与人民检察院直接立案侦查案件适用的《逮捕决定书》同名，为加以区别，该文书文号增加"追"字。

二、不逮捕文书

这类文书共有以下三种：

（一）对公安机关提请批准逮捕案件使用的不批准逮捕决定书

1. 文书格式。统一的文书格式对保证办案质量，加强刑事检察业务建设具有重要作用。对公安机关提请批准逮捕案件使用的不批准逮捕决定书的格式如下：

××××人民检察院 不批准逮捕决定书（存根）

××检××不捕[20××]×号

案由_____
犯罪嫌疑人基本情况_____
不批准逮捕原因_____
送达机关_____
批准人_____
承办人_____
填发人_____
填发时间_____

第一联　统一保存

××××人民检察院 不批准逮捕决定书（副本）

××检××不捕[20××]×号

_____：

你__于__年__月__日以__号文书提请批准逮捕犯罪嫌疑人_____，经本院审查认为：_____，根据《中华人民共和国刑事诉讼法》第八十八条的规定，决定不批准逮捕犯罪嫌疑人_____。请依法立即执行，并在三日以内将执行情况通知本院。

××年×月×日
（院印）

第二联　侦查监督部门附卷

××××人民检察院 不批准逮捕决定书

××检××不捕[20××]×号

_____：

你__于__年__月__日以__号文书提请批准逮捕犯罪嫌疑人_____，经本院审查认为：_____，根据《中华人民共和国刑事诉讼法》第八十八条的规定，决定不批准逮捕犯罪嫌疑人_____。请依法立即执行，并在三日以内将执行情况通知本院。

××年×月×日
（院印）

第三联　送达移送机关

××××人民检察院 不批准逮捕决定书（回执）

_____人民检察院：

根据《中华人民共和国刑事诉讼法》第八十九条的规定，现将你院__号不批准逮捕决定书的执行情况通知如下：犯罪嫌疑人_____已于__年__月__日由本院释放（或者变更为取保候审）。

特此通知

××年×月×日
（公章）

第四联　执行机关退回后附卷

2. 制作说明。该文书是根据《刑事诉讼法》第 88 条、第 89 条的规定制作，为人民检察院对公安机关提请批准逮捕的犯罪嫌疑人，认为犯罪嫌疑人的行为不符合刑事诉讼法第 79 条规定的逮捕条件，决定不批准逮捕犯罪嫌疑人时使用。在制作本文书时，需要注意的是，在第二联、第三联中应当根据案件具体情况，写明不批准逮捕的原因，即写明犯罪嫌疑人不符合刑事诉讼法所规定的逮捕条件之处，如认为"不构成犯罪"、"事实不清、证据不足"、"不可能判处徒刑以上刑罚"、"采取取保候审不致发生社会危险性"或者"符合适用监视居住的条件"等。

（二）"上提一级"案件中使用的不予逮捕决定书

1. 文书格式。统一的文书格式对保证办案质量，加强刑事检察业务建设具有重要作用。"上提一级"案件中使用的不予逮捕决定书的格式如下：

××××人民检察院不予逮捕决定书（回执）

：（同级人民检察院）

现将_____年_____月_____日×××不予逮捕决定书的执行情况通知如下：犯罪嫌疑人_____不予逮捕，已于_____年_____月_____日释放/变更为_____。特此通知。

（公章）
××××年×月×日

第五联 执行回执

××××人民检察院不予逮捕决定书

××检捕××不捕〔20××〕×号

_____人民检察院：
_____年_____月_____日×××号文书报请逮捕犯罪嫌疑人_____，经本院审查，根据《中华人民共和国刑事诉讼法》第七十九条、第一百六十五条的规定，决定不予逮捕犯罪嫌疑人_____。请依法立即执行，并在三日以内将执行情况通知_____人民检察院。

（院印）
××××年×月×日

第四联 由下级人民检察院送达同级执行机关

××××人民检察院不予逮捕决定书

××检捕××不捕〔20××〕×号

你院于_____年_____月_____日×××号文书认为：_____，报请逮捕犯罪嫌疑人_____，经本院审查认为：_____，根据《中华人民共和国刑事诉讼法》第七十九条、第一百六十五条的规定，决定不予逮捕犯罪嫌疑人_____。犯罪嫌疑人已被拘留的，请依法通知公安机关立即执行，并在将执行情况三日以内执行情况报本院。

（院印）
××××年×月×日

第三联 交下级人民检察院

××××人民检察院不批准逮捕决定书（回执）

××检捕××不捕〔20××〕×号

你于_____年_____月_____日×××号文书报请逮捕犯罪嫌疑人_____，经本院审查认为：_____，根据《中华人民共和国刑事诉讼法》第七十九条、第一百六十五条的规定，决定不予逮捕犯罪嫌疑人_____。犯罪嫌疑人已被拘留的，请依法通知公安机关立即执行，并在三日以内将执行情况报本院。

（院印）
××××年×月×日

第二联 上级人民检察院侦查监督部门附卷

××××人民检察院不予逮捕决定书（存根）

××检捕××不捕〔20××〕×号

案由_____
犯罪嫌疑人基本情况_____
不予逮捕原因_____
报请机关_____
送达机关_____
批准人_____
承办人_____
填发人_____
填发时间_____

第一联 统一备存

2. 制作说明。该文书是根据刑事诉讼法第 79 条、第 165 条的规定制作，为上级人民检察院在审查下级人民检察院报请逮捕的检察机关直接立案侦查的犯罪嫌疑人时，认为犯罪嫌疑人的行为不符合逮捕条件或者符合监视居住条件，决定不予逮捕犯罪嫌疑人时使用。在文书中，除了要写明不予逮捕的原因外，要注意第二联、第三联的抬头部分填写下级人民检察院，第四联的抬头部分填写下级人民检察院的同级公安机关，第五联的抬头部分填写执行机关的同级人民检察院。

（三）对本院直接立案侦查的案件所使用的不予逮捕决定书

1. 文书格式。统一的文书格式对保证办案质量，加强刑事检察业务建设具有重要作用。对本院直接立案侦查的案件所使用的不予逮捕决定书的格式如下：

×××人民检察院 不予逮捕决定书（存根）

×××检〔20××〕×不捕×号

案由 _____
犯罪嫌疑人基本情况 _____
不予逮捕原因 _____
送达机关 _____
批准人 _____
承办人 _____
填发人 _____
填发时间 _____

第一联 统一保存

×××人民检察院 不予逮捕决定书（副本）

×××检〔20××〕×不捕×号

对_____年__月__日移送审查逮捕犯罪嫌疑人_____涉嫌_____一案，经审查认为：_____。决定不予逮捕犯罪嫌疑人_____。根据《中华人民共和国刑事诉讼法》第一百六十五条的规定，请依法立即执行，并在三日以内将执行情况通知本院。

此致
京北省公安厅

×××年×月×日
（院印）

第二联 上级人民检察院侦查监督部门附卷

×××人民检察院 不予逮捕决定书

×××检〔20××〕×不捕×号

对_____年__月__日移送审查逮捕犯罪嫌疑人_____涉嫌犯罪一案，经审查认为：_____。决定不予逮捕犯罪嫌疑人_____。根据《中华人民共和国刑事诉讼法》第一百六十五条的规定，请依法立即执行，并在三日以内将执行情况通知本院。

此致
京北省公安厅

×××年×月×日
（院印）

第三联 交下级人民检察院

×××人民检察院 不予逮捕决定书

×××检〔20××〕×不捕×号

对_____年__月__日移送审查逮捕的犯罪嫌疑人_____涉嫌犯罪一案，经审查认为：_____。决定不予逮捕犯罪嫌疑人_____。根据《中华人民共和国刑事诉讼法》第一百六十五条的规定，请依法立即执行，并在三日以内将执行情况通知本院。

此致
京北省公安厅

×××年×月×日
（院印）

第四联 由下级人民检察院送达同级执行机关

×××人民检察院 不予逮捕决定书（回执）

×××人民检察院：

根据《中华人民共和国刑事诉讼法》第一百六十五条的规定，现将你院_____年__月__日不予逮捕决定书的执行情况通知如下：犯罪嫌疑人_____，已于_____年__月__日释放/变更为取保候审。
特此通知。

×××年×月×日
（公章）

第五联 执行回执

2. 制作说明。该文书根据刑事诉讼法第 165 条的规定制作，为最高人民检察院、省级人民检察院在办理本院直接立案侦查的案件中，认为犯罪嫌疑人的行为不符合逮捕条件或者符合监视居住条件，决定不予逮捕犯罪嫌疑人时使用。

第二节　立案监督类文书

一、要求说明不立案理由通知书

（一）文书格式

统一的文书格式对保证办案质量，加强刑事检察业务建设具有重要作用。要求说明不立案理由通知书的格式如下：

××××人民检察院要求说明不立案理由通知书

（存 根）

××检××不立通 [20××] ×号

案由 _____
犯罪嫌疑人 _____
发现途径 _____
公安机关不立案时间 ___年___月___日
送达机关 _____
批准人 _____
承办人 _____
填发人 _____
填发时间 _____

第一联 统一保存

××××人民检察院要求说明不立案理由通知书

（副 本）

××检××不立通 [20××] ×号

根据《中华人民共和国刑事诉讼法》第一百一十一条的规定，请在收到本通知书以后七日以内向本院书面说明_____一案的不立案理由。

××年×月×日
（院印）

第二联 附卷

××××人民检察院要求说明不立案理由通知书

××检××不立通 [20××] ×号

根据《中华人民共和国刑事诉讼法》第一百一十一条的规定，请在收到本通知书以后七日以内向本院书面说明_____一案的不立案理由。

××年×月×日
（院印）

第三联 送达侦查机关

（二）制作说明

该文书依据刑事诉讼法第111条和《刑诉规则》第557条、第704条的规定制作，系人民检察院要求公安机关书面说明不立案理由时使用。

二、通知立案书

（一）文书格式

××××人民检察院
通知立案书

××检××通立〔20××〕×号

一、发往单位。

二、写明发出《说明不立案理由通知书》的时间与文号，侦查机关回复的时间与文书的文号。

三、写明侦查机关不立案理由不能成立的原因和应当立案的事实根据和法律根据。

四、写明通知侦查机关立案的法律依据（刑事诉讼法第一百一十一条）和要求（收到立案通知书后十五日以内立案并将立案决定书副本送达我院）。

××年×月×日
（院印）

（二）制作说明

该文书依据刑事诉讼法第111条和《刑诉规则》第559条的规定制作，为人民检察院认为侦查机关说明的不立案理由不能成立，或者侦查机关不说明不立案理由，但经审查符合立案条件，通知侦查机关立案时使用。

文书共一式三份，一份留存，一份送达侦查机关，一份报上一级人民检察院备案。

(三) 范例

××××人民检察院
通知立案书

××检××通立〔20××〕×号

××公安局：

　　本院××年×月×日以××检××通立〔20××〕×号《要求说明不立案理由通知书》，要求你局说明对吴×涉嫌强奸一案不立案的理由，并于××年×月×日收到你局《关于吴×涉嫌强奸罪不立案说明》的文书。

　　本院经审查认为，你局关于吴×涉嫌强奸一案不立案的理由不成立，理由如下：

　　一、现有证据能够证实吴×明知被害人李××系不满14周岁的幼女。本案中供证一致的是吴×与李××发生了性行为，且有证据证实李××不满14周岁。最高人民法院《关于行为人不明知是不满十四周岁的幼女双方自愿发生性关系是否构成强奸罪问题的批复》（法释〔2003〕4号）规定：行为人明知是不满十四周岁的幼女而与其发生性关系，不论幼女是否自愿，均应依照刑法第二百三十六条第二款的规定，以强奸罪定罪处罚；行为人确实不知对方是不满十四周岁的幼女，双方自愿发生性关系，未造成严重后果，情节显著轻微的，不认为是犯罪。本案中行为人吴×辩解称认为李××十五六岁，对她不满14周岁并不明知，但通过供证证实吴×明知李××系初中生，两人见面时李××一直身穿印有"2011"字样的校服，作为成年人的吴×不难判断出李××系2011年入学的学生；且通过承办人对李××接触观察其发育完全符合一个十三四岁年龄阶段孩子的生理与心理特征，非体型高大、谈吐举止异常的早熟幼女；并且李××始终证实,当时她告诉吴×自己13岁,吴×称李××十五六岁,也符合当地说虚岁的习惯,据此可以推断,吴×对李××可能不满14周岁是明知的。

二、行为人吴×以暴力、胁迫手段与李××发生了性关系。首先,虽然吴×对此拒不承认,但分析李××的陈述,前后并无矛盾,且其在网上对吴×介绍自己的情况都是真实的,而吴×在向李××介绍自己时所有信息都是虚假的,从年龄特征、社会经验以及一贯表现分析李××的陈述更真实;其次,我院调取了张××的证言,该证言证实李××案发第二天向其哭诉被吴×以暴力、拍裸照胁迫的手段强奸,张××还看到李××脖子上有淤青的事实;另有李×的家人证实李××称被网友暴力强奸的经过。上述证据证实吴×在与李××发生性关系时,采取了暴力、胁迫手段,违背妇女意志。

本院认为:有证据证实行为人吴×明知是不满14周岁的幼女而与之发生性关系,同时又具有暴力、胁迫情节,涉嫌强奸罪。根据《中华人民共和国刑法》第二百三十六条第二款之规定和最高人民法院法释〔2003〕4号批复意见,吴×强奸一案符合《中华人民共和国刑事诉讼法》第一百零七条规定的立案条件。

根据《中华人民共和国刑事诉讼法》第一百一十一条的规定,本院现通知你局立案。请你局在××年×月×日以前立案,并将立案决定书副本送达我院。

××年×月×日
(院印)

三、不立案理由审查意见通知书
(一) 文书格式

××××人民检察院
不立案理由审查意见通知书

××检××不立审[20××]×号

关于你指控_____涉嫌_____一案，向本院提出对于案侦查的案件不立案说明不立案理由。根据《中华人民共和国刑事诉讼法》第一百二十一条的规定，经本院审查认为：_____不立案理由成立。

特此通知。

××年×月×日
（院印）

第三联　送达侦查机关

××××人民检察院
不立案理由审查意见通知书
（副本）

××检××不立审[20××]×号

关于你指控_____涉嫌_____一案，向本院提出对于案侦查的案件不立案说明不立案理由。根据《中华人民共和国刑事诉讼法》第一百二十一条的规定，经本院审查认为：_____不立案理由成立。

特此通知。

××年×月×日
（院印）

第二联　附卷

××××人民检察院
不立案理由审查意见通知书
（存根）

××检××不立审[20××]×号

案　　由_____
被害人_____
被控告人_____
不立案侦查机关_____
批准人_____
承办人_____
填发人_____
填发时间_____

第一联　统一保存

（二）制作说明

该文书是根据刑事诉讼法第 111 条的规定制作，为人民检察院审查侦查机关说明的不立案理由后，认为其不立案理由成立时，通知被害人或其家属时使用。

第三节　侦查活动监督类文书

一、应当逮捕犯罪嫌疑人建议书
（一）文书格式

××××人民检察院
应当逮捕犯罪嫌疑人建议书

××检××应捕建〔20××〕×号

_____：（侦查机关名称）

　　你_____（对应简称）_____号_____书移送的犯罪嫌疑人_____涉嫌_____一案，本院经审查认为：

　　你_____书未列明的犯罪嫌疑人_____（写明需要追捕的人的姓名、性别、出生年月日及年龄）涉嫌下列犯罪事实：_____（围绕犯罪构成及情节写明需要追捕的人实施的犯罪事实及主要证据，并说明其社会危险性）。上述犯罪嫌疑人_____的行为已触犯《中华人民共和国刑法》第_____条的规定，涉嫌_____犯罪。（根据案件情况，选择填写"可能判处徒刑以上刑罚，采取取保候审尚不足以防止发生社会危险性"、"可能判处十年有期徒刑以上刑罚"或者"可能判处徒刑以上刑罚，曾经故意犯罪或者身份不明"），根据《中华人民共和国刑事诉讼法》第七十九条的规定，应当依法逮捕。根据《人民检察院刑事诉讼规则（试行）》第_____条的规定，请你_____依法提请/移送逮捕，并连同案卷材料、证据等一并移送我院审查。

××年×月×日
（院印）

（二）制作说明

该文书根据《刑诉规则》第321条、第346条的规定制作，为人民检察院在办理审查逮捕案件过程中，发现应当逮捕而侦查机关未提请审查逮捕的犯罪嫌疑人，建议侦查机关提请逮捕时使用。制作这一文书，要注意围绕犯罪构成及情节写明需要追捕的人实施的犯罪事实及主要证据，并说明其社会危险性，在此基础上提出移送审查逮捕的建议。

（三）范例

××××人民检察院
应当逮捕犯罪嫌疑人建议书

××检××应捕建〔20××〕×号

××××公安局：

你局以××提捕字〔20××〕×号文书提请批准逮捕犯罪嫌疑人甄××涉嫌合同诈骗案，本院经审查认为：

你局提请批准逮捕意见书未列明的犯罪嫌疑人刘××（男，1979年9月18日出生，34岁，住××市××县××镇××路239号）涉嫌下列犯罪事实：

××年×月×日，犯罪嫌疑人刘××为获取更多的利益，违反与××县××饲料厂签订的养殖合同规定，将××饲料厂的9882只合同鸭私自卖给××县××食品有限公司，得款179765元。××年×月×日，放养的合同鸭出栏，犯罪嫌疑人刘××与甄××合谋骗回二人于××年×月×日交至××饲料厂的60000元保证金后，在××饲料厂员工回收合同鸭过程中逃匿，给××饲料厂造成经济损失305106元。

认定上述事实的主要证据：犯罪嫌疑人甄××的供述和辩解、被害人时召×的陈述，证人张×、李×、王×、张×、王×的证言、户籍证明、养殖合同、网银交易查询明细、借记卡账户明细查询、银行取款凭条书证、××县××有限公司毛鸭收购过磅单等书证材料。

上列犯罪嫌疑人刘××的行为已触犯《中华人民共和国刑法》第二百二十四条之规定，涉嫌合同诈骗罪，可能判处徒刑以上刑罚，且犯罪嫌疑人刘××于案发后逃跑，具有社会危险性。根据《中华人民共和国刑事诉讼法》第七十九条第一款之规定，应当依法逮捕。请你局制作提请批准逮捕意见书，连同卷宗材料、证据，一并移送本院审查批准逮捕。

××年×月×日
（院印）

二、纠正违法通知书

（一）文书格式

××××人民检察院
纠正违法通知书

××检××纠违〔20××〕×号

一、发往单位。

二、发现的违法情况。包括违法人员的姓名、单位、职务、违法事实等，如果是单位违法，要写明违法单位的名称。违法事实，要写明违法时间、地点、经过、手段、目的和后果等。可表述为：经检察，发现……。

三、认定违法的理由和法律依据。包括违法行为触犯的法律、法规和规范性文件的具体条款，违法行为的性质等。可表述为：本院认为……。

四、纠正意见。可表述为：根据……（法律依据）的规定，特通知你单位予以纠正，请将纠正结果告知我院。

××年×月×日
（院印）

（二）制作说明

该文书依据刑事诉讼法第 98 条等有关法律规定制作，为侦查监督部门依法纠正侦查机关违法侦查活动时使用。本文书采用叙述式，正文按照以下层次叙写：一是写明发往单位；二是写明发现的违法情况。书写为：经检察，发现……。"发现"后书写顺序为：（1）发生违法情况的具体单位和人员。违法人员要写明姓名、所在单位、职务等。（2）违法事实。写明违法的时间、地点、经过、手段、目的和后果等。三是检察机关认定违法的理由及其法律依据。书写为：本院认为……。"本院认为"后要写明违法行为触犯的法律、法规的具体条款、违法行为的性质等。四是写明纠正意见。写明："根据……（法律依据）的规定，特通知你单位予以纠正。请将纠正情况告知我院"。

（三）范例

范例一

××××人民检察院
纠正违法通知书

××检××纠违〔20××〕×号

××公安局：

我院于××年×月×日收到你局以××提捕字〔20××〕×号

移送的犯罪嫌疑人林××涉嫌放火罪的文书、案卷和证据材料。经审查,发现你局对犯罪嫌疑人林××采取刑事拘留后,未在24小时内将其送看守所羁押,而是在办案中心继续讯问,直至96小时之后才将林××送入看守所羁押。

本院认为,上述行为违反《中华人民共和国刑事诉讼法》第八十三条关于拘留后,应当立即将被拘留人送看守所羁押,至迟不得超过二十四小时的规定,并造成在办案中心所做的三份笔录被作为非法证据排除的后果。

根据《中华人民共和国刑事诉讼法》第九十八条,《人民检察院刑事诉讼规则》第五百六十五条第十四项、第五百六十六条的规定,特通知你单位予以纠正,请将纠正结果告知我院。

××年×月×日
(院印)

范例二

京北省东江县人民检察院
纠正违法通知书

××检××纠违〔20××〕×号

××公安局:

本院在审查你局以××提捕字〔20××〕×号文书提请批准逮捕的犯罪嫌疑人张××涉嫌强奸犯罪一案的过程中,发现你局办案人员存在以下违法事实:

第一,接警后出警不及时。证据显示,案发一开始过路群众即二次报警,你局却约在30分钟后才出警到现场,导致被害人刘×被强奸,身心遭到巨大创伤。

上述违法事实有如下证据证实：（1）××县110报警记录证实：过路群众张××年×月×日2时41分报警称××石油交易中心门口××大道边"见一男子殴打女子"。（2）证人张×（××年×月×日3时40分至4时10分在××公安局执法办案中心笔录）证言：其听到有人呼救，看到马路中间一男子骑在女子身上时即打电话报警，约10分钟后再次报警，20分钟后其返回现场抄录嫌疑车辆车牌号码，又过5分钟后，警察才到场。也就是说，张×报警约30分钟后，民警才到场。（3）犯罪嫌疑人张××、被害人刘×均证实，刘×先是从张××车上逃到马路中间呼救，并与张××发生撕扯，后被张××强行拉到路边公园椅子上强奸，历时约半小时，与证人张×的证言相互印证。

第二，在明知犯罪嫌疑人张××有酒后驾车行为的情况下，未及时对其进行酒精测试，导致张××是否涉嫌危险驾驶罪事实不清，证据不足。

上述违法事实有以下证据证实：（1）犯罪嫌疑人张××供述当晚喝了三四瓶啤酒后驾车载刘×到案发地点。（2）被害人刘×陈述、证人刘××证言可印证张××当时已饮酒。（3）民警出警后，系在车上发现张××、刘×二人，后将二人带回审查。

本院认为，你局上述行为违反了《中华人民共和国刑事诉讼法》第一百零七条、第一百一十三条，公安部《110接处警工作规则》第十一条之规定。

根据《中华人民共和国刑事诉讼法》第九十八条，特提出纠正，请你局将纠正情况及时书面告知我院。

××年×月×日
（院印）

第四节　检察建议书

一、文书格式

×××人民检察院
检察建议书

××检××建〔20××〕×号

一、写明主送单位的全称

二、问题的来源或提出建议的起因

写明本院在办理案件过程中发现该单位在管理等方面存在的漏洞以及需要提出有关检察建议的问题。

三、应当消除的隐患及违法现象

写明本院在办理案件过程中发现的犯罪、执法不规范、需要加强改进或者建章立制的地方。

四、提出检察建议所依据的事实和法律、法规及有关规定

对事实的叙述要求客观、准确、概括性强，要归纳成几条反映问题实质的事实要件，然后加以叙述。检察建议引用依据有两种情况，一种情况是检察机关提出建议的行为所依据的有关规定；另一种情况是该单位存在的问题不符合哪项法律规定和有关规章制度的规定。

五、治理防范的具体意见

意见的内容应当具体明确，切实可行，要与以上列举的事实紧密联系。

六、要求事项

即为实现检察建议内容或督促检察建议落实而向受文单位提出的具体要求。可包括：

1. 研究解决或督促整改；
2. 回复落实情况，可提出具体时间要求。

××年×月×日
（院印）

二、制作说明

本文书为人民检察院侦查监督部门通过办案发现的，有关单位在管理上存在的问题和漏洞，以及认为应当追究有关当事人的党纪、政纪责任等情形，向有关单位提出建章立制，加强管理或者追究有关人员责任的检察建议时使用，是侦查监督部门延伸职能，促进加强和完善社会治理的重要工具。该文书为叙述式文书，正文部分应当包括以下内容：

一是写明主送单位的全称。

二是问题的来源或提出建议的起因。这一部分要写明本院在办理案件过程中发现该单位在管理等方面存在的漏洞以及需要提出有关检察建议的问题。

三是提出检察建议所依据的事实。对事实的叙述要求客观、准确、概括性强，要归纳成几条反映问题实质的事实要件，然后加以叙述。

四是提出检察建议的依据和建议内容。其中依据包括检察机关提出建议的行为所依据的有关规定，以及该单位存在的问题不符合哪项法律规定和有关规章制度的规定。检察建议内容要与以上列举的事实紧密联系，并具体明确，切实可行。

五是要求事项。即为实现检察建议内容或督促检察建议落实而向受文单位提出的具体要求。

三、范例
范例一

×××× 人民检察院
检察建议书

××检××建〔20××〕×号

××县卫生局：

　　我院于××年×月×日受理了××公安局移送审查逮捕的刘××涉嫌非法行医罪，并于×月×日依法对犯罪嫌疑人刘××以非法行医罪批准逮捕。在审查该案期间，我院发现犯罪嫌疑人刘××自××年始便在我县××道外来务工人员集中居住区域进行非法行医活动，直至本案案发。其间，一直未受到贵局卫生行政执法部门的查处，导致其于本案中因非法行医行为致一人死亡。

　　贵单位作为××县区卫生行政执法单位，对本区内非法行医活动具有监督、执法权。根据《中华人民共和国行政处罚法》、《中华人民共和国执业医师法》及卫生部《卫生监督执法责任制若干规定》的要求，贵局所属卫生监督部门系本区内的卫生监督执法机构，应依照法律、法规开展预防性和经常性的综合卫生监督执法检查工作，尤其是对本区内医疗卫生执业机构及执业人员进行定期的巡查，同时要及时对违法行为进行调查、提出处罚建议，符合刑事立案标准的应及时移送刑事立案。但根据相关证据材料显示，犯罪嫌疑人刘××在××年开始非法行医后，其非法行医范围逐渐扩大，接受其治疗的外地来××务工人员逐渐增多，但犯罪嫌疑人刘××至案发时亦未受到过相应的行政监管及处罚，证明贵局卫生监督执法存在监管不到位、巡查不力的问题，最终导致刘××在非法行医过程中因输液不当致一人死亡的恶劣后果的发生。

针对如上贵局卫生监管措施方面存在的缺失之处，我院依据《中华人民共和国刑事诉讼法》及《人民检察院刑事诉讼规则》相关规定，向贵局提出检察建议，建议贵单位结合本案在我县集中开展一次非法行医监督执法检查工作，取缔我县内相关非法行医诊所，确保良好的医疗秩序。同时建议贵局在我县外来务工人员、低保人员等特定就医群体中开展宣传活动，有效防止类似非法行医所造成的悲剧再次发生。同时结合在审查该案中所发现的固定证据方面的工作漏洞，建议贵局严格按照相关行政执法部门移送刑事立案工作规定，将移送函送达我院，并接受我院在移送过程中的监督工作，保障移送案件的质量。

请贵局在接到本检察建议后及时就相关问题进行整改，并于整改后七日内将相应整改措施函告我院。

××年×月×日
（院印）

范例二

<h1 align="center">××××人民检察院
检察建议书</h1>

××检××建〔20××〕×号

××电信局：

我院在审查逮捕犯罪嫌疑人李××、项××涉嫌职务侵占罪一案过程中发现，犯罪嫌疑人的犯罪行为之所以能够得逞，与贵局在经营管理中存在漏洞有一定关系，主要表现在以下几个方面：

一、在营业厅电信业务的后台权限设置上存在漏洞。根据贵局与营业厅签订的代理协议，营业厅只能按照协议的规定操作业务，但贵局在营业厅的后台权限上却设置了营业厅可以操作协议规定以外的业务,致使营业厅的前台经理犯罪嫌疑人项××能够轻而易举地违规修改电信卡套餐类型并添加流量套餐,导致贵局话费及流量的损失。

二、对免费发放并赠送有话费的校园卡的管理不到位。本案中,犯罪嫌疑人李××利用职务便利非法占有700余张校园卡,交由犯罪嫌疑人项××修改为大众卡并添加流量套餐后非法出售。首先,根据贵局的相关规定,校园卡是在春、秋两季迎新生时开通的,过了春、秋两季迎新生时节后,犯罪嫌疑人李××应当将剩余的校园卡交还,但贵局在日常管理中未核对校园卡的发放及注册使用情况,未及时回收剩余的校园卡,致使犯罪嫌疑人李××、项××有机可乘;其次,贵公司在校园卡上设置赠送30元话费,但校园卡修改成大众卡后,赠送的30元话费还可以转到大众卡上,该设置存在漏洞,致使犯罪嫌疑人李××、项××在修改校园卡为大众卡后,贵局大量话费受到损失。

三、对营业厅代办的电信业务的跟踪督察不及时。犯罪嫌疑人李××、项××在××年×月初就已经违规修改电信卡套餐类型及添加流量套餐后非法出售。电信卡的开通、使用情况在贵公司的后台系统中均有体现,但直至××年×月×日贵局才发现并报案,致使449张电信卡被开通使用,造成了贵局话费及流量的实际损失。

针对上述情况,为了加强管理,堵塞漏洞,确保电信资产的安全,预防类似案件的发生,特提出以下建议:

一、规范电信业务的管理,增强电信从业人员的法律意识。应对电信业务的开展进行规范化管理,加强监督,减少因管理不规范引发电信资产流失的安全问题。要以此次事件为契机,建立法制培训制度,通过开展法律讲座等方式,组织电信从业人员学习相关法律法规,进一步增强电信从业人员的法律意识,自觉抵制违法犯罪行为。

二、完善电信业务的后台权限设置。在与第三方公司签订电信业务代办协议,开展业务合作过程中,既要考虑业务开展的便利,也要考虑业务合作的风险，合理限定电信业务后台权限范围，从技术上防止不法分子通过后台权限违规操作，以确保电信资产的安全。

三、及时有效地跟踪督察电信业务的办理情况。对电信业务的办理、使用情况应及时有效地进行跟踪督察，在发现异常情况时应立即采取相应措施制止违规行为，对涉嫌违法犯罪的要及时向公安机关报案，确保电信资产的安全，以最大限度地减少损失。

四、做好已开通的449张电信卡的善后处理工作。本案已有449张电信卡被用户开通使用，目前仍在使用中，用户涉及面广，贵局的流量损失仍存在隐患。请做好这些电信卡的善后处理工作，既要维护用户的合法利益，也要保护电信资产的安全，减少电信资产的流失。

五、认真清查，杜绝其他此类事件。根据犯罪嫌疑人李××、项××的供述，二人设置的流量套餐是比照他人提供的几张电信天翼号码卡的参数设置的，说明除了本案涉及的电信卡，市场上还可能存在有此类违规添加流量套餐的电信卡。请有针对性地进行清查，查清其他此类电信卡，并采取相应措施，涉嫌违法犯罪的要及时移送公安机关处理，杜绝电信资产的进一步流失。

以上建议如无不妥，请你单位及时整改，并将整改的情况在收到本建议书后一个月内函告我院。

××年×月×日

（院印）

第八章 常用侦查监督工作文书制作与范例

第一节 审查逮捕意见书

制作《审查逮捕意见书》是办理审查逮捕案件中非常重要的工作，既是承办人审查分析案件事实、证据及有关情况，形成审查意见的过程，也是向领导准确汇报案情，保证领导正确作出捕与不捕等决策的基础。因此《审查逮捕意见书》是侦查监督部门最重要的文书之一。同时，制作《审查逮捕意见书》既要介绍诉讼经过，又要表述事实，还要摘抄分析证据、论述法律适用问题，综合全案提出捕或不捕的意见，因此集中体现承办人的法律知识水平和综合业务能力，也是制作难度最大的文书。所以侦查监督部门、侦查监督干警应当非常重视《审查逮捕意见书》的制作。因此，本书重点介绍该文书的制作。

一、文书格式

《审查逮捕意见书》应当包括首部、正文及尾部三个方面。首部主要包括办案检察院、案件名称、文书编号。尾部是承办人签名及时间等。而文书正文主要由以下几个部分组成：

（一）受案和审查过程

这部分主要写明受理案件的时间及承办人审查的过程。按照刑事诉讼法的要求，在审查逮捕过程中，除要进行审查卷宗、讯问犯罪嫌疑人等外，还会根据案件具体情况，进行告知犯罪嫌疑人及其法定代理人有权委托辩护人、听取辩护律师的意见、通知法律援助机构为没有委托辩护人的未成年犯罪嫌疑人提供法律援助、对未被羁押的犯罪嫌疑人在讯问前征求公安机关意见等工作，这些要在文书的审查过程部分中予以体现。这一部分格式如下：

本院（科、处、厅）于××年×月×日接到×××以×××号文书××（提请、报请、移送）审查逮捕犯罪嫌疑人×××涉嫌×××一案的文书及案卷材料、证据。承办人×××审阅了案卷，已讯问犯罪嫌疑人（听取犯罪嫌疑人意见、听取辩护人意见），核实有关证据，现已审查完毕。

（二）犯罪嫌疑人基本情况

这一部分要简要写明犯罪嫌疑人的姓名、年龄、职业、文化程度、采取强制措施情况、有无犯罪前科、家庭情况等基本情况。格式如下：

犯罪嫌疑人×××（曾用名×××、绰号），×（性别），××年×月×日出生，身份证号码×××，××（民族），××（文化程度），户籍所在地×××，住×××。××（工作单位及职务，是人大代表、政协委员的要一并写明）。因涉嫌×××于××年×月×日被×××刑事拘留，于×××经批准延长拘留期限至××年×月×日，现羁押于××看守所（或××年×月×日被×××监视居住或取保候审）。

××（简要写明犯罪嫌疑人简历）。

××（简要写明犯罪嫌疑人家庭情况）。

以上犯罪嫌疑人无行政、刑事处罚记录（如有，应写明处罚的时间和结果）；无影响羁押的严重疾病。

（三）发案、立案、破案经过

（四）经审查认定的案件事实及证据

这一部分要写明侦查机关认定的案件事实、承办人审查认定的案件事实、所依据的证据及对证据的分析。准确认定案件事实包括认定各犯罪嫌疑人在案件中的行为和作用，是准确定性和处理的前提。而证据是认定案件事实的基础和依据。在实践中，即使承办人提出的认定处理意见不当，但部门负责人、检察长根据《审查逮捕意见书》载明的事实、证据，仍然可以作出正确决定。准确认定事实、详略得当地摘抄证据并合理科学地排列组合，清晰完整地反映案件全貌，非常重要。因此这一部分是《审查逮捕意见书》的最核心部分。格式如下：

1. 侦查机关（部门）认定的案件事实。
2. 经审查认定的案件事实及证据。经审查认定：××××（如系根据刑事诉讼法第七十九条第二款、第三款规定提请逮捕的，应一并写明相关身份不明或者违反取保候审、监视居住规定的事实）。

认定上述事实的证据如下：

（如与公安机关认定的事实一致，可直接表述为：上述事实有以下证据证明：）

（1）××××。

（2）××××。

……

综上，××××（对证据进行综合分析）。

（五）需要说明的问题

这一部分要根据案件具体情况写明案件的背景、监督事项等相关内容。主要包括以下内容：

1. 案件背景、有关领导批示情况。

2. 引导侦查机关取证事项。这一部分写明在提前介入或者审查案件的过程中，引导侦查机关（部门）所做的取证工作。

3. 立案监督、侦查活动监督有关情况。在这一部分要对通过审查逮捕发现的侦查机关在立案和侦查活动中的违法情形进行列举，并提出监督纠正的意见和建议。

4. 需要补充侦查的事项。在这一部分中，对于因事实不清、证据不足决定不捕的案件，要提出重新报捕时应当补充完善的证据。对于批准（决定）逮捕的案件，要提出捕后继续侦查的事项。所提出的补充侦查事项要明确具体，且具有必要性和可补性。

5. 聘请律师及听取律师意见情况。这一部分中，要简要介绍辩护人主要意见及理由，并对辩护人的意见进行分析，有针对性地提出采纳与否的意见和理由。

6. 办案风险评估及预案。这一部分中，要按照高检院有关执法办案风险评估的相关规定，对办案风险进行评估，提出预案建议。

7. 延伸办案职能的意见和建议。这一部分中，要列明办案过程中发现有关单位在管理上存在的问题和漏洞，以及认为应当追究有关当事人的党纪、政纪责任等事项，并提出处理意见和建议。

8. 其他需要分析或说明的事项。

（六）社会危险性分析

在这一部分中，要根据刑事诉讼法第79条规定的逮捕三种情形，分析犯罪嫌疑人是否具有社会危险性；是否属于有证据证明有犯罪事实，可能判处十年有期徒刑以上刑罚的，或者有证据证明有犯罪事实，可能判处徒刑以上刑罚，曾经故意犯罪或者身份不明的情形；是否属于被取保候审、监视居住的犯罪嫌疑人、被告人违反取保候审、监视居住规定，情节严重的情形。

（七）处理意见

这里要对犯罪嫌疑人的行为、涉嫌的罪名、触犯的法律、是否有社会危险性等进行高度概括，并提出逮捕与否的意见及法律依据。

二、制作说明

在《审查逮捕意见书》文书制作方面，除了文字通畅，没有错别字、没有语病，合乎格式这些一般要求外，还应当做到精细化、规范化。

(一)整体布局,做到因案而异、突出重点、繁简分流

案件与案件不同,焦点和问题也不同。制作《审查逮捕意见书》要在遵循大的文书格式前提下,根据案件的不同情况确定侧重点,不要面面俱到,事无巨细。如有的案件事实认定不存在疑点、证据扎实,主要在定性和法律适用上存在分歧,制作审查逮捕意见书时要在证据摘抄、分析上可相对简化一些,重点在分析法律适用、定性上下功夫。有的案件定性问题简单,就是普通的杀人、抢劫案件,主要问题在证据方面,因而在制作文书时重点应放在证据的摘抄分析上,要体现并分析出证据印证矛盾的地方。

2013年,为了应对侦查监督部门办案任务重、人力紧缺问题,保证将更多的时间、精力用在对案件的实体审查上,提高办案质量和效率,最高人民检察院侦查监督厅下发了《关于繁简分流制作审查逮捕意见书的意见》,对文书制作繁简分流提出了一些具体的要求,即对于经审查与侦查机关(部门)在事实认定、证据采信、案件定性、法律适用方面没有分歧的案件,可以全面简化。全国检察机关统一业务应用系统中,审查逮捕意见书的格式虽然全面列举了审查逮捕案件可能出现的各项内容,但并非要求每个项目都必不可少。制作意见书应当根据案件的具体情况予以取舍,没有的项目内容可以省略。

(二)摘抄证据,做到准确归纳、详略得当、合理编排、分析到位

一是对证据要进行归纳,详略得当。不能不分主次,对证据大段照抄照搬,但同时又要避免过于简单,不能反映案件全貌,甚至遗漏了重要证据或重要内容。一份证据中关键地方可以详细一些,非常必要时可以用原话,次要的地方可以简要概括一下,无用的内容可不要。如证据中一个人的证言证据有多份的,相同的内容不要重复,只点出前后的差异、变化、矛盾。多份证据内容相同的,可以放在一起归纳。当然这就要求承办人具有深厚的业务功底和语言组织能力,能够准确地判断关键、次要和无用的内容,非一日之功。

二是要注意证据的合理编排。当前,为严格证据审查,切实防止冤假错案,高检院提出要重视客观性证据的审查运用,改变重口供、重言词证据的做法。体现在证据编排上,要把客观证据放在突出位置,一般情况下可以采取先客观后主观的排列顺序,并注重对客观证据的摘抄分析。同时,对多人多起案件,或者犯罪事实分环节、分层次的案件,可以采取分组编排的办法,以提高证据摘抄的效果。对于人数众多的案件,也可采取列表的形式,对证据分门别类进行归纳、摘抄。

三是要注重对证据的分析。既要对每个证据、每组证据进行分析,必要时又要有综合分析。既要分析证据横向间的印证及矛盾之处,又要分析证据前后是否存在矛盾及变化。既要对证据的关联性、真实性进行分析,又要注意证

合法性分析，在此基础上，准确提出采纳证据、排除非法证据、完善瑕疵证据等意见和建议。

（三）事实认定，做到准确到位、简明扼要、层次分明

为说明这一问题，下面列举对同一案件不同的承办人所作的事实认定：

1. ××年×月×日21时50分左右，犯罪嫌疑人张××伙同李××、赵×经事先预谋，由李××将程×约至××省××县南湖公园西北门公厕处，后张××及赵×将程×围追至该公园湖的西北岸边，程×跑入湖中冰面后溺水死亡。

2. 因被害人程×强奸犯罪嫌疑人李××未遂，李××告知其男友张××后，张××、李××、赵×预谋教训程×，××年×月×日21时50分左右，李××将程×约至××省××县南湖公园西北门公厕处，李××借口上厕所支开程×后，张××及赵×将程×围追至该公园湖的西北岸边，程×跑入湖中冰面后溺水死亡，张××及赵×仅围绕湖边搜寻及通知程×的朋友周×，未采取其他有效施救措施。

3. ××年×月×日，犯罪嫌疑人李××告诉男友犯罪嫌疑人张××，被害人程×当晚对李××实施了猥亵行为。张××遂决定与程×交涉，并与李××商定次日骗程×见面。张××还将此事告知好友犯罪嫌疑人赵×，赵×表示愿意与张××一起与程×交涉。

××年×月×日晚9时许，李××以约会为由，约程×一起至东江县南湖公园西北门，并提前通知了张××。进入公园后，李××按计划躲进公厕内。提前守候的张××见状安排赵×留在程×北侧堵截，自己绕到程×西侧试图拦截。程×发觉后即沿南湖岸边逃跑。张××在程×的西侧追赶，并大声喊"站住"，直至程×从湖西北岸向南跑上结冰湖面，脱离视线。赵×也随后追赶至岸边，与张××一起从西侧桥上绕至南湖南岸继续搜寻。其间，李××步出公厕后，见张××、赵×二人往湖边追赶程×，也向湖边走去，后因在湖边不见上述三人，即折返离开公园。张××、赵×到湖南岸后，没有找到程×，同时发现南岸湖面没有结冰。二人虽然意识到程×有可能掉入湖内，但因未听到呼救或异响，轻信程×已从冰面逃离，又担心程×可能返回拦截骚扰李××，遂离开公园，与李××会面。

次日，被害人程×的尸体被发现漂浮在南湖南岸未结冰湖面。经法医鉴定，被害人程×系溺死。

上述第1个例子认定的案件事实只有三四行字。依照其认定的事实，是三犯罪嫌疑人一起直接追赶被害人入湖溺死，三个人都似乎应当定性为故意杀人。而从第2个事实认定例子中，可以看出，被害人掉入湖中溺死，并不是犯

罪嫌疑人追求的结果。犯罪嫌疑人属于过失未履行先行行为引起的救助义务而导致被害人溺死，涉嫌过失致人死亡罪。但基于其事实认定，三名犯罪嫌疑人似乎起的作用相当，都应当承担刑事责任。直至第3个例子，我们才能看出，三名犯罪嫌疑人所起的作用各不相同，对三人定性、处理上也应不同。其中最主要的是，张××、赵×追赶被害人上冰是突发起意，李××并未参与追赶也不能预见到被害人可能掉入湖中，因此其行为不应认定为犯罪。

从以上例子可以看出，准确认定案件事实包括各犯罪嫌疑人在案件中的行为和作用，是准确定性和处理的前提。事实认定错误或者遗漏，定性处理就很难正确。这也是办案人员需要努力的地方。认定案件事实总的要求：一是认定的每一句话都要有证据证实，不要有个人推测或者主观色彩；二是证据已经证明的事实中，与定罪定性定责有关的基本事实不要遗漏；三是用语要准确简练、表述准确、层次分明。

三、范例

范例一（疑难案件《审查逮捕意见书》）

××××人民检察院
审查逮捕意见书

××检××捕审〔20××〕×号

一、受案和审查过程

本院于××年×月×日接到××县公安局以××提捕字〔20××〕×号文书提请审查逮捕犯罪嫌疑人张××、赵×和李××故意伤害一案的文书及案卷材料。承办人高×、王×审阅了案卷，分别讯问了三名犯罪嫌疑人并告知其诉讼权利义务，核实了有关证据。在讯问未被羁押的未成年犯罪嫌疑人李××前征求了公安机关的意见，讯问时有女性检察员参加，并通知其法定代理人到场。此外，还书面通知法律援助机构为李××指派律师提供辩护，接收了赵×辩护人的书面辩护意见。现已依法对本案审查完毕。

二、犯罪嫌疑人基本情况

（一）犯罪嫌疑人张××

男，1992年2月11日出生，身份证号码：略，汉族，高中文化，户籍地××省××县××镇××小区1号楼101室，现住××县××镇××小区29号楼310室，无业。

个人简历：自幼读书，高中毕业入伍，2012年退伍后待业至今。

家庭情况：父亲张×，45岁，东江县水务局职工；母亲李×，46岁，××县下屯小学老师。

（二）犯罪嫌疑人赵×

男，1993年7月9日出生，身份证号码：略，汉族，大专文化，户籍地××县××区××小区2楼6门604号，现住××县××镇××小区4号楼3单元307号，学生。

个人简历：自幼读书，现为××分院大三学生。

家庭情况：父亲赵×，48岁，火车司机；母亲李×，48岁，无业。

以上两名犯罪嫌疑人因涉嫌过失致人死亡罪于××年×月×日被××县××局刑事拘留，同月×日和×日经两次批准延长拘留期限至××年×月×日，现羁押于××县看守所。

（三）犯罪嫌疑人李××

女，1996年5月12日出生，身份证号码：略，汉族，高中文化，户籍××县××镇××街72号，现住××县××镇××小区9号楼509室，学生。犯罪嫌疑人李××因涉嫌故意伤害罪于××年×月×日被××县公安局取保候审。

个人简历：自幼读书，现为××县第五中学高三学生。

家庭情况：父亲李大×，42岁，个体户；母亲黎×，38岁，为建筑公司会计。

以上三名犯罪嫌疑人均无行政、刑事处罚记录；未发现患有影响羁押的严重疾病或者其他不适合羁押的情况。

三、发案、立案、破案经过

××年×月×日14时许，××县公安局接群众报案称，在该县南湖公园南湖南岸水面上发现一具男性尸体。同年×月×日，××

县××镇××村村民程××至县公安局报案称其子程×失踪半月有余。经程××辨认，南湖公园内发现的男尸系程×。因程××夫妇对程×的死因有异议，公安机关遂展开调查。经查，犯罪嫌疑人张××、赵×和李××有作案嫌疑。3月12日，侦查员分别向张××、赵×、李××了解案情，三人均对其犯罪行为作了如实供述。×月×日，××县公安局以犯罪嫌疑人张××、赵×涉嫌过失致人死亡罪立案侦查。×月×日，××县公安局以定性错误为由，撤销案件，同日以犯罪嫌疑人张××、赵×、李××涉嫌故意伤害（致死）罪决定立案侦查，本案遂告破。

四、经审查认定的案件事实及证据

（一）侦查机关认定的案件事实

××年×月×日21时50分左右，犯罪嫌疑人张××伙同李××、赵×经事先预谋，由李××将程×约至京北省东江县南湖公园西北门公厕处，后张××及赵×将程×围追至该公园南湖的西北岸边，程×跑入湖中冰面后溺水死亡。

（二）经审查认定的案件事实及证据

经审查认定的案件事实：

××年×月×日，犯罪嫌疑人李××告诉男友犯罪嫌疑人张××，被害人程×当晚对李××实施了猥亵行为。张××遂决定与程×交涉，并与李××商定次日骗程×见面。张××还将此事告知好友犯罪嫌疑人赵×，赵×表示愿意与张××一起与程×交涉。

××年×月×日晚9时许，李××以约会为由，约程×一起至××县南湖公园西北门，并提前通知了张××。进入公园后，李××按计划躲进公厕内。提前守候的张××见状安排赵×留在程×北侧堵截，自己绕到程×西侧试图拦截。程×发觉后即沿南湖岸边逃跑。张××在程×的西侧追赶，并大声喊"站住"，直至程×从湖西北岸向南跑上结冰湖面，脱离视线。赵×也随后追赶至岸边，与张××一起从西侧桥上绕至南湖南岸继续搜寻。其间，李××步出公厕后，见张××、赵×二人往湖边追赶程×，也向湖边走去，后因在湖边不见上述三人，即折返离开公园。张××、赵×到湖南岸后，没有找到程×，同时发现南岸湖面没有结冰。二人虽然意识到程×有可能掉入湖内，但因未听到呼救或异响，轻信程×已从冰面逃离，又担心程可能返回拦截骚扰李××，遂离开公园，与李××会面。

次日，被害人程×的尸体被发现漂浮在南湖南岸未结冰湖面。经法医鉴定，被害人程×系溺死。

认定上述事实的证据如下：

1. 鉴定意见。××省公安司法鉴定中心××年×月×日出具的公司鉴（病理）字〔20××〕第×号法医学尸体检验鉴定书，证实：经DNA鉴定，死者系程××、康××的生物学儿子；检见被害人舌头、头面部、四肢等有小破损口、片状挫伤；程×死因系溺死。

2. 勘验笔录。侦查机关于××年×月×日15时许对发现被害人程×的尸体的现场进行了勘查，显示被害人尸体漂浮于南湖公园南湖南岸未结冰湖面。

3. 书证。该案中的书证有五类，分别如下：

（1）××省移动通信公司出具的通信记录。

证实××年×月×日案发当晚21时至23时程×（电话号码1821××）、周×（电话号码1371××）、李××（电话号码1591××）、赵×（电话号码1369××）间的有数次往返通话情况，其中21时53分赵×主叫李××；21时54分赵×主叫周×；21时59分赵×主叫李××；22时03分周×主叫赵×；22时10分赵×主叫周×。

（2）侦查机关出具的到案经过，证实了三名犯罪嫌疑人被公安机关通知到案的经过。

（3）工作说明3份，分别说明以下内容：

侦查人员到气象部门查询，××县××年×月×日22时温度为−1.8℃，天气情况为晴天，能见度为良好。

本案报捕前，经侦查机关工作，被害人父母提出60万元赔偿要求，犯罪嫌疑人赵×家人愿意赔偿15万元，犯罪嫌疑人张××家人表示无能力赔偿，李××家人不愿赔偿，因此未达成刑事和解。

公安机关对三名犯罪嫌疑人社会危险性的说明，认为由于本案有三名犯罪嫌疑人，张××、李××供述前后变化，张××试图逃跑,未达成和解协议,因此对三人不捕不足以防止社会危险性。

(4) 犯罪嫌疑人户籍资料,证明张××、赵×是完全刑事责任能力人,李××为已满十六周岁未满十八周岁的未成年人,为限制刑事责任能力人。

(5) 其他书证3份,包括:程××申请对被害人尸体进行检验的申请;××县第五中学关于李××平常表现的说明,证明李××在学校表现正常,没有不良现象;侦查机关于案发次日发现被害人尸体后发出的协查通报。

4. 辨认笔录:(1) ××年×月×日程××尸体辨认笔录。经程××辨认,南湖公园湖内的男性尸体系其儿子程×。(2) 犯罪嫌疑人张××、赵×、李××分别于××年×月×日在案发现场对案发时三人的行动路线进行了辨认,张××还对被害人程×的行动路线进行了辨认,形成了辨认笔录和示意图,证明了三名犯罪嫌疑人在案发时的行动和作用:张××在程×右后方(西侧)追赶,赵×在被害人后侧追赶,李××从公厕出来到湖边后即折返,离开公园。程×跑向的地方是一处伸入湖内的陆地突出部,前方和左侧均是湖面,而右边和后面则分别被张××、赵×二人堵住。

5. 证人证言。该案中的证人有程××、周×、魏×、沈××、沈×五人。

(1) 证人程××(现年59岁,被害人父亲)、证人康××(现年57岁,被害人母亲)证言,主要证实:程×于××年×月中旬离家上班后失去联系,故程××向公安报案。程×平时与周×关系好。经辨认确认公安机关发现的尸体系儿子程×。二人对程×死因存疑,怀疑被人害死。其中康××还证明,×月×日程×打来电话称舌头破了,让康××帮忙买药。

(2) 证人周×(现年17岁,被害人好友、犯罪嫌疑人李××前男友)××年×月×日、×日证言共2次,主要证实:周×与程×关系很好。案发当晚9时许,程×曾打电话约其出去玩,但因太晚就没去。22时许,张××给周×打电话称,程×差点将李××强奸,让周×去找程×。后来张××又打电话说刚才将程×追到南湖公园冰面上不见踪影,现湖面冰已半冻半化,如程×掉下去,"你等着收尸"。周×联系程×但一直联系不上。后李××发来短信告知程×曾意图在李××家楼道内强奸李××。

证人周×上述关于案发当晚与张××通话的过程及内容的证言，与电信部门提供的通话记录能够相互印证。

（3）证人魏×（现年18岁，女，李××同学）证言，证实：曾听李××说过程×想非礼李××，后李××约上张××到南湖公园与程×交涉的过程。李××怀疑程×要么躲起来，要么死了。

证人魏×的证言属于传来证据，其证明听李××说的案件起因、经过有关情况与犯罪嫌疑人的供述能够相互印证。

（4）证人沈××（现年50岁，男，南湖公园管理处副处长）证言，证实：××年×月×日14时许，一女游客在公园湖南岸发现一具男尸，遂报警。公园湖面南岸水域一直没结冰，对此公园门口有提示牌。发现尸体的水域约四百至五百平方米。公园未设专人巡查，湖周围都没有照明设施，监控录像有盲区。

（5）证人沈×（现年21岁，男，××县保安公司保安，被害人同事）×月×日证言，证实：××年×月×日，程×没有回宿舍住，×日来上班时，脸上有伤，但他未说原因。当晚18时许，程×离开宿舍后一直未归，联系不上。

证人沈××、沈×的证言分别证实了发现被害人尸体的情况及案发前被害人的情况。

6. 犯罪嫌疑人供述和辩解。犯罪犯人张××、赵×和李××分别作了供述另辩解：

（1）犯罪嫌疑人张××先后于××年×月×日、×日、×日、×日、×日在公安机关做出2份询问笔录，5份讯问笔录，前6次供述基本一致，主要证实：××年×月×日，女朋友李××告诉张××，程×差点强奸自己。张××非常生气，在知道程×次日还要与李××见面后，便与李××商定趁机与程×交涉，如程×态度不好，便打其一顿。张××随后还邀约朋友赵×一同前往。次日，李××告诉张××她与程×将到南湖公园西北门公厕见面。张××与赵×便在当晚21时许提前至南湖公园西北门守候。李××、程×进入公园后，李××按计划进入公厕，程×站在湖边路上。张××见状便让赵×留在北侧以防程×往回跑，自己绕到程×西侧试图拦截。程×发觉后就往南急跑，张××边追赶程×边大声呵斥，直到南湖岸边。程×跑上冰面，脚下发出"嘎吱"的声音，在向东南方向跑20多米后，逐渐不见踪影。当时湖面上挺黑的，对岸也没有路灯，张××的视力也不好，看不见对面。张××与随后赶到的赵×不敢追上冰，就过桥到对岸查看，没有见到程×，发现南岸部分冰面已化，二人怀疑程×可能掉入湖中，但因未听见呼救、未见异常，误以为程已逃离现场，就离开公园。张××随后联系李××，送李××回家。李××给程×打电话不通。随后张××与被害人好友周×通电话，告知已经发生的事情，让周找找程×，称程×"如果从冰面上掉下去你就给他收尸吧"，并让周×转告程×不要再骚扰李××。数日后从李××处得知程×在湖内溺亡。此外，张××还解释称自己在公安机关传唤前收拾行李是准备出去打工。

犯罪嫌疑人张××在×月×日的讯问笔录中，对自己行为的供述与前述笔录一致，但推翻了以前所供述的赵×的行为，称在追赶被害人程×过程中，赵×没有追赶、堵截程×的行为。

(2) 犯罪嫌疑人赵×先后于××年×月×日、×日、×日、×月×日做过1份询问笔录，5份讯问笔录，前后基本一致，供述了因程×欺负张××女朋友，张××与自己追赶堵截被害人上冰的前后经过，与犯罪嫌疑人张××前6次供述能够印证。赵×还证实，程×应该发现赵×在北边了，否则程就会往回跑。在离开公园时，张××担心程×返回去堵截李××，还给李××打电话让她先别回去。赵×表示自己家人愿倾力赔偿被害人。

(3) 犯罪嫌疑人李××先后于××年×月×日、×日、×日、×日在公安机关做过2次询问笔录和2次讯问笔录，前3次供述基本一致，主要证实：××年×月×日晚，程×在李××家楼道试图强奸李××，但由于李××的反抗未得逞。在此过程中，李××把程×的舌头、手指等咬伤、抓伤。事后二人约好第二天见面。当晚，李××即将此事告知男友张××，商定称次日与程×交涉。次日晚，李××与程×说好去南湖公园，并通知了张××。当晚9时许，李××和程×来到南湖公园西北门，看到张××和赵×已在此守候。

李××躲进厕所三四分钟出来，看到张××、赵×二人一前一后追向程×，便也走到湖边。由于在湖边不见前述三人，李××便折返回家。路上张××打电话给李××称，程×被追赶至公园结冰湖面可能已逃离公园，让她先别回家，以防程×返回堵截，后来是张××送李××回家。李××也给程×打电话但打不通，张××也和周×了打电话，说了此事。后来李××通过短信将情况告知周×。数日后听说程×死亡。

李×××月×日的供述否认系其邀约张××至南湖公园，并表示对张××至公园与程×交涉事先不知情。

以上三名犯罪嫌疑人供述中，犯罪嫌疑人赵×× 月×日 1 时的讯问笔录与×月×日 21 时的询问笔录雷同，虽经讯问赵×并向侦查机关了解情况，仍难以排除刑讯逼供等非法取证的可能性，因此不能作为审查逮捕依据；侦查机关询问、讯问李××时，未告知其权利义务，未有女性侦查人员在场，×月×日讯问笔录法定代理人也不在场，取证程序有瑕疵，但经讯问李××并向公安机关了解，未发现有刑讯逼供等违法取证线索，且能够与其他证据印证，因此可以作为证据使用，但应予以补正。其余供述和辩解，均系合法取得。犯罪嫌疑人张××的前 6 次供述、赵×的供述、李××的前 3 次供述基本相互印证。

（三）综合证据分析

上述证据中，除赵×于 3 月 13 日 1 时的讯问笔录不能作为审查逮捕依据，李××的供述在取证程序上存在瑕疵外，其他证据均系合法取得，证据之间能够相互印证，证实承办人所认定的案件事实。

一是尸体检验发现被害人身上有数处外伤，证人康××、沈×也证明被害人死亡前舌头等受伤，周×、魏×也证明李××告诉他们相关情况，这些能与三名犯罪嫌疑人关于事情起因的供述相互印证，证实本案因程×猥亵李××，李××与男友张××等人商定与程×交涉引起；二是三名犯罪嫌疑人的供述称案发当天 21 时许，李××将被害人引至南湖公园，张××、赵×二人围追堵截直接导致程跑上南湖公园结冰湖面，而李××并未参与堵截，对此现场辨认笔录、有关通话记录、证人周×、魏×的证言也予以印证，能够认定；三是证人周×证明了当晚张××打电话让其找程×、犯罪嫌疑人李××供述了张××让李××先不回家以防止程×堵截、沈××证明了南湖岸边缺乏照明、现场勘查记录除被害人尸体外也未发现其他异常，结合事情的起因，可以印证张××、赵×关于因过于自信未对被害人采取救助措施的供述；四是沈××的证言、现场勘查记录、尸体鉴定意见相互印证，证实被害人案发第二天即被发现在南湖内溺水死亡，结合犯罪嫌疑人供述可以认定被害人系被犯罪嫌疑人张××、赵×追赶上冰面后，不慎掉入湖中溺死。

张××关于赵×在本案中作用的供述、李××关于事先是否知晓张××、赵×二人至公园与程交涉的供述在各自最后一次笔录中均发生了变化，两人此次供述没有证据印证，也未发现改变供述的正当理由，应不予采信。

五、需要说明的问题

（一）关于案件定性问题

公安机关以3名犯罪嫌疑人涉嫌故意伤害（致人死亡）罪为由提请逮捕。承办人认为此定性不妥。

1. 犯罪嫌疑人张××与赵×的行为应当认定为过失致人死亡罪。首先，结合现场地理情况，张××、赵×追赶堵截行为是被害人程×跑上冰面的直接原因，因此程×落入水中后，张××、赵×负有因追赶堵截这一先行行为所引起的救助义务。其次，张××、赵×属于过于自信的过失。他们到湖南岸发现冰面融化后，已经预见到被害人可能掉入湖中，本可以告知公园管理人员或者报警，对被害人进行施救，却由于轻信被害人已经逃离，因此未履行救助义务。张××虽然给周×打电话告知情况，但此行为只是说明张××、赵×两人已认识到程×可能掉入冰窟窿，试图通过周×进一步寻找程×，并非其履行救助义务的行为。最后，张××、赵×二人对落入湖中的被害人未予救助是不作为，与被害人溺死有刑法上的因果关系。

2. 本案中，三名犯罪嫌疑人在案发前商议是找程×交涉，让其不再骚扰李××，如果态度不老实，"就打他一顿"。因此，张××、赵×与李××仅有伤害的动机，尚未形成概括或明确的伤害故意；李××将程×引至公园的行为以及张××、赵×围追堵截的行为均不能被评定为刑法意义上的伤害行为。综合主、客观情节来看,三人的行为不构成故意伤害罪。

3. 从事情起因,以及张××事后心里不踏实、让周×去找程×等情节上看,犯罪嫌疑人张××、赵×对被害人死亡的后果是排斥的,不存在直接或者间接的杀人故意。

4. 李××虽然实施了将程×带至公园的行为,但这一行为并未直接导致程×跑上冰面、面临生命危险,只能被评价为引发本案的起因,而非产生作为义务的先行行为。追赶堵截程×是犯罪嫌疑人张××、赵×突发起意,李××并未参与预谋,也未参与追赶堵截,且随后即离开案发现场,后来才得知程×跑上冰面。因此,李××在本案中无先行行为,更无救助义务,因此不构成犯罪。

(二)侦查活动监督事项

1. 公安机关以定性错误为由撤销案件,违反《中华人民共和国刑事诉讼法》第十五条、第一百六十一条的规定。

2. 未成年犯罪嫌疑人李××没有聘请律师,公安机关未通知法律援助机构向其提供法律援助;在询问、讯问李××时,均未告知其诉讼权利义务;×月×日向李××取证时,错误认定李××为被害人,且错误适用《未成年被害人法定代理人到场通知书》;×月×日讯问时未通知其法定代理人到场。这些违反刑事诉讼法相关规定。

3. 犯罪嫌疑人张××与赵×非结伙作案,而公安机关对其延长拘留时间至三十日,违反《中华人民共和国刑事诉讼法》第八十九条的规定。

4. 本案不属于律师会见必须经侦查机关许可的案件,公安机关对赵×律师会见当事人实行许可审批,违反了《中华人民共和国刑事诉讼法》第三十七条的规定。

5. 公安机关解剖尸体时未通知死者家属到场,违反《中华人民共和国刑事诉讼法》第一百二十九条的规定。

根据《中华人民共和国刑事诉讼法》第九十八条之规定,建议针对上述违法情形,向侦查机关书面或口头提出纠正意见,并监督其纠正。

(三)需要补正或者继续侦查的事项

1. 犯罪嫌疑人赵××月×日1时的讯问笔录与×月×日21时的

询问笔录就主要事实的供述雷同，公安机关有非法取证的嫌疑。应要求公安机关予以补正或者作出合理解释；不能补正或者作出合理解释的，对该证据应当予以排除。对此情况向公诉部门通报。

2. 补充提供南湖公园在事件发生时的监控录像。

3. 补充南湖全景图以证实南湖大小、被害人走上冰面处与南岸湖面发现尸体处间的距离；补充提供南湖公园照明具体情况，进一步询问公园工作人员以证实案发时湖面的能见度。

（四）辩护律师意见的分析与采纳情况

犯罪嫌疑人赵×委托的辩护人陈×律师提出了赵×无罪的书面辩护意见，其理由主要是：赵×并没有与张××、李××形成共同伤害故意；赵×没有追赶程×的行为，也没有配合张××的行为，程×跑上冰面与赵×无关。

承办人经审查认为，赵×并非如辩护人所称既没有追赶，也没有配合行为，辩护人的无罪意见不成立。犯罪嫌疑人张××、赵×的供述、辨认笔录、现场示意图等相互印证并证实，张××在追赶程×前，安排赵×留在北侧，以防止程×往回跑。程×跑向的地方是一处伸入湖内的陆地突出部，程×的前方和左侧均是湖面，而右边和后面则分别被张××、赵×二人堵住。因此，被害人只有跑上冰面才能摆脱追赶堵截。程×溺亡是张××、赵×二人相互配合，共同作用的结果。

（五）办案风险评估及预案

本案中，被害人父母认为其子是被他人故意害死，受到较大精神打击，强烈要求严惩犯罪嫌疑人并要求经济赔偿60万元，各方尚未达成和解。如果最终认定本案为过失致人死亡罪，不批准逮捕犯罪嫌疑人，可能会引起被害人亲属不满，导致涉检上访。因此，如对犯罪嫌疑人不批准逮捕，建议分别向公安机关和被害人家属做好不批捕说理工作，协调公安机关做好刑事和解、安抚工作。

（六）延伸办案职能的意见和建议

通过本案，发现××县南湖公园作为24小时开放的公园，在管理上存在一些漏洞，如缺乏照明设备、监控存在盲区，没有专人巡查等。建议向公园管理中心制发《检察建议书》。

六、逮捕必要性分析

（一）对犯罪嫌疑人可能判处刑罚的分析

根据《中华人民共和国刑法》第二百三十三条的规定，过失致人死亡的，处三年以上七年以下有期徒刑；情节较轻的，处三年以下有期徒刑。本案中，张××、赵×涉嫌犯罪的行为情节较轻；且系初犯、偶犯，两人均可能被判处三年以下有期徒刑或者缓刑。

（二）对社会危险性的分析

1. 关于张××社会危险性的分析。本案中，有证据证明张××在被抓获前有逃跑的迹象；本案涉及多名犯罪嫌疑人，可能有串供危险；张××关于赵×在本案中作用的供述发生了变化，试图为赵×解脱罪责。如不批准逮捕，犯罪嫌疑人张××可能逃跑或串供，因此有逮捕必要。

2. 关于赵×社会危险性的分析。犯罪嫌疑人赵×犯罪情节较轻，在本案中所起的作用较小；能认罪悔罪，并表示积极赔偿；系在校大学生；在本地有固定住址。不批准逮捕犯罪嫌疑人赵×，不致发生社会危险性，因此无逮捕必要。

七、处理意见

犯罪嫌疑人张××的行为已触犯《中华人民共和国刑法》第二百三十三条之规定，涉嫌过失致人死亡罪，可能判处徒刑以上刑罚，对其取保候审不足以防止发生社会危险性，根据《刑事诉讼法》第七十九条第一款、第八十八条之规定，建议批准逮捕。

犯罪嫌疑人赵×的行为已触犯《中华人民共和国刑法》第二百三十三条之规定，涉嫌过失致人死亡罪，可能判处徒刑以上刑罚，对其取保候审不致发生社会危险性，根据《中华人民共和国刑事诉讼法》第八十八条之规定，建议不批准逮捕。

李××的行为不构成犯罪，根据《中华人民共和国刑事诉讼法》第八十八条之规定，建议不批准逮捕。

承办人：高× 王×

××年×月×日

范例二（简易案件《审查逮捕意见书》）

××××人民检察院
审查逮捕意见书

××检××捕审〔20××〕×号

本院于××年×月×日接到××县公安局××提捕字〔20××〕×号提请批准逮捕涉嫌盗窃罪的犯罪嫌疑人张××的文书及案件材料、证据后，承办检察员刘×、曹×认真审查了案卷材料，依法讯问了犯罪嫌疑人张××并告知了诉讼权利和义务，核实了有关证据，现已依法审查完毕。

一、犯罪嫌疑人的基本情况

犯罪嫌疑人张××，男，居民身份证：略，1979年6月24日出生，汉族，无业，户籍所在地及现住地：××省××县××村6组92号。××年×月×日，因涉嫌盗窃罪被××县公安局刑事拘留，现羁押在××县看守所。

二、发案、立案、破案经过

犯罪嫌疑人张××涉嫌盗窃一案，由失主李××于××年×月×日19时报案至××县公安局，该局经过审查，于××年×月×日立案进行侦查。经公安机关依法讯问，犯罪嫌疑人张××对盗窃事实供认不讳，此案告破。

三、经审查认定的案件事实及证据

××年×月×日18时，犯罪嫌疑人张××在××县西大街××招待所内，趁招待所老板李××疏于防范，盗走李××放在电脑桌抽屉内的3800元现金。后被李××发现，将张××抓获并报至公安机关。

经审查，上述事实有下列证据予以证实：

（一）被害人陈述

被害人李××（女，41岁，现住××县××街××招待所）陈述证实：招待所里的住客张××吃完饭之后问她要钥匙开房间的门。她就告诉张××钥匙是放在她房间的抽屉里，要他自己拿钥匙开门，张××后来跑到她吃饭的地方对她说没有找到钥匙，因此，她就去给张××开了门下楼，回来后发现电脑桌的抽屉被开了一条缝，打开抽屉后发现里面的3800元不见了，觉得应该是张××偷的。过了一会儿，张××从外面回来后她就问张××有没有拿她的钱，张××开始不承认，经过她反复询问就承认了。被偷的3800元，都是一百的面额，共有38张。

以上被害人陈述证明，被害人电脑桌抽屉内现金3800元被盗的事实。

（二）证人证言

证人赵××（男，37岁，现住××县××街××招待所）、证人丁××（男，45岁，现住×××宿舍）分别证实了在××招待所居住时，协助老板抓获犯罪嫌疑人张××的经过以及张××承认盗窃了被害人钱的事实。

（三）辨认笔录

证人赵××、丁××均辨认出其抓住的小偷就是犯罪嫌疑人张××。

（四）书证、物证

1. 提取笔录，扣押、发还物品、文件清单，证实抓获犯罪嫌疑人张××后将所盗赃款3800元全部追回并已发还被害人李××。

2. 公安机关出具的线索来源及抓获经过证明，证实犯罪嫌疑人张××到案经过。

3. 犯罪嫌疑人张××身份证及前科证明材料，证明犯罪嫌疑人张××无前科，为具有完全刑事责任能力人。

（五）犯罪嫌疑人供述及辩解

犯罪嫌疑人张××的供述证实：××年×月×日下午6点多，招待所老板娘要他自己去电脑桌里拿钥匙开门，他没找到钥匙，但发现电脑桌里有现金，后联系老板娘上楼给开门后，就直接到电脑桌那边把先前发现的钱全部偷走了，后就被宾馆的人反复地追问是不是偷了钱，刚开始他没承认，后来见人越来越多就承认了。这时警察过来将他带到了派出所。民警将他身上的现金当面进行了清点，确定他是偷了3800元。

以上证据证明，犯罪嫌疑人张××趁被害人不在之际，从被害人电脑桌的抽屉中盗得现金人民币3800元钱的事实。

全案证据分析：以上证据来源合法，且相互印证，事实清楚，可以认定犯罪嫌疑人张××达到了刑事责任年龄，具有完全刑事责任能力；其主观上以非法占有为目的，客观上盗窃他人财物，其行为符合盗窃罪的全部构成要件，因此犯罪嫌疑人张××涉嫌盗窃罪的犯罪事实足以认定。

四、需要说明的问题

犯罪嫌疑人张××无前科，系初犯、偶犯，犯罪情节较轻，根据公安机关提供的"抓获经过"和检察机关提审时犯罪嫌疑人的表现，犯罪嫌疑人犯罪后认罪态度好，有悔罪表现，且全部赃款予以追回，社会危险性不大，不羁押不会妨碍诉讼的顺利进行。

五、处理意见

犯罪嫌疑人张××以非法占有为目的，盗窃他人财物，数额较大，其行为触犯了《中华人民共和国刑法》第二百六十四条之规定，涉嫌盗窃罪，但系初犯、偶犯，犯罪情节较轻，犯罪后认罪态度好，有悔罪表现，不逮捕不会发生社会危险性。根据《中华人民共和国刑事诉讼法》第八十八条之规定，建议不批准逮捕犯罪嫌疑人张××。

承办人：刘×　曹×

××年×月×日

第二节　侦查监督说理文书

一、文书格式与制作说明

裁判者应当向诉讼各方乃至社会公众阐述其作出决定的依据和理由，论证裁判的合理性和正确性，这是程序正当化的应有之义，只有这样其裁判才有公信力，也有利于裁判者审慎作出决定。知晓裁判者的理由和依据，也是受其直接影响的诉讼各方的权利，因为只有知道裁判者的理由和依据之后，他们才能对裁判进行监督，才能在发现错误时提出救济。近年来，侦查监督部门说理制度不断完善，对促进办案程序正当化、诉讼化，强化自我监督，争取侦查机关、当事人等的理解和支持，提高决定的公信力，减少不必要的复议、申诉，起到了很好的作用。根据目前的文书设置，侦查监督部门使用的专门说理文书主要有《不批准逮捕理由说明书》、《不予逮捕理由说明书》、《撤销逮捕理由说明书》等。此外，在其他叙述式文书中说理也得到了加强。下面以《不逮捕理由说明书》为例，介绍侦查监督说理文书的制作。

《不批准逮捕理由说明书》是人民检察院对于公安机关提请批准逮捕的案件作出不批准逮捕的决定，依据刑事诉讼法第88条的规定，向公安机关说明理由时使用的文书。《不予逮捕理由说明书》是上一级人民检察院对省级以下（不含省级）人民检察院直接立案侦查的案件作出不予逮捕决定，向下一级人民检察院说明不捕理由时使用。不（予）批准逮捕理由说明书应当根据刑事诉讼法规定的不逮捕种类分别阐述不逮捕的理由，做到观点明确、说理充分、重点突出、逻辑严谨、用语规范。

一是对事实清楚，与侦查机关在事实认定上无争议，但认为不构成犯罪或者认为侦查机关定性错误导致不捕的案件，要重点在罪与非罪、此罪与彼罪的界定上阐述，在论理说法上下功夫。如没有犯罪事实存在或者有证据证明不是犯罪嫌疑人实施的；具有正当防卫、紧急避险、意外事件、不可抗力及无刑事责任能力和未成年人犯罪依法不承担刑事责任等。而对于事实和证据则简要叙述（详见后面范例一）。

二是对事实不清、证据不足不予批准逮捕的案件，着重分析证据，突出证据的缺陷和矛盾。主要阐述认定涉嫌犯罪的证据存在疑问，无法查证属实；认定涉嫌犯罪构成要件的事实缺乏必要的证据予以证明，根据案件证据得出的结论不具有排他性；取得的言词证据不能排除非法取证的可能性等。同时，对存在的问题应当提出针对性强、具有可查性的补充侦查意见（详见后面范例二）。

三是对无社会危险性不予批准逮捕的案件，重点说明涉嫌犯罪嫌疑人不具有刑事诉讼法规定社会危险性的理由和依据。如罪行较轻，法定刑为3年以下有期徒刑，未成年人犯罪，初犯、偶犯、从犯、胁从犯，无再犯能力犯，预备犯、未遂犯、中止犯，防卫过当，避险过当，犯罪后有明确的悔罪表现，有积极退赃及自首、立功表现，违反取保候审、监视居住的情节达不到严重程度等等（详见后面范例三）。

四是对符合监视居住条件不捕的案件，应当说明涉嫌犯罪嫌疑人不适宜羁押，采取监视居住更为适宜的具体法定理由。

二、范例

范例一

×××× 人民检察院
不批准逮捕理由说明书

××检××不批捕说理〔20××〕×号

××公安局：

你局于××年×月×日以××提捕字〔20××〕×号提请批准逮捕犯罪嫌疑人张×涉嫌抢劫罪一案，经本院审查，认为犯罪嫌疑人张×行为不构成抢劫罪，且因其不满十六周岁，亦不对盗窃行为承担刑事责任，根据《中华人民共和国刑事诉讼法》第八十八条的规定，决定对犯罪嫌疑人张×不批准逮捕，现说明理由如下：

一是根据犯罪嫌疑人张×的供述及被害人李××的指控，可以认定犯罪嫌疑人张×伙同贾×系共同犯罪，其中犯罪嫌疑人张×负责望风，同案人贾×盗窃。虽然二人策划在盗窃过程中被发现即持刀伤人，但在作案过程中贾×仅表现为携带凶器盗窃，并未明示凶器或者言语威胁，且被失主抓住后仅拽了一下导致李××擦伤，属一般挣扎脱逃行为，没有其他额外攻击性动作，不属《中华人民共和国刑法》第二百六十九条规定的暴力行为，不能认定为转化型抢劫。

二是根据最高人民法院《关于审理未成年人刑事案件具体应用法律若干问题的解释》第十条之规定：已满十四周岁不满十六周岁的人盗窃、诈骗、抢夺他人财物，为窝藏赃物、抗拒抓捕或者毁灭罪证，当场使用暴力，故意伤害致人重伤或者死亡，或者故意杀人的，应当分别以故意伤害罪或者故意杀人罪定罪处罚。即已满十四周岁不满十六周岁的人在任何情况下均不能适用转化抢劫情形,本案犯罪嫌疑人张×年龄为十五周岁,不能认定其行为转化为抢劫。

根据《中华人民共和国刑事诉讼法》第九十条的规定,如你单位认为我院不批准逮捕决定有错误而要求复议的,应当在收到《不批准逮捕决定书》后五日内提出《要求复议意见书》,送交我院进行复议。

20××年×月×日
(院印)

范例二

××××县人民检察院
不批准逮捕理由说明书

××检××不批捕说理〔20××〕×号

××公安局:

你局××年×月×日以××捕字〔20××〕×号提请批准逮捕犯罪嫌疑人刘×强涉嫌非法侵入住宅罪、危险驾驶罪一案,经本院审查认为:犯罪嫌疑人刘×强涉嫌非法侵入住宅罪的事实不清、证据不足,涉嫌危险驾驶罪但不符合逮捕条件,本院已于××年×月×日以××检不捕〔20××〕×号文,决定不批准逮捕。现说明理由如下:

一、犯罪嫌疑人刘×强涉嫌非法侵入住宅罪事实不清、证据不足

首先,现有证据无法证实,犯罪嫌疑人刘×强具有非法强行闯入他人住宅,或者经要求退出而拒不退出他人住宅的客观行为。

其一,犯罪嫌疑人供述,由于其与被害人刘×妹系男女朋友关

系，刘×妹告知其宿舍后门未锁，刘×强可自由出入刘×妹的宿舍。被害人刘×妹则陈述，案发当天她离开宿舍时有锁后门，刘×强是撬锁进入宿舍的。犯罪嫌疑人刘×强的供述与被害人刘×妹的陈述相互矛盾，又没有相关物证、现场勘验、检查笔录、证人证言等其他证据予以印证，而被害人陈述，证人刘×亮等证言也证实，刘×强、刘×妹之前确实谈过朋友。因此，无法证实犯罪嫌疑人刘×强撬锁非法强行闯入被害人刘×妹宿舍。

其二，犯罪嫌疑人刘×强供述与被害人刘×妹的陈述能相互印证，案发当日，刘×强酒后在刘×妹宿舍睡觉，刘×妹并未叫醒刘×强的事实。现有证据无法证实，犯罪嫌疑人刘×强有经要求退出而拒不退出他人住宅的客观行为。

其次，现有证据无法证实，犯罪嫌疑人刘×强的行为达到严重妨碍了他人居住安全与生活安宁的情节。

其一，现有证据仅证实，犯罪嫌疑人刘×强于案发当日进入被害人刘×妹宿舍，但无证据证实其使用暴力手段导致被害人刘×妹财物毁损或人身损伤。

其二，犯罪嫌疑人刘×强供述，其进入被害人刘×妹宿舍后带走刘×妹日常衣物21件，是为了让刘×妹与其一起共同生活，没有其他目的，犯罪嫌疑人刘×强的行为是否达到严重影响被害人刘×妹正常生活，有待进一步收集证据予以证实。

综上，犯罪嫌疑人刘×强的行为涉嫌非法侵入住宅罪事实不清、证据不足，建议你局继续侦查，进一步收集犯罪嫌疑人刘×强是否撬锁非法强行闯入被害人刘×妹宿舍，以及犯罪嫌疑人刘×强的行为是否达到严重妨碍了他人居住安全与生活安宁的情节的相关证据。

二、犯罪嫌疑人刘×强涉嫌危险驾驶罪不符合逮捕条件

犯罪嫌疑人刘×强的行为虽已涉嫌危险驾驶罪，但根据刑法规定，危险驾驶罪的法定最高刑为拘役，不符合逮捕条件之一"可能判处徒刑以上刑罚的"，也不属于违反取保候审、监视居住情节严重，可以逮捕的情形，因此不能仅因此对犯罪嫌疑人刘×强批准逮捕。

根据《中华人民共和国刑事诉讼法》第九十条的规定，如你单位认为我院不批准逮捕决定有错误而要求复议的，应当在收到《不批准逮捕决定书》后五日内提出《要求复议意见书》，送交我院进行复议。

20××年×月×日
（院印）

范例三

××××人民检察院
不批准逮捕理由说明书

××检××不批捕说理〔20××〕×号

××公安局：

你局××年×月×日以××捕〔20××〕×号文书提请批准逮捕的犯罪嫌疑人张××涉嫌盗窃一案，经本院审查，认为犯罪嫌疑人张××的行为涉嫌盗窃罪，但罪行较轻，不逮捕不至于发生社会危险性，决定不批准逮捕。依据《中华人民共和国刑事诉讼法》第八十八条的规定，说明不捕理由如下：

一、犯罪嫌疑人张××，生于1940年12月4日，72岁，属于老年犯，年老体弱。

二、犯罪嫌疑人张××属于初次犯罪、偶然性犯罪，主观恶性较小。第一，犯罪嫌疑人张××以前没有受过行政、刑事处罚，系初次犯罪。第二，从本案事实证据来看，犯罪嫌疑人张××系当天到李××家来看打牌，偶尔发现被害人的一卷钱，遂心起歹意，急忙将钱装到自己兜里，想占为己有，之后将门拉开就回家了。故犯罪嫌疑人张××的行为属于临时起意性犯罪，主观恶性较小。

三、犯罪嫌疑人张××能够认罪、悔罪，并已退还赃款，社会危害性不大。李××报案后，公安机关工作人员找张××了解情况，张××认识到自己错误后，交代了自己的盗窃行为，并在当天夜里带领派出所工作人员到家里，交出赃款1700元，由派出所民警还给被害人。

根据《中华人民共和国刑事诉讼法》第九十条的规定，如你单位认为我院不批准逮捕决定有错误而要求复议的，应当在收到《不批准逮捕决定书》后五日内提出《要求复议意见书》，送交我院进行复议。

××年×月×日
（院印）

第四部分
侦查监督精品案例

一、成某某、李某某涉嫌制造毒品，王某甲涉嫌运输毒品案

【基本案情】

2013年11月14日晚，上海市甲区公安分局刑警队通过技术手段获悉：犯罪嫌疑人王某甲（男，22岁，"黑车"司机）经电话联系山东下家后，欲于当晚将20余千克的甲卡西酮运至山东与下家交易；同日20时许，该队通过守候伏击，在甲区成河路附近抓获犯罪嫌疑人王某甲的哥哥王某乙，并在其驾驶的汽车内查获13包甲卡西酮（净重23289.92克，含量35.13%）。经现场突审，王某乙交代是受王某甲指使，欲将上述被查获物品运至山东，随后该队在甲区乙小区164号楼下抓获犯罪嫌疑人王某甲，并在其暂住地乙小区164号403室内查获5包甲卡西酮（净重9972.03克，含量33.78%）及15包甲卡西酮（净重24287.82克，含量33.78%）。当晚21时许，该队在甲区丙镇丁路601室抓获犯罪嫌疑人李某某（男，41岁，在上海复和化工科技有限公司打工）。当晚22时许，在丙派出所内抓获犯罪嫌疑人成某某（男，55岁，上海复和化工科技有限公司法人代表）。当晚该队在甲区戊镇一废弃幼儿园内查获大量制毒设备及原料；经审讯，犯罪嫌疑人成某某等人对非法制造甲卡西酮的犯罪事实供认不讳。至此，案发告破。公安机关以三人涉嫌制造毒品罪提请检察机关审查逮捕。

【审查过程】

一、案件事实和证据

2012年11月14日，犯罪嫌疑人成某某注册成立上海复和化工科技有限公司，经营范围为化学科技领域的技术开发、咨询，化工原料及产品销售。后因经营不善宣布破产。2013年10月至案发期间，成某某为偿还债务，伙同李某某通过使用从非法渠道购得的甲苯、浓盐酸、丙酮等原料和专门制毒设备，在成某某租赁的上海市甲区己镇庚路2号厂房内共制造丙酮57千克左右，后经成某某安排由王某甲驾驶牌号为皖K××××5的蓝色雪弗兰轿车，先后7次左右运送甲卡西酮至山东一买家，并以每千克5000元至7000元人民币的价格卖给对方，每次1~5千克，共计销售20千克左右。

认定上述事实的证据有：

（一）书证

1. 甲公安分局出具的搜查笔录和扣押清单两份：证实从犯罪嫌疑人王某甲住处甲区乙小区403室搜查扣押到粉末和块状混合物15包；证实从犯罪嫌

疑人王某甲驾驶的沪C×××1轿车里搜查扣押到白色粉末和块状混合物13包。

2. 甲公安分局出具的《扣押决定书》和《扣押清单》，证实从犯罪嫌疑人成某某处扣押到手机（号码1×××8）以及中国农业银行卡（卡号62××72、62×××12）、中国建设银行卡（卡号62×××14）以及上海复和化工科技有限公司企业法人营业执照一张。

3. 甲公安分局出具的《扣押决定书》和《扣押清单》，证实从犯罪嫌疑人李某某处扣押到通用设备和部分化学品原料。

4. 甲公安分局出具的《搜查笔录》和《扣押清单》，证实从犯罪嫌疑人王某甲处扣押到账册一本、车辆通行发票三张、雪弗兰轿车一辆、银行回单21张、15包白灰色块状粉末混合物、13包白色粉末块状混合物及5包灰色块状物等。

5. 上海市公安局缉毒处出具的收缴毒品专用单据1311788号，证实甲卡西酮重量57549.77克。

6. 甲公安分局出具的常住人口基本信息，证实犯罪嫌疑人成某某、李某某、王某甲的年龄、身份情况。

(二) 证人证言

1. 证人陈某某证实：家里搜到的东西，我问过王某甲，是什么东西，他说不知道。我又问他，东西哪里来的，做什么用，他说东西是老成的，老成因为被别人追债，东西放在厂里不安全，就借我们家放几天。

2. 证人师某某证实：2013年10月9日，我去了己镇庚路厂里干活。10月14日，我介绍了马某乙到这个厂上班，一直做到11月7日。老板发了4000元工资。老板是成某某，工人有我、马某乙、"老陈"、"老李"。老板跟我们说做的东西是医药中间体，是药厂用的，产品是一块一块的粉末，有白的，有黄的，我们也不知道是什么东西，反正老板叫我们怎么做就怎么做。由"老李"负责配料。老板在旁边看和指导。产品是老板叫黑车司机王某甲装走的。从原料到出产品一共需要2~3天，一次生产10千克左右。在我上班期间一共生产了四五十千克左右的货。11月8日晚上，老李叫了6个人，一辆红色的卡车，把工厂里的设备都装走了。

3. 证人马某乙证实：2013年10月14日，我到成某某那里打工，老板告诉我们是医药体中间，具体是什么东西我也不懂。李某某告诉我们加哪种原料和分别需要的分量。

4. 证人杨某某证实：2013年10月1日，我把庚路2号仓库租给李某某，李某某告诉我是用来煎中药的，李某某操作，一个男的老头工艺师具体指导，还有两个小工帮忙。

5. 证人魏某某证实：2013年11月10日，王某甲租了戊路原丙幼儿园，付了半年租金25000元。当天晚上8点左右，王某甲和那个男子装了一辆大货车设备、原料过来，跟我说是做科技研发的，还给我看了营业执照。

（三）犯罪嫌疑人供述和辩解

1. 犯罪嫌疑人成某某供述：我公司是上海复和化工科技有限公司，我是法人代表，从事化学科技领域内的技术开发、化工原料及产品的销售。我因为研制、生产、销售受国家法律管控的药品的事情被带到公安机关。具体商品名叫甲卡西酮，是一类国家管制精神药品。可以用来做麻黄素，也属于医药中间体，受国家法律管控，如果用于非法用途还可以用来制作冰毒。我外面欠了很多钱和高利贷，就想自己研制甲卡西酮卖掉赚钱。

2013年7月，我把厂房搬到甲区辛路那边开始研发甲卡西酮，基本上研发成功，但从科学意义上说不是最成熟，研制过程中不慎发生火灾事故把手烧伤了。后我将研制技术教给了外甥李某某。10月，我把厂房搬到庚路一废弃厂房，在那里李某某掌握了甲卡西酮的研制技术。严格来说，在庚路厂房研制出来的也不是最成熟的甲卡西酮，但是已经可以使用了。

我把甲卡西酮卖给了一个叫赵某的女子，50多岁，山东菏泽市人。今年10月至今卖给她七八次，每次1~5千克不等，收到十五六万元左右。赵某购买我的产品具体做什么我不清楚，跟我说是出口国外的。每次我都是让王某甲带货去山东和赵某交易，是一辆蓝色安徽牌照的雪弗兰轿车。我答应王某甲每次6000元报酬，至今没有给足。一开始王某甲不知道我带的东西是什么，但是后来他知道是违禁品。

卖的价格开始5000元每千克，之后每千克6000~7000元渐涨。我亲口跟李某某、王某甲说过研制的东西是受国家法律管控的违禁品，卖给不正经的人是可以用来制作冰毒。

最后一次在2013年11月6日，我和赵某联系好了，我去了山东，后叫王某甲送20千克甲卡西酮来山东交易，后又到河南濮阳县找赵某交易。后来我知道赵某验货后觉得甲卡西酮不是特别好，几乎都退回来了，只买了4千克，付了3万元给王某甲，王某甲带了20多千克甲卡西酮回上海。

之后，我联系不上李某某、王某甲，他们将我庚路厂房内的研制设备和原料等全部偷走。我去山东之前，厂房内包括原料丙酮、甲苯等化学原料300千克左右，他们制造了多少甲卡西酮我不知道。

我和王某甲一起去山东交易有两次，一次是10月上旬2千克，一次是10月下旬5千克。

2. 犯罪嫌疑人李某某供述：我和王某甲因拉走别人的机器的事情被带到

公安机关。成某某欠我和王某甲的钱，我们就把他的机器拉走了。机器是用来生产中成药的。成某某以前在上海寅区就是生产药品的。2012年八九月，成某某把厂房搬到甲区，后搬到寅路、卯路、丙路、庚路那边，都是因为高利贷的人找上门。我和王某甲把机器拉走，就是怕高利贷的人找上门把机器拉走，因为成某某还欠着我和王某甲的钱，怕拿不回来。

要卖到哪里我不知道，我只知道成某某有时候叫王某甲开车去的，都是成某某联系的。每次送货四五千克，多的时候十几千克。制作这些药物都是由成某某掌控所需原料的量，还有三个工人负责操作，后来我也参与了。我是在朱行月工路那边发生火灾后才参与制作的。但必须听成某某指挥，说加多少原料就加多少，否则他会生气，其实只要参与操作的人都会制作，不光是我，三个工人也会的。每次需要三四天，产量大约在五六千克。原材料有甲胺、丙酮、盐酸和水。最近一次卖药是在2013年11月7日，是王某甲去卖的，大约带了三四十千克的货。我不吸毒。

3. 犯罪嫌疑人王某甲供述：从2013年9月到2013年11月，我一共帮成某某送了11次货，其中10次开皖KP6335蓝色雪弗兰轿车去了山东菏泽，1次开沪CVC711白色雪弗兰轿车去了河南濮阳。本来每次说好6000元，成某某都没有给我钱，欠了我70000多元。货物到底是什么，我问过成某某好几次，他都没有说，有一次他说这个东西是喂狗的，但后来又说不犯法的，和国家打擦边球，但始终没有告诉我名字。成某某是上海复和化工科技有限公司的法人代表，他会做化工产品，他是自己研究的，具体能做什么我不清楚。我不吸毒。

（四）辨认笔录

犯罪嫌疑人成某某对李某某、王某甲照片进行了辨认和确认。同时对南亭公路6779弄15号研制甲卡西酮的地点、月工路等厂房进行了指认和确认。

（五）鉴定结论

1. 上海市毒品检验中心检验报告：送检王某甲的23289.92克白色块状物、9972.03克灰色块状物和24287.82克灰色块状物中均检出甲卡西酮成分，其含量分别为35.13%、36.15%和33.78%。

2. 上海市毒品检验中心检验报告：送检成某某的一瓶棕色液体（约550毫升）和一瓶黄色液体（约550毫升）中均检出甲卡西酮成分。

二、关于本案是否作出逮捕决定的分歧意见

（一）意见一

认为应当对犯罪嫌疑人成某某作出附条件逮捕决定；对犯罪嫌疑人李某某、王某甲涉案主观证据不足，又缺乏其他证据予以佐证，应当对其二人存疑不捕。具体理由：

首先，本案混合物中含有一定量的甲卡西酮成分不应当认定为《精神药品品种目录》中的甲卡西酮。

甲卡西酮有严格的化学分子构成式。IUPAC[①]命名：2－（甲基氨基）－1－苯基－1－丙酮，含量99.9%。

混合物中含有超过30%的甲卡西酮成分，究竟是什么，产品名称又是什么，没有提交有关化学研究所进行专家鉴定，也没有相关的学术名。

上海市毒品检验中心检验报告仅指出送检材料中含有百分之三十几的甲卡西酮成分，且含量有多种。从报告不难看出，报告没有叙述为"送检材料经检测为甲卡西酮"，因此含有一定量的甲卡西酮混合物并不等同于甲卡西酮；同时，又不像以往涉毒案件的报告中指出含有"甲基苯丙胺成分"的叙述，因为甲基苯丙胺早已明确为毒品。如同制作的感冒药中含有"麻黄素"制作毒品的化学物品，不能把感冒药视为毒品一样，充其量，我们只能说该混合物中仅仅可能是含有制作毒品的化学品而已。

虽然1999年上海市高级人民法院、上海市人民检察院、上海市公安局、上海市司法局《关于本市办理毒品犯罪案件若干问题的规定》附件《非法药物折算表》中苯丙胺类13指出：1克甲卡西酮相当于1克海洛因。但该规定已明确前提是"本折算表药物均以纯品计"。含有一定量甲卡西酮成分的混合物，本身就不是该规定意义上的纯品，不能按此方法折算，不适用本规定。据此得出结论：本案送检的材料非《精神药品品种目录》中的甲卡西酮。

其次，李某某、王某甲主观上是否"明知"成某某研制的产品系甲卡西酮，现有证据不足，事实不清。虽然成某某供述：告知李某某、王某甲，产品是一种医药中间体，只能用于正规途径，不能被私人乱用的意思，甚至说是违禁品，受国家管制，但没有明确产品是什么。这一点均得到了李某某、王某甲的证实。同时，基于"成某某欠李某某、王某甲大数额债务"的事实，有必要考虑成某某供述李某某、王某甲知道是违禁品的动机和目的。哪怕是研制管制产品，但成某某有合法企业营业执照，研制的是化学产品，对一般人来说，对产品是什么"不明知"合情合理。如同王某甲在检察讯问笔录中供述：甲卡西酮是什么？我从来没有听到过什么甲卡西酮的名字。综上，要重点围绕李某某、王某甲是否明知成某某研制的产品是甲卡西酮，进行补充调查取证。

据此，本案犯罪嫌疑人成某某未达到"有证据证明有犯罪事实"的法定

[①] 国际纯粹和应用化学联合会，又称国际理论和应用化学联合会。

逮捕条件，欠缺犯罪嫌疑人成某某研制产品的目的是为了研制甲卡西酮还是含有甲卡西酮成分的其他产品的证据；欠缺该混合物的化学名或学术名的专家意见；欠缺下家赵某购买本案中涉案产品的目的和用途，以及赵某将部分购买的产品予以退回的原因。但其涉嫌制造毒品罪依法可能判处 10 年有期徒刑以上之刑罚，同时考虑到经过进一步补充侦查，有希望能够收集到定罪必需的充足证据，应当对犯罪嫌疑人成某某适用附条件逮捕。

(二) 意见二

现有证据可以认定犯罪嫌疑人成某某、李某某涉嫌制造毒品罪，王某甲涉嫌运输毒品罪，且均可能判处 10 年以上有期徒刑，应予直接批准逮捕。具体理由：

第一，关于成某某方面：

犯罪嫌疑人成某某主观故意明确。根据其供述，于 2013 年 5 月开始研制甲卡西酮，7 月基本研制成功，10 月最终研制成功并进行销售，且明知甲卡西酮系受国家法律管控。

涉案的甲卡西酮应认定为毒品。甲卡西酮属精神药品，被列入《精神药品品种目录》中的第 1 类第 13 目录品名。在《非法药物折算表》中被列为致幻型苯丙胺类，属精神依赖性很强且医疗上不准使用的品种。因此，成某某辩解系药物中间体的理由不能成立。

上海市毒品检验中心对涉案送检物中均检出甲卡西酮成分，且有 33.78% ~ 36.15% 的含量，根据司法实践，可认定为精神药品类毒品，《非法药物折算表》中规定 1 克甲卡西酮相当于 1 克海洛因，尽管送检物均为百分之三十几，但仍可按照含量比例折算，属于其他毒品含量大。

第二，关于李某某、王某甲方面：

有证据证明李某某、王某甲参与了涉案甲卡西酮的制造和运输，是否认定为涉嫌犯罪关键在于能否认定其二人主观上明知。

尽管李某某、王某甲二人案发后所作供述中均辩称不知道成某某所生产的是何物，涉案甲卡西酮也是案发后才知道物品名称，他们参与成某某研制和销售也是因为成某某欠债等因素，但根据现有证据，可以推定其二人的明知故意。

犯罪嫌疑人成某某供述，对李某某、王某甲二人讲过（研制的东西）是受国家法律管控的违禁品，卖给不正宗的人是可以用来制作冰毒的。11 月 27 日的供述中，讲到在亭林的时候跟二人都亲口说过现在制作的东西原料甲苯、丙酮都是受国家管制的，不能随便买卖。

根据相关人员的陈述，李某某从 2013 年 9 月后，参与了研制、制造的全过程，其本人也供述知道成某某用于制作的原料系通过非法途径购买；成某某等所制作的成品,均由王某甲运至山东、河南等地销售,均在当地宾馆秘密交易,次数在10次或11次,王某甲本人也供述到(做成的东西)很隐蔽,觉得是个违禁品。

从其他行为看,李某某、王某甲将设备拉走,除了有将设备抵欠款的意思外,同时存在将已制造的成品继续销售和继续研制后销售的目的。除了二人的供述,还得到证人魏某某的证言证实。魏某某证明王某甲和李某某于2013年10月到甲区廊漕公路1508弄1号(原丙幼儿园)租借场地和后来运仪器、化学试剂等设备时,对魏某某讲要做科技研发,之后为了生产,还在准备三相电源。此外,从公安机关查获的李某某与王某甲短信记录载明,"在(再)带二十千克白色的来,土的人家不要……我就联系老女人,他那百分百能拿下",据此,根据毒品案件证据的特性可以判断李某某、王某甲二人事先是知道涉案产品的实际价值和用途,不能因为李某某、王某甲二人未作明确供述而不认定。

三、本案办理结果

最终,检察机关对成某某、李某某以涉嫌制造毒品罪,对王某甲以涉嫌运输毒品罪批准逮捕。

【案例点评】

一、甲卡西酮、医药中间体的含义

甲卡西酮(英文名称Methcathinone),IUPAC命名:2-(甲基氨基)-1-苯基-1-丙酮。

甲卡西酮俗称"浴盐",一般为粉末状态或水混合液体,是与冰毒结构非常类似的新型毒品,属于中枢神经兴奋剂。最常见的吸食方法为鼻吸和静脉注射,其作用效果与传统毒品可卡因、苯丙胺相似,但兴奋功能比可卡因强13倍。人吸食甲卡西酮后会带来精神状态的改变,有兴奋迷幻作用,直接作用于中枢神经系统,连续使用可以产生依赖性,导致精神恐慌、躁动、妄想、幻觉和暴力行为,能导致急性健康问题,过量吸食易造成不可逆的永久脑部损伤甚至死亡,危害极大。如美国迈阿密发生的骇人听闻的"食脸"事件:2012年5月26日,一名美国男子在迈阿密街头拦住一名路人并将其按倒在地后,不停啃噬对方的脸。18分钟后,受害人脸部的75%已经被啃掉,警方不得不将其击毙。据警方称,合成毒品"浴盐"疑为元凶。

医药中间体:实际上是一些用于药的合成工艺过程中的一些化工原料或化工产品。这种化工产品,不需要药品生产许可证,在普通的化工厂即可生产,只要达到一定的级别,即可用于药品的合成。因此,中间体就是半成品,就是在生产医药的过程中,所使用的原料、材料和辅料等中间产品。

二、甲卡西酮与刑法意义上的毒品关系、法律依据

甲卡西酮作为一种新型的化学合成类毒品在欧美等国家存在不同程度的流行性滥用，在我国部分省市也开始出现。国际社会对滥用甲卡西酮情况密切关注，许多国家和地区相继出台法律法规对其进行严格管制。在我国，麻醉药品和精神药品受国家严格管制。

甲卡西酮受国家严格管制，按照国家《精神药品管理办法》的规定，第一类精神药品由国家指定的生产单位按计划生产，其他任何单位和个人不得从事精神药品的生产活动。生产药品的原料和制剂，按国家计划调拨，生产的单位不得自行销售。

甲卡西酮属第一类精神药品，一旦超范围使用即可成为毒品。英、美等国外许多国家以及我国山西省均发生过甲卡西酮制作、贩卖的犯罪案例，危害性极大。目前甲卡西酮普遍被认为是一种新型合成类致幻毒品。

根据我国刑法第357条第一款的规定，除鸦片、海洛因、甲基苯丙胺（冰毒）、吗啡、大麻、可卡因等常见熟知毒品外，国家规定管制的其他能够使人形成瘾癖的麻醉药品和精神药品均属于刑法意义上的毒品。根据2012年5月16日，最高人民检察院、公安部《关于公安机关管辖的刑事案件立案追诉标准的规定（三）》第13条的规定，本规定中的毒品是指鸦片、海洛因、甲基苯丙胺（冰毒）、吗啡、大麻、可卡因以及国家规定管制的其他能够使人形成瘾癖的麻醉药品和精神药品。能够使人形成瘾癖的麻醉药品和精神药品具体品种以国家食品药品监督管理局、公安部、卫生部发布的《麻醉药品品种目录》、《精神药品品种目录》为依据。

甲卡西酮在2005年版、2007年版和国家食品药品监督管理局、公安部、卫生部公布的最新2013年版《精神药品品种目录》中均被列为第一类精神类药品。按照我国《麻醉药品和精神药品管理条例》（2013年修订）的规定，除另有规定外，任何单位、个人不得进行甲卡西酮的实验研究、生产、经营、使用、储存、运输等活动。因此，含有甲卡西酮成分的物品应视为刑法上的毒品。私自制造、销售甲卡西酮等行为，受刑法法律关系的调整，可以视为刑法意义上的制毒、贩毒等行为。

三、毒品含量与定性的关系

我国刑法第357条第2款规定，毒品的数量不以纯度折算，因此毒品含量不是确定毒品犯罪追诉标准的依据，实践中一般不进行毒品含量鉴定。但是，大量掺假，含量极少的毒品，应当与具有一定含量比例的毒品相区别。鉴于实践中大量掺假毒品和成分复杂的新类型毒品不断出现，为做到罪刑相当、罚当其罪，最高人民法院、最高人民检察院、公安部《办理毒品犯罪案件适用法律若干问题的意见》第4条规定对可能判处死刑的毒品犯罪案件，应当进行

含量鉴定。本案中，查获的含有甲卡西酮成分的混合物净重约57千克，可能判处死刑，应当进行毒品含量鉴定。经鉴定，涉案送检的23289.92克白色块状物、9972.03克灰色块状物和24287.82克灰色块状物中均检出甲卡西酮成分，其含量分别为35.13%、36.15%和33.78%。

二、王某某、孙某某涉嫌抢劫案

【基本案情】

本案由被害人徐某某于 2013 年 8 月 6 日向江苏省甲市公安局报案称遭到抢劫而案发。该局于 2013 年 8 月 9 日立案侦查，丙派出所侦查人员于 8 月 8 日、8 月 9 日在乙市分别抓获犯罪嫌疑人王某某（男，44 岁，个体驾驶员）、孙某某（男，33 岁，个体驾驶员），本案告破。

【审查过程】

一、案件事实及证据

（一）侦查机关认定的案件事实

2013 年 8 月 6 日上午，犯罪嫌疑人王某某、孙某某在乙市火车站出口处，以顺路带客到甲市丁镇为名将受害人徐某某骗至车牌号为苏 J×××1 的黑色轿车内，当车辆由北向南行驶至甲市丙镇老 204 国道路段间，犯罪嫌疑人王某某、孙某某对受害人徐某某采用语言威胁恐吓其人身安全并出示刀状物逼迫徐某某交出人民币 500 元。

（二）检察机关经审查认定的案件事实及证据

2013 年 8 月 6 日上午，犯罪嫌疑人王某某、孙某某在乙市火车站出口处，以顺路带客到甲市丁镇为名将受害人徐某某骗至车牌号为苏 J×××1 的黑色轿车内，当车辆由北向南行驶至甲市丙镇老 204 国道路段间，犯罪嫌疑人王某某、孙某某向被害人徐某某索要车费 480 元后，未将被害人送至目的地，在甲境内即让被害人下车。但涉嫌抢劫罪的非法占有目的和以暴力、胁迫或者其他方法实施抢劫的犯罪构成要件事实不清，证据不足。

认定上述事实的证据如下：

1. 物证。该案中的物证有三类，分别如下：

（1）侦查机关《扣押清单》中扣押孙某某衬衫一件，钥匙一把，分别为孙某某作案时所穿上衣，及在上衣内对被害人作刀状物显示的物品。

（2）侦查机关《扣押清单》中扣押孙某某钥匙一把，衬衫一件的照片 2 张，孙某某手持钥匙及模拟作案时用钥匙比划成刀的照片 3 张，王某某、孙某某作案用车牌号为苏 J×××1 小汽车照片 1 张，被害人徐某某指认犯罪嫌疑人让其下车等候公共汽车的地点及其被抢劫时持有的黑包、钱袋的照片 3 张。

（3）侦查机关所绘的被害人下车报案现场图 1 张，证明地点位于戊市与甲市交界处南约 500 米。

证据分析：以上证据证实孙某某用钥匙头部顶在其上衣内客观上造成用刀威胁被害人实施抢劫，作案后又在甲境内让乘客下车。

2. 书证。该案中的书证有四类，分别如下：

（1）犯罪嫌疑人王某某、孙某某的常住人口信息各一份，证明其达到刑事责任年龄。被害人徐某某人口信息一份。

（2）侦查机关出具的《发破案经过》一份。

（3）本案侦查机关调取的乙市公安局戊分局于2009年7月15日对犯罪嫌疑人孙某某涉嫌抢劫罪一案的拘留证一张，讯问笔录一份，另案被害人报案笔录一份。另案被害人反映2009年6月27日中午被两个人抢走2300元。犯罪嫌疑人孙某某反映2009年7月14日下午在五星车站拉客送到响水班车上，路途1公里，收了乘客35元。经询问丙派出所办案人员，该案未侦破。

证据分析：以上证据证实了孙某某因涉嫌其他抢劫案曾被立案侦查，虽未侦破，但可证实其存在从事出租车违规经营的行为。

（4）两名犯罪嫌疑人案发当日上午的手机通话清单。

证据分析：提捕后，侦查机关补充了该份证据，证实在案发时段内两名犯罪嫌疑人无通话记录。

3. 被害人陈述。被害人徐某某（男，50岁）于2013年8月6日向侦查人员提交报案笔录一份，证实：

2013年8月6日上午7点多，其在乙市火车站等车准备去甲市丁镇，被一名五十多岁的男子以到火车站接老板为名可顺路带其到甲市，在车上被那个"老板"以是"混黑道"的并将手伸在上身衣服里顶出一把匕首相威胁抢走500元，找给其20元后将其丢在甲市和戊市交界处南边。

证据分析：该证据证实被害人徐某某在乙市火车站乘一辆自称来接老板的车顺路带其至甲市，在车上被那个"老板"以语言和在上衣内用刀顶着威胁的方法抢劫480元，开车的人也有配合的行为的经过。被害人自我感觉对方是用刀在衣服内威胁，但由于有衣服相隔，并不能确认该工具就是刀。

4. 犯罪嫌疑人供述与辩解。王某某与孙某某分别作了供述与辩解，如下：

（1）犯罪嫌疑人王某某在侦查机关的四次讯问笔录，前后供述基本一致。供述：其与孙某某预谋以送客为名共同实施抢劫，2013年8月6日上午，孙某某以自己是"黑社会"，用钥匙放在衣服内顶着做成刀状的方式，抢得对方500元，自己负责开车并在语言上给予了配合。

检察机关讯问中，犯罪嫌疑人王某某的供述与侦查阶段的供述有重大变化：

与侦查阶段一致的有：其和孙某某送被害人至甲市，收取其500元车费，到甲市境内因被害人自己认为不是往甲市故而要求下车，自己给徐某某20元让其乘公共汽车。

与侦查阶段不一致的有：否认其和孙某某有抢劫的犯罪行为，对在侦查机关供述的其与孙某某共同对被害人徐某某采用语言威胁恐吓其人身安全、出示刀状物等方式，逼取徐某某人民币500元的事实予以否认，称当时如此供述系受到侦查人员的刑讯逼供所致。

证据分析：犯罪嫌疑人王某某在侦查阶段的供述均为有罪供述，且与被害人陈述、物证、书证等证据之间可以互相印证。但王某某在检察机关核证时推翻原有供述，称在丙派出所遭侦查人员刑讯逼供，并出示其双手腕处环形手铐印为证。根据非法证据排除规则，应对犯罪嫌疑人王某某在侦查机关的供述的合法性启动非法证据调查核实程序。

（2）犯罪嫌疑人孙某某在侦查机关的三次讯问笔录前后供述基本一致。供述与犯罪嫌疑人王某某的供述、被害人陈述等证据基本一致，可以相互印证其涉嫌共同抢劫的事实。

检察机关讯问中，犯罪嫌疑人孙某某的供述与侦查阶段的供述有重大变化：

与侦查阶段一致的有：其和王某某送被害人至甲市，收取其500元车费，到甲境内因被害人自己认为不是往甲市故而要求下车，王某某给徐某某20元让其乘公共汽车。

犯罪嫌疑人孙某某的供述与侦查阶段不一致的有：犯罪嫌疑人孙某某对公安机关认定其与王某某共同对受害人徐某某采用语言威胁恐吓其人身安全、出示刀状物等方式，逼取徐某某人民币500元的事实予以否认，称受到侦查人员的刑讯逼供。辩称其没有向被害人说自己是"黑社会"，手下有小兄弟，做掉过人，用钥匙做刀状威胁要做掉被害人。其只是对被害人说出门不是找麻烦的，恰如多打几天工，意思是因为被害人腿脚不方便，所带行李多。

证据分析：犯罪嫌疑人孙某某在侦查阶段的供述均为有罪供述，证实了其与王某某共同实施抢劫的犯罪事实。犯罪嫌疑人供述与被害人陈述、物证、书证等证据之间可以互相印证。但孙某某在检察机关核证时其推翻原有供述，称在丙派出所遭侦查人员刑讯逼供，并出示其额头处疤痕为证。根据非法证据排除规则，经检察机关非法证据调查核实程序，已对侦查机关获取的两名犯罪嫌疑人供述作非法证据排除。

5. 辨认笔录。侦查过程中王某某与孙某某分别对对方进行了辨认。

（1）犯罪嫌疑人王某某于2013年8月9日对犯罪嫌疑人孙某某进行了辨认。

(2）被害人徐某某于 2013 年 8 月 6 日对犯罪嫌疑人王某某进行了辨认。

证据分析：经过辨认，证实本案涉案人员为犯罪嫌疑人王某某、孙某某。

全案之证据分析：

首先，对证据合法性的审查。检察机关在对甲市公安局认定的本案犯罪事实进行审查中，经讯问犯罪嫌疑人，犯罪嫌疑人王某某、孙某某均向检察机关提出被侦查人员刑讯逼供，并否认有实施抢劫犯罪的事实。经审查，检察机关发现犯罪嫌疑人王某某双手腕部有圆环状黑色淤青，孙某某头部有伤痕，经报请检察长决定，检察机关依法启动非法证据调查程序，并向甲市公安局发出《提供证据收集合法性说明通知书》，要求移送侦查阶段的录音录像，以完善相关证据。甲市公安局回复称因设备故障讯问录音录像已灭失。经检察机关调查，犯罪嫌疑人进入看守所体检记录上均记载两名犯罪嫌疑人入所时身上均有明显伤情。因甲市公安局不能提供充分证据证明侦查取证行为的合法性，根据《刑事诉讼法》第 54 条之规定，依法对侦查阶段中犯罪嫌疑人王某某、孙某某的所有供述作非法证据排除。

其次，现有证据能够证实的事实。被害人徐某某被犯罪嫌疑人王某某、孙某某以虚假理由骗至黑车后，被迫交付给两名犯罪嫌疑人 500 元人民币，两名犯罪嫌疑人返还其 20 元，在至甲境内即被让下车。

最后，不能认定的事实和矛盾证据的辨析。本案在排除非法证据后，根据检察机关核实的两名犯罪嫌疑人的供述，不能证实两名犯罪嫌疑人主观上有事先预谋共同实施抢劫的故意，客观上孙某某实施的行为未达到抢劫罪所要求的胁迫程度，同时未得到王某某的供述相印证。在检察机关主证复核时，两名犯罪嫌疑人的供述之间亦存在许多矛盾之处，现分析如下：

第一，是否对被害人实施威胁。王某某称其在开车，没有听到孙某某对被害人有威胁语言。孙某某称其对被害人说了"出门不是找麻烦的"，在被害人付了 200 元后，声音稍微大了一点，让其快点付一下。其解释是因为其腿部受伤，带了好多行李才这样说的。

第二，孙某某有没有"持刀状物"威胁被害人。王某某称没有这回事，孙某某称是公安人员让其做这样的动作并拍了照片。

第三，500 元是谁提出来的，是怎么给的。王某某称是小孙让那人把钱付一下，没有说多少，被害人先给了小孙 200 元，小孙说不够，那个人又给了小孙 300 元。孙某某称 500 元是王某某提出来的，孙某某说就是一条香烟钱。被害人先从身上付了 200 元放在王某某旁边，孙某某声音大了让其快付，被害人又拿出 300 元放在王某某旁边。

第四，当天为什么两个人一起送客。王某某称准备到老家草堰去，万一喝酒了让孙某某开车。孙某某称王某某开过刀身体不好，开长途累了就让其开车，他发自己工资200元。

第五，让被害人中途下车的原因。王某某称是被害人认为不是往甲市开，紧张要下车。孙某某说车子开到老204国道王某某接了一个电话后说他去不了，把车停下来让其乘去甲市的公共汽车。

第六，为什么未将多收的钱退还给被害人。王某某称没有反应过来把钱退给他。孙某某称让王某某退点钱给乘客的。后王某某告诉孙某某在车下他退了20元给被害人。

第七，有无分赃。王某某称被害人报警了，其准备退钱，没有分钱。孙某某称两人各分了200元。80元是王某某的油费。

证据分析：两名犯罪嫌疑人在是否对被害人以语言实施威胁，被害人中途为何下车等情节上说法相互矛盾，无其他证据证实两名嫌疑人对受害人徐某某采用语言威胁恐吓、出示刀状物等方式实施抢劫。

综上所述，现有证据能够证明犯罪嫌疑人王某某、孙某某欺骗被害人徐某某乘坐其无营运资格的出租车后收受480元人民币，但涉嫌抢劫罪的非法占有目的和以暴力、胁迫或者其他方法实施抢劫的构成要件事实不清，证据不足。

二、需要说明的问题

（一）侦查活动监督有关情况

经对证据合法性进行审查，本案侦查机关未能提供充分证据证实对犯罪嫌疑人供述的取证行为的合法性，故对侦查阶段两名犯罪嫌疑人的供述不能排除进行刑讯逼供的合理怀疑。

检察机关在对犯罪嫌疑人王某某、孙某某进行讯问时，两名犯罪嫌疑人均反映被侦查人员刑讯逼供，并辩解未实施抢劫犯罪。经检察长决定，检察机关于9月10日启动非法证据调查程序，同日向公安机关发出《提供证据收集合法性说明通知书》。侦查机关于9月12日向检察机关作出回复，对本案是否存在非法取证行为解释为：第一，因设备故障未能录音录像，故无法提供该证据；第二，犯罪嫌疑人身上的伤痕系手铐约束及其自伤所致。此外还进行了讯问犯罪嫌疑人、询问办案人员、听取辩护律师意见、调取犯罪嫌疑人入看守所身体检查记录等活动。

调查结论为本案属于严重刑事案件，侦查机关未能提供讯问录音录像以证明其取证行为的合法性，且对两名犯罪嫌疑人提出的非法取证问题亦不能提供证据合法性证明，不能排除侦查机关对两名犯罪嫌疑人采取了刑事诉讼法第54条规定的禁止以非法方法收集证据的情形。根据刑事诉讼法第55条和江苏省检察机关有关非法证据的指导意见建议对侦查机关获取的两名犯罪嫌疑人在侦查阶段的所有供述予以排除，并发出《纠正非法取证意见书》对其未依法对讯问犯罪嫌疑人进行录音录像进行纠正，通知公安机关予以纠正，建议在后续侦查活动中更换原案承办人，以规范侦查取证行为的合法性。并督促公安机关将纠正情况通知检察机关。

（二）需要补充侦查的事项

1. 补充证据证明两名犯罪嫌疑人存在抢劫的主观故意。

2. 补充证据证明两名犯罪嫌疑人在索要车费过程中实施了暴力、胁迫的手段。

三、案件办理结果

因甲市公安局不能提供充分证据证明侦查取证行为的合法性，根据刑事诉讼法第54条之规定，应对两名犯罪嫌疑人在侦查阶段的所有供述作非法证据排除，除被害人陈述外，无其他证据印证犯罪嫌疑人王某某、孙某某涉嫌抢劫罪的事实，现有证据体系不符合"有证据证明有犯罪事实"的逮捕条件。根据刑事诉讼法第88条的规定，对犯罪嫌疑人王某某、孙某某以涉嫌抢劫罪事实不清、证据不足为由不批准逮捕。2013年9月29日，甲市公安局对二犯罪嫌疑人依法变更强制措施为取保候审，2014年7月15日对该案予以撤案。2013年9月13日，甲市检察院向甲市公安局发出《纠正非法取证意见书》，对该案侦查过程中存在的非法取证问题予以说理和纠正。9月22日，甲市公安局书面回复整改情况，称该局已开展了办案单位执法场所同步录音录像系统全面检查和办案人员集中学习培训等工作。

【案例点评】

修改后刑事诉讼法明确将"尊重和保障人权"作为刑事诉讼法的任务予以规定，并通过确立非法证据排除规则，强化对犯罪嫌疑人、被告人基本人权和诉讼权利的保障，明确规定发现有应当排除的证据的，应当依法予以排除，不得作为逮捕的依据。检察机关办理审查逮捕案件发现非法取证线索的，要及时进行调查核实。对于确有以非法方法收集证据情形的，依法排除非法证据并纠正非法取证行为。

检察机关在办案过程中，应当坚持审查逮捕与侦查监督同步开展，全面阅卷，高度重视审查逮捕阶段对犯罪嫌疑人的讯问工作，严查细审，确保案件质量。遇到涉嫌刑讯逼供等非法取证情形的，应依法启动非法证据调查核实程序，通过询问公安机关办案人员，听取辩护律师意见，调取犯罪嫌疑人入看守所身体检查记录等方式核实证据，也可以要求公安机关提供侦查取证行为的合法性的说明，根据调查核实的情况依法排除非法证据。

三、重庆佳飞商贸有限公司销售假冒注册商标的商品案

【基本案情】

2011年10月至2012年2月,重庆佳飞商贸有限公司总经理龚某某与贵州市习水县肖某某商定,由重庆佳飞商贸有限公司从肖某某处以300元/瓶的价格购买假冒贵州茅台注册商标的飞天茅台酒,用于招待客人和销售,从而为重庆佳飞商贸有限公司谋取利润。龚某某将此事告诉公司法定代表人王某某,二人在销售业务会上要求销售人员予以销售。佳飞公司销售给重庆市甲县双江镇先利副食店假飞天茅台酒204瓶,销售给重庆市甲县双江镇鸿峥源副食店假飞天茅台酒36瓶,销售金额共计270360元,尚待销售的假飞天茅台酒128瓶,按已销售平均价格计算为144192元。经贵州茅台酒股份有限公司鉴定,飞天茅台酒系假冒该公司生产、包装的产品。

【监督过程】

2012年2月24日,重庆市甲县商务局在重庆佳飞商贸公司查获疑似假冒茅台酒共计372瓶,重庆市甲县院在工作中获知该线索,认为涉嫌犯罪应当追究刑事责任,于2012年3月15日向重庆市甲县商务局发送《检察意见书》,要求将重庆市佳飞商贸有限公司销售假茅台酒的线索移送给重庆市甲县公安局,重庆市甲县商务局于2012年3月23日移送该线索,2012年3月28日,重庆市甲县公安局以涉嫌销售假冒注册商标的商品罪对重庆佳飞商贸有限公司和王某某、龚某某立案侦查,2013年4月25日以犯罪嫌疑人王某某、龚某某销售假冒注册商标的商品罪提请批准逮捕,重庆市甲县院于2013年4月28日批准逮捕了两名犯罪嫌疑人。经两审终审,重庆市第二中级人民法院于2013年12月16日判处重庆佳飞商贸有限公司犯销售假冒注册商标的商品罪,罚金20万元,王某某有期徒刑2年6个月,并处罚金13.6万元,龚某某有期徒刑2年6个月,并处罚金13.6万元。

【案例点评】

这是一起成功监督行政机关移送违法线索并及时跟踪监督获得有罪判决的案件。

一是畅通信息来源渠道,确保监督及时有效。重庆市甲县院与行政执法机关建立了行刑衔接机制,搭建了信息共享平台,以便及时了解行政执法情况,发现是否存在以罚代刑的行为。重庆市甲县院侦查监督部门获悉重庆市甲县商务局查封扣押了重庆佳飞商贸公司的疑似假冒茅台酒经鉴定为假冒注册商标的商品,该公司的行为已涉嫌犯罪之后,敦促重庆市甲县商务局及时将案件线索

移送重庆市甲县公安局立案侦查。

二是及时跟踪监督，确保案件得以正确处理。立案之后，重庆市甲县院继续跟踪该案的侦查进展情况，在犯罪嫌疑人被刑事拘留之后，重庆市甲县院积极派员提前介入，引导侦查取证，保证了案件的迅速侦破。在审查起诉和审判环节，侦查监督部门派员主动与办案人员交流，掌握案件的诉讼进展情况。

三是监督效果好。从该案牵涉出一个制售假酒的跨省大案，通过公安部的统一部署成功打掉贵州省一个制售假酒的大窝点，取得了很好的社会效果和法律效果。

四、龚某某涉嫌销售假药案

【基本案情】

2008年11月至2012年2月期间，犯罪嫌疑人龚某某明知自己从非法渠道所购进的山东康福药业有限公司生产的"速效喘立康"胶囊和"壮骨关节灵"胶囊为假药，而予以公开销售，时间长达3年之久，销售对象达百余人，销售金额6.1万元，严重危害公民身体健康。经安徽淮北市食药监管理局鉴定，"速效喘立康"胶囊和"壮骨关节灵"胶囊均为假药，其包装盒上"山东康福药业有限公司"的企业纯属虚构。

【监督过程】

2012年7月14日，经群众举报，犯罪嫌疑人龚某某未按规定渠道进购药品，其长期销售的"速效喘立康"胶囊和"壮骨关节灵"胶囊为假药，严重危害身体健康，而公安机关未立案侦查，要求检察机关予以监督。当日，武汉市新洲区人民检察院办案人员迅速到区食药监管理局进行走访调查。经调查核实，犯罪嫌疑人龚某某多次从非正规渠道进购药品进行销售，曾两次受到行政处罚，本次群众举报属实，且销售假药涉案金额在5万元以上。新洲区食药监管理局将该案移送至公安机关，而公安机关以证据不够充分为由不予立案。7月15日，经检察长批准，该院启动法律监督调查程序，向公安机关发出了《要求说明不立案理由通知书》。7月16日，新洲区公安分局对犯罪嫌疑人龚某某以涉嫌销售假药罪立案侦查。

犯罪嫌疑人龚某某得知自己被公安机关以销售假药罪立案侦查后，去向不明。2012年7月25日，新洲区人民检察院办案人员会同区食药监管理局执法人员、区公安局办案民警在犯罪嫌疑人龚某某家中做其父亲的思想工作，要求提供相关线索，同时在犯罪嫌疑人龚某某经常出现的地方蹲守，最终将其在亲戚家中抓获归案。公安机关当日对其刑事拘留，8月31日移送审查起诉。

【案例点评】

食品药品与人民群众身体健康和生命安全息息相关，关乎每个公民的切身利益。本案中，办案人员通过群众举报，查微析疑，认真核实，及时启动法律监督调查程序，在督促行政执法机关移送案件的同时，监督公安机关刑事立案，有效地促进了行政执法与刑事司法的顺畅衔接。

五、王某某涉嫌合同诈骗案

【基本案情】

海南金川房地产开发公司（以下简称金川公司）在海南省陵水县拥有402亩国有土地的使用权，2008年7月该幅土地被陵水县政府收回。2008年7月，符某某得知金川公司名下402亩土地被政府收回事实后，以350万元的价格购买了该公司。2010年2月，王某某在明知上述土地已被政府收回的情况下，同符某某约定以4800万元价格购买金川公司80%的股权，在先行支付350万元后成为金川公司法定代表人，但金川公司股东仍登记为符某某及符某某控制的同山商贸公司。王某某成为金川公司法定代表人后，意图通过自己的人脉关系再次获得上述402亩国有土地使用权，从而转让获利，但经多方活动未果。

2010年底，重庆市宝庄商贸公司（以下简称宝庄公司）委派杨某等人到海南考察房地产项目，认识了王某、朱某某、刘某某。朱某某、刘某某隐瞒金川公司402亩土地已经被政府收回事实，介绍宝庄公司购买土地，王某某谎称上述土地正在旧证换新证，愿意以3亿元价格出售。为成功购得上述土地，宝庄公司与王某（代表王某、朱某某、刘某某）约定宝庄公司与王某等分别出资55%、45%以购买金川公司股权形式购买土地，宝庄公司帮王某等垫付3585万元投资款。2011年3月24日，宝庄公司、王某与王某某签订股权转让合同，合同写明上述402亩土地不存在纠纷，3个月内更换新的土地证。合同签订后，宝庄公司向朱某某、王某及共管账户转入11650万元（按照合同，第一期需支付1.5亿元，宝庄公司出资55%即8250万元，再加上帮朱某某三人实际垫付的3400万元）。在支付了上述款项后，宝庄公司根据《股权转让协议》约定获得金川公司90%股权。上述11650万元中有8900万元进入共管账户，王某也存入共管账户1100万元。另2750万元宝庄公司作为定金转入朱某某私人账户，朱某某收到该2000万元后支付王某某和符某某各1000万元，其余750万元被朱某某用掉。2011年6月，宝庄公司投资人见新的土地证没有办下来，提出撤资。宝庄公司从共管账户中提取了1亿元款项。同年6月19日，宝庄公司与王某就先行垫付的3400万元签订了《借款及担保协议》，期限3个月，由宇昌公司、联华公司、刘某某提供担保。宝庄公司不仅没有再要求朱某某等三人退还共管账户之外的1650万元，反而又划了1750万元到刘某某的公司账户（案发后经鉴定，该协议上所加盖的联华公司印章系伪造）。2011年9月~2012年2月，联华公司、宝庄公司、刘某某、王某等又达成协议，约定宝庄公司为联华公司等提供2亿元融资并提供了担保（含先期所借的

3400万元)。

2013年7月10日,刘某某等向宝庄公司杨某、李某某等发函,请求延期归还2亿元借款。宝庄公司在多次催要2011年6月19日所出借的3400万元借款未果,同时发现联华公司印章系伪造的情况下,于2013年8月27日向甲区公安分局报案,并于9月25日向重庆市市第五中级法院起诉要求王某、宇昌公司、联华公司、刘某某偿还3400万元借款的本金、利息及违约金共计4964万元。9月26日,联华公司向杨某、李某某发函,认可刘某某代联华公司所签订的担保协议,愿意承担担保责任。甲区公安分局于2013年9月5日对重庆市宝庄商贸有限公司被诈骗案立案侦查。2013年9月25日,甲区公安分局对犯罪嫌疑人王某取保候审。同年12月1日,对犯罪嫌疑人王某某刑事拘留,19日对犯罪嫌疑人朱某某取保候审。2013年12月,朱某某支付宝庄公司5000万元,当月23日宝庄公司以双方已经达成和解为由,向法院撤回起诉。

【监督过程】

2013年12月4日,犯罪嫌疑人王某某的亲属向市检察院反映甲区公安分局违反管辖规定利用刑事手段插手民事经济纠纷,违法对其采取刑事拘留强制措施,请求检察机关监督撤案。同月9日,市院侦监处将该案移交甲区院侦查监督科办理,甲区院对该案进行了初步审查。鉴于本案案情重大疑难,涉及的法律关系复杂,为进一步查明案件事实,市院侦监处决定直接办理该案,并与甲区检察院多次走访甲区公安分局,询问相关办案人员,了解案件情况,通过与市公安局协调,查阅、复制了该案的案件材料,赴市第五中级人民法院调取了该案民事起诉材料,听取了双方当事人以及辩护律师的意见,最后又召集市公安局、甲区检察院、甲区公安局在市检察院召开了案件研讨会。经过充分调查,市检察院认为,犯罪嫌疑人王某某、朱某某、王某等人不构成合同诈骗罪,该案应当予以撤销,理由如下:一是犯罪嫌疑人王某某、朱某某、王某主观上无非法占有的目的。三人以自己的真实身份签订合同,没有虚构冒用他人名义,对宝庄公司的3400万元借款一直认可,借款担保方对担保行为进行了追认,双方当事人已就借款达成和解并偿还了借款本金及违约金,损害结果没有发生,犯罪嫌疑人非法占有的主观目的无法认定。二是双方当事人约定的《股权转让合同》已经实际履行。宝庄公司、王某、朱某某一方按照《股权转让合同》约定先期支付履约保证金、定金,同山商贸公司、符某某一方按约定亦转让了金川公司股权。《股权转让合同》中约定的402亩土地权属及重新换发土地证虽然存在争议,但该争议经双方当事人协商已经转变为3400万元借款。三是本案属于民事经济纠纷。双方当事人以真实的主体身份协商签订

《股权转让合同》，在土地权属发生纠纷后又通过协商以《借款及担保协议》、《关于借款及项目管理的协议》的方式明确了宝庄公司支付的 3400 万元属于借款性质，随后双方当事人还通过合作开发其他项目再次约定将 3400 万元借款作为宝庄公司的融资款并提供了抵押担保物，宝庄公司在通过民事诉讼程序要求偿还 3400 万元借款的本金、利息及违约金，双方当事人最终达成了《民事和解协议》并实际履行完毕，纠纷已经解决，从上述整个程序来看，本案本质上属于民事经济纠纷，不构成合同诈骗罪。2014 年 2 月 24 日，市院侦监处书面通知甲区检察院监督甲区公安分局撤销重庆市宝庄商贸有限公司被诈骗一案。次日，甲区检察院向甲区公安分局发出《通知撤销案件书》，随后甲区公安分局依法撤销案件。

【案例点评】

监督手段匮乏、监督刚性不强及监督程序不完善，是制约侦查监督工作开展的"瓶颈"。检察机关对本案开展监督过程中，在启动监督撤案程序、查阅、复制公安机关收集的相关案卷材料、询问有关案件当事人等调查核实工作方面，遇到一定阻力以及部分当事人不够配合的情况。为强化法律监督，维护控告申诉方合法权益，市检察院积极探索将重大侦查监督案件办案权限上提的办案模式，由市院侦监处直接办理该案。经与市公安局多次沟通协调，取得共识，最终成功监督撤案，切实维护了当事人的合法权益。本案的成功办理，是对如何启动侦查监督程序，丰富监督手段，增强监督刚性的积极探索。下一步，市院将继续深入探索重大疑难复杂的侦查监督案件办案权限上提以及由上级院指定异地管辖的办案模式，进一步增强监督刚性，提升监督效果。同时，各级院应提高认识，把两项监督工作摆到与审查逮捕同等重要的地位，充分发挥主观能动性，拓宽监督线索来源，做到像办理审查逮捕案件一样办理两项监督案件。

六、侯某涉嫌故意杀人、组织卖淫案

【基本案情】

2009年2月15日9时许,湖北省甲市一市民在该市体育场路到天马宾馆入口土堆处发现一旅行箱,箱边有被肢解女性躯干,遂报警。2009年2月17日,甲市公安局西陵区分局在甲市东山开发区"莲花池休闲中心"将闫某某、田某某、马某、刘某、贾某某、马某某6人抓获。经讯问,6名原审被告人对各自犯罪事实均供认不讳。本案系被害人刘某玉不愿继续从事卖淫活动拟逃离时被发现,原审被告人闫某某为防止其组织他人卖淫的罪行暴露,指使并伙同同案犯田某某、马某、刘某、贾某某、马某某对刘某玉实施非法拘禁和殴打、体罚等行为,致使刘某玉生前遭受暴力导致创伤性休克而死亡,后各被告人为掩盖犯罪事实对刘某玉进行分尸并抛尸。

2009年6月26日,甲市公安局西陵区分局侦查终结,移送甲市西陵区人民检察院审查起诉。因该案可能判处无期以上刑罚,甲市西陵区人民检察院将该案报送甲市人民检察院审查起诉。2009年8月12日,甲市人民检察院对原审被告人闫某某、田某某、马某、刘某、贾某某、马某某犯故意杀人罪,闫某某犯组织他人卖淫罪向甲市中级人民法院提起公诉。2009年10月15日,甲市中级人民法院经过不公开开庭审理,判决闫某某犯故意杀人罪,判处死刑,缓期两年执行,剥夺政治权利终身;犯组织卖淫罪,判处有期徒刑12年,并处罚金人民币两万元。数罪并罚,决定执行死刑,缓期两年执行,剥夺政治权利终身,并处罚金人民币两万元。其他几名被告人被判10至12年有期徒刑不等。2010年1月6日,甲市人民检察院认为一审判决对原审被告人闫某某死刑缓期两年执行,属适用法律错误,导致量刑不当,应依法判处死刑立即执行,故提出抗诉。

【监督过程】

省人民检察院承办人经阅卷审查发现,侯某涉嫌组织卖淫罪,但公安机关在侦查卷中出具《情况说明》,证明侯某系"详细身份不明",对其"另案处理"。同时,承办人提审刘某、田某某、马某某,三人均上诉称侯某是本案的主要策划者和暴力实施者,其关押、殴打刘某玉都是受到侯某的指使,侯某可能还涉嫌故意杀人罪。根据案卷材料情况和部分原审被告人的上诉理由,侯某若在本案故意杀人的共同犯罪中有犯罪行为属实,一审判决所认定的事实将可能发生改变,其认定闫某某的主犯地位及其承担的刑事责任也可能将随之改变。面对候某身份是否清楚、究竟有无犯罪事实,为何田某某、刘某等人在上诉中一致指证其参与了犯罪等一系列问题，承办人决定把上诉人的上诉理由作为本案审查和复核工作的重点之一，拟定详细、周密的讯问提纲。通过宣讲法律，重点提审，交叉讯问，各原审被告人均对侯某、闫某某组织、管理其卖淫等情况作了供述，供述内容能相互印证，描述的情节基本吻合，且各被告人均进一步陈述在一审判决前没有供述侯某的犯罪行为，是因案发后闫某某出于讲义气说由他一人承担，要求其他原审被告人不得说出侯某参与了犯罪。侯某在案发前与被告人、被害人居住在一起，有证人予以证实，但对侯某个人身份情况不清楚。

根据提讯掌握侯某涉嫌犯罪的情况，承办人列出补查提纲予以补证。一是通过侯某妻子刘甲的堂姐刘乙调取到侯某与其他五人合影照片，并经各原审被告人辨认无误；二是经询问刘乙并做其思想工作，调取到刘甲的身份信息，并以此核查到侯某的个人相关情况；三是通过新疆伊宁市人民检察院协调当地公安机关调取到《常住人员信息》中有关侯某的信息，确定了侯某的真实身份及住址；四是调取案发地原甲市东山开发区"莲花池休闲中心"保健部工作人员的证言，从而基本确定了侯某的真实身份，锁定了侯某属本案组织卖淫罪遗漏的同案犯，且侯某在本案故意杀人的共同犯罪中，可能属于主犯之一，通过立案监督，要求甲市院敦促甲市公安机关对本案漏犯侯某进行追诉。

甲市公安局西陵区分局对侯某涉嫌犯罪进行立案侦查并将其捉拿归案，侯某到案后对其犯罪事实供认不讳。甲市中级人民法院经审理以故意杀人罪、组织卖淫罪判处侯某无期徒刑，并处罚金5万元，侯某认罪伏法，未提出上诉。

【案例点评】

该案系死刑二审上诉、抗诉案件，经过一审检察机关审查起诉、法院审理后，均未对"另案处理"人员侯某进行详细审查。省人民检察院受理此案后，承办人认真审查案卷材料，从"另案处理"人员侯某身上发现蛛丝马迹，并结合原审被告人的上诉理由，深挖细查，排除疑点，成功锁定遗漏同案犯。通过及时启动监督程序，将身负命案逃之千里之外的侯某抓捕归案并依法追究刑事责任，维护了司法公正和法律尊严。

七、对重庆市梁平县公安局刑讯逼供予以书面纠正违法案

【基本案情】

2012年6月19日、7月6日、7月的一天以及12月22日，犯罪嫌疑人曾某某先后在重庆市梁平县城南镇邓某某、石某某、舒某某、杨某某家里分别盗窃现金1100元、700元、1000元、300元，共计盗窃现金3100元。

【监督过程】

2013年3月12日，重庆市梁平县检察院驻看守所检察室干警接到被羁押人曾某某的控告，称其在入所前，于2013年3月9日在接受讯问过程中被梁平县公安局办案人员用警棍殴打，致其臀部、大腿等部位大片青紫，曾某某要求检察机关追究办案人员的责任。接报线索后，梁平县院侦查监督部门立即组织干警前往看守所，提讯了在押人员曾某某，并经检查发现其身上存在大面积青紫的新鲜伤痕，同时拍摄了伤情照片。

梁平县院侦查监督部门初步了解情况后，根据刑事诉讼法第55条，《刑诉规则》第68条、第69条的规定，经检察长批准，于2013年3月13日决定由县检察院侦查监督科启动"非法证据调查核实"程序。程序启动后，梁平县院侦查监督科主要负责人会同监所、职侦、技术等部门干警对控告人曾某某进行了讯问，对相关办案民警进行了调查核实、询问了证人，提取了曾某某入所体检记录、伤情照片、曾某某入所视频资料，曾某某盗窃案法律文书、笔录等证据，并组织了辨认。

经调查核实，公安机关办案人员虽然咬定曾某某的伤情是由当地老百姓殴打造成，但根据现有证据证实，曾某某在抓捕时没有受到当地老百姓殴打，在被抓获后带至梁平县公安局执法办案中心讯问前，也未遭到殴打，曾某某的监区视频资料证实，曾某某入所后，也未遭到同监人员殴打。以上事实证明，曾某某的损伤是在进入公安机关执法办案中心后至入所前这段时间形成的。调查人员要求公安机关办案人员作出合理解释或提取讯问同步录音录像资料，但公安机关办案人员无法出具。据此认定公安民警在对曾某某涉嫌盗窃一案的侦办过程中，具有非法取证的情形。

根据刑事诉讼法第54条和《刑诉规则》第565条的规定，对公安机关2013年3月9日获取的曾某某讯问笔录依法予以排除，同时向X县公安局发出《纠正违法通知书》，并要求公安机关更换承办人和重新收集曾某某涉嫌盗窃一案的相关证据，同时提出了依法追究相关人员责任的建议。

公安机关在接到《纠正违法通知书》后，高度重视，及时纠正了违法行

为：一是立即更换了曾某某涉嫌盗窃案承办人，并对相关证据重新予以收集、固定。重新取证后将曾某某涉嫌盗窃一案再次移送梁平县院提请批准逮捕，经该院审查后作出批准逮捕决定。二是召开了"梁平县公安局非法取证行为专项整改会议"，由梁平县公安局主要负责人主持，该局以及辖区派出所全体领导干部、民警参加会议，会上重点强调了讯问、取证等依法进行的相关问题。三是严肃处理非法取证人员。涉及本次非法取证的梁平县公安局刑警大队某中队副队长聂某、梁某以及民警袁某、刘某，按其所负责任全部给予严肃处理，其中聂某、梁某、刘某被警告处分，袁某被记过处分。

与此同时，犯罪嫌疑人曾某某在得知自己的合法权益得到保护后，对自己所犯罪行均供认不讳，使之后的侦查、审查起诉、审判等环节得以顺利进行。2013 年 7 月 31 日，犯罪嫌疑人曾某某被梁平县法院判处有期徒刑 10 个月。

【案例点评】

一是侦查监督触角前移。新刑事诉讼法实施后，梁平县院专门确定由一名副检察长同时分管监所、侦监两部门，若公安办案人员确有非法取证情形，在入所时就能及时发现，而同时分管监所、侦监的检察长在及时掌握入所信息的同时，对入所人员的控告和举报线索能第一时间反馈给侦监部门，这就避免了出现因内部信息不通达，而贻误取证时机的情形。

二是取证及时。侦查监督部门在接到线索后，立即派员前往看守所获取了第一手证据，并于同日邀请鉴定部门进行了鉴定，第一手证据的取得，为之后的调查赢得主动权。

三是调查透明化。侦查监督部门在取得第一手证据材料后，启动非法证据调查核实程序，由分管领导亲自到公安机关协调工作，将非法证据调查核实程序的启动、调查方式、处理意见均向公安机关逐一说明，做到透明化调查，使其清楚、明白，以此争取公安机关最大限度的支持配合。

四是联合调查。非法证据调查核实程序结束后，因涉及人员处理问题，将进入更为细致的情况调查环节，据此，经检察长批准，侦查监督部门将初查结果书面上报政法委，后由政法委牵头成立了"3·12"联合调查小组，并邀请公安机关纪检部门作为调查组成员，亲自参与到调查活动中，辨认环节由公安民警亲自担任见证人，使整个调查过程公开、公正，避免出现"一言堂"之嫌。

八、对犯罪嫌疑人夏某某被指定居所监视居住监督案

【基本案情】

犯罪嫌疑人夏某某，原江苏省甲市政建设集团有限公司董事长、原乙公司法定代表人，住乙公司办公室房间，户籍地为丁市某某街道194号。2013年3月27日夏某某因涉嫌挪用资金罪被甲市公安局丙分局刑事拘留，4月26日该分局将此案向甲市丙区人民检察院提请批准逮捕。5月3日甲市丙区院以事实不清、证据不足为由对夏某某作出不捕决定，当日公安机关决定对夏某某指定居所监视居住。甲市丙区人民检察院收到公安机关送达的《监视居住决定书》后，采用"先看文书，后看现场"的方法，主动联系公安机关，要求公安机关提供《指定居所监视居住通知书》、《呈请指定监视居住报告书》等文书，并据此开展审查和监督工作。

【监督过程】

一、办案经过

5月6日至5月30日期间，该院多次赴监视居住场所实地查看并与夏某某面谈，了解夏某某的身体、心理状况和其立案前的实际居所。主动向公安机关口头建议保障犯罪嫌疑人会见、获得阅读及室外活动等合法权利。自5月13日提出口头建议后，公安机关多次安排律师和夏某某近亲属、其公司工作人员与其会见。

5月7日，该检察院收到夏某某的辩护律师《关于丙分局对夏某某违法采取监视居住措施，请求进行法律监督的申请》。该申请认为公安机关在指定居所监视居住的决定、执行和犯罪嫌疑人合法权益保障等方面均存在违法情况。该院于5月8日回函答复。

5月31日，该检察院根据犯罪嫌疑人的身心状况和案件进展情况，书面建议公安机关重点关注犯罪嫌疑人的身体健康，避免出现恶性敏感安全事故；并根据侦查活动推进情况、证据收集情况，评议了继续采取指定居所监视居住的必要性，建议公安机关尽早对夏某某解除监视居住或变更强制措施。6月6日，公安机关对夏某某解除指定居所监视居住，变更为取保候审。

5月27日，省检察院侦监处收到夏某某亲属的申诉信，并及时将申诉信以书面转办函的形式交甲市院调查核实。甲市院侦监处及时向丙区院了解情况，并于6月4日上报江苏省人民检察院侦监处。省检察院侦监处对甲市院的情况报告认真审查后，又提出了补报有关证据材料的要求，并与本案的律师进行了电话沟通。6月7日，省检察院侦监处承办人到无锡丙区院进行了实地调

查，听取了甲市丙区院的情况汇报，向公安机关了解了案件办理情况，查看了监视居住场所现场。

二、主要争议问题及观点

（一）公安机关对检察机关以事实不清、证据不足不予批捕的案件能否决定指定居所监视居住

公安机关的依据是《公安程序规定》（公安部令127号）第105条第2款，"对人民检察院决定不批准逮捕的犯罪嫌疑人，需要继续侦查，并且符合监视居住条件的，可以监视居住。"需要厘清的是，犯罪嫌疑人符合监视居住条件是对其适用监视居住的前提条件，而根据刑事诉讼法第72条之规定，监视居住的对象必须符合逮捕条件，即有证据证明有犯罪事实，而本案中夏某某恰恰因为事实不清、证据不足而被不批准逮捕，并不具备监视居住的前提条件，故公安机关对夏某某指定居所监视居住的决定不符合刑事诉讼法第72条的精神。对此，检察机关应当坚持体系解释、严格解释原则，就本条的理解与适用与公安机关加强沟通，统一立场，正确适用，以防止监视居住被滥用。

（二）公安机关决定指定居所监视居住应向检察机关提供哪些文书

公安机关决定对夏某某指定居所监视居住后，仅向检察机关送达了《监视居住决定书》，而此文书不能全面反映作出指定居所监视居住决定的实体内容和审批过程，检察机关无法据此履行监督职责。为此，甲市丙区院主动联系公安机关，要求公安机关提供《指定居所监视居住通知书》和《呈请指定居所监视居住报告书》等文书，据此开展审查和监督工作。

（三）对监视居住中的"固定住处"如何理解

《刑诉规则》第110条第2款规定"固定住处是指犯罪嫌疑人在办案机关所在地的市、县内工作、生活的合法居所"，而《公安程序规定》第108条第1款规定的"固定住处，是指被监视居住人在办案机关所在的市、县内生活的合法住处"，不包括"工作的合法居所"。夏某某的亲属和辩护律师认为，夏某某在甲市有固定的办公场所（具体地址为甲市丙区某某路38号），也在其中生活居住，依据《刑诉规则》，夏某某不符合指定居所监视居住的条件。

从事实认定上看，夏某某并不认为其在甲市区的工作场所系其生活居所，故公安机关并未违反刑事诉讼法关于"固定住处"的规定。但是，本案所反映出的公安机关与检察机关对合法居所的不同解释值得研究。由于公安部和高检院的规定不同，容易造成认识分歧并带来办案的现实困境。从法律位阶看，公安部的规定也是对法律的解释，但不具有司法解释的地位，其位阶低于《刑诉规则》，应当适用《刑诉规则》。

（四）被监视居住的犯罪嫌疑人诉讼权利的保障

被监视居住的犯罪嫌疑人享有哪些诉讼权利，如何保障，在执行中容易引起争议。根据刑事诉讼法第75条第1款规定，被监视居住的犯罪嫌疑人享有会见他人的权利，但须经执行机关批准。这里的"他人"如何界定？根据体系解释原则，这里的"他人"应当不包括辩护律师。根据刑事诉讼法第37条的规定，辩护律师可以同被监视居住的犯罪嫌疑人会见和通信，不需要经过办案机关许可，但是危害国家安全犯罪、恐怖活动犯罪、特别重大贿赂犯罪案件除外。在执行上，犯罪嫌疑人申请会见辩护律师的，或者辩护律师会见犯罪嫌疑人且犯罪嫌疑人同意的，不受48小时内安排会见的限制。在不妨碍公安机关讯问、辨认现场等侦查活动的前提下，公安机关应当随时安排会见。当然，被监视居住的犯罪嫌疑人申请会见辩护律师以外的人的，应当经公安机关批准，时间安排上以不超过48小时为宜。此外，公安机关保障夏某某每天享有一定时间的阅读、室外活动是适当的，符合刑事诉讼法保障人权的精神。

【案例点评】

检察机关对于指定居所监视居住的决定与执行应当敢于监督、善于监督，以科学、高效的工作方法实现监督目的与监督效果的统一。在履行法律监督职责过程中，应当坚持体系解释、厘清法律位阶、消弭争议、准确适用法律。

由于修改后刑事诉讼法和《刑诉规则》对指定居所监视居住监督职能的规定过于原则，如何开展监督、如何保障有效监督都是需要在实践中探索和解决的问题。此案为修改后刑事诉讼法实施以来一起较为典型的指定居所监视居住监督案件，三级院侦监部门上下联动，取得了较好的监督成效：总结出了"看、问、评"的三步审查法工作机制；三级检察院侦监部门认真听取辩护和申诉意见，切实保障了犯罪嫌疑人的人权。同时，在办理此案过程中也发现公检之间在诸多问题上存在意见分歧，需要加强沟通协调工作，达成共识，为指定居所监视居住监督工作的顺利开展创造良好的氛围，促进规范、文明执法。

九、犯罪嫌疑人李某某涉嫌强奸、故意杀人核准追诉案

【基本案情】

犯罪嫌疑人李某某,男,汉族,1966年12月17日出生,户籍所在地:河南省甲市乙区,现住原籍。1983年1月因犯强奸罪被甲市法院判处有期徒刑7年,1989年1月刑满释放,2012年11月21日因涉嫌故意杀人罪被甲市公安局丙分局刑事拘留,2012年12月5日被甲市乙区人民检察院批准逮捕,现羁押于甲市看守所。

被害人陈某某,女,殁年30岁,甲市丁乡人,甲市纺织厂工人。被害时女儿8岁,儿子5岁。

【核准过程】

一、诉讼经过

1992年10月18日15时,甲市中原路东白仓村养鱼池内发现一女性尸体。经群众报案,原甲市公安局市区分局(后撤销)当日立案侦查,进行了现场勘查、尸体检验、犯罪嫌疑人排查等调查工作,确认被害人为陈某某,但一直未查明犯罪嫌疑人。

2008年4月30日,犯罪嫌疑人李某某因殴打他人被治安处罚,并被原甲市高新区公安分局胡村派出所采集血样,录入到全国公安机关DNA应用系统。2012年9月,公安机关开展命案、积案大会战专项行动,对陈某某被害一案的证据进行重新梳理。2012年10月19日,甲市公安局对当年提取的被害人陈某某的阴道拭子进行检验,检测到一男性DNA,输入全国公安机关DNA应用系统后,发现与犯罪嫌疑人李某某的DNA分型一致,遂于2012年11月20日决定对陈某某被杀害案重新立案侦查,并于当日将犯罪嫌疑人李某某抓获归案,后依法对其拘留、逮捕。甲市公安局中原分局于2013年1月28日经乙区人民检察院层报最高人民检察院核准追诉。其间,犯罪嫌疑人李某某被延长捕后侦查羁押期限1个月。

二、案件事实和证据

(一)案件事实

河南省甲市公安局中原分局、乙区、甲市和河南省人民检察机关一致认定:犯罪嫌疑人李某某于1992年10月15日下午6时许,骑自行车沿甲市中原路南侧自东向西行至马夹河桥附近,与骑自行车在此经过、素不相识的被害人陈某某相遇,遂产生强奸意图。李某某随后骑车尾随被害人行至中原路乙烯生活区东白仓养鱼池处,故意用自行车将陈某某连人带车撞倒在地,强行将被

害人陈某某拖到东白仓村养鱼池东面的干坑内，用手捂住陈某某的嘴将其强奸。事后，李某某发现陈某某没有呼吸，以为陈某某已被其捂死。为了掩饰罪行，李某某将陈某某的衣服除上身留有一件内衣外全部脱掉，并将陈某某抛入东白仓村养鱼池内。此后，李某某又将陈某某的自行车投入中原路马夹河桥南侧河内，将陈某某的衣物投到甲市乙区中原办事处南里商村西北田地的机井内。经法医尸体检验，被害人陈某某系溺水身亡。

（二）认定案件事实的证据

1. 犯罪嫌疑人供述和辩解。犯罪嫌疑人李某某到案后先后共有9次供述，其中在公安机关做过4次供述，亲笔写过2份交代材料，在戊区检察院审查逮捕、甲市检察院、河南省检察院复核证据时各做1次供述，除最初两份笔录未承认犯罪事实外，其余均做有罪供述称：1992年10月的一天下午五六点钟，天还没黑时，我骑着自行车去办事回来，走到马夹河桥时迎面过来一骑自行车的年轻女子，就掉过头来去追她，想和她玩玩（发生性关系）。到了中原路东白仓村养鱼池那个地方，我追上她后故意往她自行车上撞了一下，把她撞倒。那个女的问我怎么骑的车，我说看看你摔坏没有，就把她硬拉到路南的养鱼池东边的那个干坑里并按倒在地上。这时她大喊救命，我怕被人听到，就用一只手使劲捂住她的嘴，另一只手把她和我的裤子脱到膝盖处，我趴在她身上，把阴茎插入她的阴道内，插了有十几分钟，我就射精了，直接射到她阴道内。在强奸她时，我的手一直捂着她的嘴，干完后，我一看她不动了，心里非常害怕，就赶紧把她的衣服脱掉，好像剩下上身一件内衣没脱，然后拽住她的双腿把她扔到旁边的养鱼池，当时她已经不动了，可能没有呼吸了。后来我回到强奸她的那个地方把她的衣服拾起来放在我的自行车上，鞋留在现场了。之后我推着她的自行车走到马夹河桥上，把车扔到桥中间南侧河里。然后我飞快地又回到现场，将她的衣服（四件衣服，裤子一件，好像还有个秋裤，一条腰带），扔进了我村和祁家庄挨着的地里的一口井内。印象中，自己没有打被害人。因为这个事，自己多年来一直很害怕，心烦，经常喝酒闹事。

以上供述证明：犯罪嫌疑人李某某于1992年10月15日下午6时许，在中原路乙烯生活区东白仓养鱼池东边干坑里强奸陈某某后，将陈某某抛至东白仓养鱼池致其死亡。

2. 证人证言：（1）证人付某某（被害人陈某某丈夫，时年29岁）1992年10月19日证实：1992年10月17日得知妻子陈某某已经一天多没有上班也没回家，找也没找到。家里人说陈某某是15日下午6点多钟离家骑车去上班的。并证实10月18日公安机关从中原路养鱼池内打捞的女尸为其妻子陈某某。(2) 证人李某某(时年 37 岁,中原路办事处村民)1992 年 12 月 13 日证实:李某某在村西北角往祁家庄路边的机井内打捞出深色西装上衣、下衣、绿色带白边裤头、腰带等物品,与犯罪嫌疑人的供述能够印证。

3. 鉴定意见:(1) 甲市公安局物证鉴定所法医物证检验报告及补充鉴定意见:被害人陈某某阴道拭子检出的男性 DNA 分型,经录入全国公安 DNA 应用系统,与李某某 DNA 分型比中;与重新抽取的李某某血样 DNA 分型一致,似然比率为 1.45×10^{15}。(2) 公安部刑事科学技术鉴定书证明,1992 年 11 月 30 日,甲市公安机关曾经将被害人的阴道擦拭物送公安部鉴定,但经公安部鉴定,未检见精斑。

以上两份鉴定意见存在矛盾,经与河南省院沟通,河南省院法医分析认为,在鉴定过程中,鉴定人是从阴道擦拭物(纱布或者棉球)上剪取一部分进行鉴定。由于检材检验不全等原因,可能导致公安部鉴定中未检测出精斑。承办人认为,鉴定意见不存在等级效力问题,不能以公安部鉴定否定甲市公安机关的鉴定。且经审查,对检材保管、甲市公安机关的鉴定意见中未发现问题,并该鉴定与犯罪嫌疑人的供述等证据能够相互印证,因此应当采纳甲市公安机关的鉴定意见。

(3) 甲市公安局法医尸体检验报告书:证实被害人陈某某头部颈部等多处损伤(颅骨、脑组织无损伤),系生前钝性物体形成,经检验,分析认定其入水时尚有呼吸循环存在,系生前溺死。

4. 书证。该案中的书证有以下四类:

(1) 甲市公安局物证鉴定所证明、公安机关《行政处罚决定书》证明 2008 年 4 月 30 日,李某某因殴打他人,被公安机关行政处罚并采集血样,后被录入到《全国公安机关 DNA 应用系统》。2012 年 10 月 19 日,甲市公安局物证鉴定所在陈某某阴道拭子上检测到一男性 DNA 分型,将该分型录入到《全国公安机关 DNA 应用系统》,立即比中李某某。同年 11 月 20 日,中原分局再次采集李某某血样,经复核无误。

(2) 甲市公安局法医张某出具情况说明、甲市原戊区公安局物证保管登记表复印件、阴道拭子照片证明 1992 年 10 月甲市公安局原市区分局法医对被害人陈某某的尸体进行检验时,从被害人体内提取了阴道拭子两份,当时没有制作提取记录,后来该检材于 1992 年 10 月 18 日送原市区公安分局(后更名为戊区公安分局,现已撤销)物证保管室保管。

以上两组书证证明了本案鉴定意见中相关检材提取、保管及鉴定的经过。

(3) 户籍证明、甲县法院〔83〕刑判字第 5 号刑事判决书证明李某某作案时已达到刑事责任年龄,且曾于 1983 年 1 月 30 日因犯强奸罪被判处有期徒刑 7 年。

（4）甲市公安局中原分局证明：证明了 2012 年 11 月 20 日 18 时将犯罪嫌疑人李某某从其家中抓获的经过。

5. 勘验、检查、辨认笔录如下：

（1）甲市公安局市区分局于 1992 案发后所作现场勘查笔录、案发现场图及照片、提取笔录等证明了案发现场位于中原路西段路南的东白仓养鱼池及边上的干沟内，被害人上身穿一件衬衣，在干沟内提取被害人的鞋子、丝袜，在马夹河中提取被害人自行车，在从南里商村西北角往祁家庄路边的机井内打捞出被害人衣物等案发现场的有关情况，与犯罪嫌疑人供述等能相互印证。

（2）付某某 1992 年 12 月 23 日、曹某某（系被害人陈某某同住外甥女）1992 年 12 月 13 日的辨认笔录分别证明公安机关从马夹河中打捞出的自行车、从南里商村西北角往祁家庄路边的机井内打捞出的衣物系被害人陈某某的。

（3）甲市公安局中原分局 2012 年 11 月 27 日制作的辨认现场照片 6 张：证明犯罪嫌疑人李某某指认了作案地点，抛弃被害人自行车、衣物的地点，与现场勘验笔录、案发现场图、照片及提取笔录等相互印证。

证据综合分析：以上犯罪嫌疑人供述和辩解、证人证言、鉴定意见、现场勘查等证据能够相互印证，证明犯罪嫌疑人李某某强奸、杀害被害人陈某某的犯罪事实。

三、河南省公安、检察机关的意见

（一）甲市公安局丙分局的意见

犯罪嫌疑人李某某涉嫌故意杀人罪，法定最高刑为死刑，犯罪的性质、情节和后果特别严重，虽然已经过 20 年追诉期限，但社会危害性和影响依然存在，不追诉会影响社会稳定，特报请核准追诉。

（二）河南省检察机关的意见

1. 甲市乙区人民检察院检委会认为：犯罪嫌疑人李某某违背被害人陈某某意志，强行与其发生性关系，后误认为其已死亡，并将其抛至养鱼池中，造成被害人陈某某溺死的后果，涉嫌强奸罪、故意杀人罪，有可能判处无期徒刑或死刑，虽已超出追诉时效期限，但情节极其恶劣、社会危害性极大，有追诉必要。根据 1979 年刑法第 76 条第 4 项之规定，报请核准追诉。

2. 甲市检察院检察委员会认为：犯罪嫌疑人李某某采用暴力强行与被害人陈某某发生性关系，并将昏迷的陈某某拖入养鱼塘内致其死亡，涉嫌强奸罪、故意杀人罪，手段极其残忍，且具有前科劣迹，社会影响恶劣，被害人家属、群众、基层组织强烈要求严惩，确有追诉必要，应层报最高人民检察院核准。

3. 河南省人民检察院检察委员会认为：犯罪嫌疑人李某某将被害人陈某某强奸后，误以为被害人因被其捂嘴而窒息死亡，为了掩饰罪行，将陈某某抛入养鱼池内，涉嫌强奸罪、故意杀人罪，可能判处无期徒刑以上刑罚，虽然经过20年追诉时效期限，但犯罪性质恶劣，情节和后果均特别严重，有追诉必要，且犯罪嫌疑人李某某已到案，特将此案报请高检院核准追诉。

四、需要说明的问题

（一）犯罪嫌疑人李某某的犯罪行为已超出追诉期限

本案发生在1992年10月15日，当时公安机关虽进行了调查，但并未认定李某某为犯罪嫌疑人，直至2012年11月20日才将其抓获归案，其间也未发现其有新的犯罪，因此已超过20年追诉期限。

（二）本案确有追诉的必要

一是犯罪嫌疑人李某某采取暴力强奸被害人后，又将其投入鱼塘，导致被害人溺死，手段残忍、性质恶劣。二是犯罪嫌疑人李某某积极逃避处罚。1992年案发后，公安机关在排查犯罪嫌疑人过程中曾询问李某某，但其未交代犯罪行为。三是犯罪嫌疑人的行为给被害人家庭造成严重影响。案发时，被害人尚有两个幼年小孩，其丈夫付某某被公安机关认为有重大犯罪嫌疑（因付某某当时有情人），并被收容审查、逮捕关押3年之久，后因证据不足予以释放。付某某反映，因犯罪嫌疑人的行为，使自己蒙受不白之冤，家庭被破坏，20年来没有过一天好日子，被害人父母也因此过早去世。因此强烈要求追究犯罪嫌疑人刑事责任。四是案发地群众、案发地及被害人、犯罪嫌疑人居住地基层组织均认为该案影响恶劣，要求将犯罪嫌疑人依法严惩。

（三）关于本案证据复核、补正的有关情况

1. 河南省检察机关对此案的办理非常慎重，甲市检察院、河南省人民检察院先后派人提审犯罪嫌疑人李某某，讯问其公安机关是否有刑讯逼供行为，并同步录音录像；省院侦监处、技术处派人和公安机关办案民警召开座谈会，针对被害人陈某某阴道拭子的提取、保存、比对等一系列问题进行了专门讨论，并由省检察院技术处法医对犯罪嫌疑人李某某是否存在新发外伤情况进行检查。经复核，了解到原乙区公安分局物证保管室于2006年被公安部评为刑事科学技术一级技术室，具备长期保管生物检材的条件。同时，没有发现公安机关存在刑讯逼供、违法取证情况。

2. 最高人民检察院受理案件后，承办人经审查发现公安机关于1992年案发时所做的现场勘查、尸检报告等材料中，没有记载提取被害人阴道拭子的情况，随即要求当时参与尸体检验的法医出具了情况说明，并提取了公安机关保存物证登记表、照片，予以补正。

五、办理结果

犯罪嫌疑人李某某将被害人陈某某强奸后，又将其抛入养鱼池内致其溺死，已触犯 1979 年刑法第 139 条、第 132 条的规定，涉嫌强奸罪、故意杀人罪，法定最高刑为死刑，虽然已超过追诉期限，但犯罪手段残忍，犯罪性质恶劣，危害后果严重，必须追诉。根据 1979 年刑法第 76 条第 4 项的规定，决定对犯罪嫌疑人李某某予以核准追诉。

【案例点评】

犯罪嫌疑人李某某将被害人陈某某强奸后，误以为被害人已死亡将其抛入养鱼池内致其溺死，已涉嫌强奸罪、故意杀人罪，应当适用的法定最高刑为死刑，虽已超出追诉期限，但犯罪手段残忍，犯罪性质恶劣，危害后果严重，有追诉必要。根据刑法第 12 条、1979 年刑法第 76 条第 4 项和最高人民检察院《关于办理核准追诉案件若干问题的规定》的规定，建议对犯罪嫌疑人李某某核准追诉。

此案证据尚比较薄弱，建议在核准追诉的同时，以函的形式提出进一步取证和审查把关的要求：一是针对两份鉴定之间的矛盾，公安机关要对检材再做一次鉴定，不但证实检材上有无犯罪嫌疑人的 DNA，还要证实是否同时存在被害人的 DNA，以确保检材的同一性、真实性，对已有鉴定中的矛盾点要由公安机关来说明原因；二是要严格审查有无刑讯逼供或引供、诱供等非法取证行为。

十、凌某甲涉嫌故意伤害案

【基本案情】

犯罪嫌疑人凌某甲，男，1957 年生，户籍地为福建省甲县乙村，被抓获时住福建省丙市。2012 年 11 月 27 日，因涉嫌掩饰、隐瞒犯罪所得罪被福建省丁县公安局取保候审。2013 年 1 月 5 日，因涉嫌故意伤害罪被甲县公安局刑事拘留，同年 2 月 5 日被甲县人民检察院批准逮捕。

被害人凌某乙，男，殁年 41 岁，福建省甲县乙村人，生前务农、经营卖肉生意。

【核准过程】

一、案件诉讼经过

犯罪嫌疑人凌某甲发现被害人凌某乙与自己妻子陆某有不正当关系，遂纠集他人于 1989 年 3 月 20 日晚，在自己家内和门外殴打被害人凌某乙（涉案犯罪嫌疑人共 13 人）。案发次日，凌某甲向甲县公安局投案，当时公安机关未立案也未对其采取强制措施。凌某甲于 3 月 22 日被本村干部领回，后于 3 月 23 日携家人潜逃至丙市。被害人凌某乙于案发当晚被其家属送往医院，经救治无效于 1989 年 4 月 6 日死亡。甲县公安局遂于 4 月 25 日立案侦查，但一直未抓获凌某甲也未对其采取强制措施。

2012 年 5 月 6 日，被害人妻子刘某再次就凌某乙被殴打致死案向甲县公安局报案，该局于同年 5 月 7 日对此案重新立案侦查。2012 年 6 月，犯罪嫌疑人凌某甲实施掩饰、隐瞒犯罪所得行为，同年 11 月 27 日被丁县公安局取保候审，并通知其户籍所在地公安机关。甲县公安局于 2013 年 1 月 5 日将犯罪嫌疑人凌某甲抓获，后对其刑事拘留、执行逮捕，并于 2013 年 2 月 2 日经甲县人民检察院层报最高人民检察院核准追诉。

公安机关在追诉期内也未对涉案的其他 12 名犯罪嫌疑人采取强制措施，处理情况分别为：一是犯罪嫌疑人黄某某、杨某堆、杨某良 3 人因在追诉期内涉嫌新的犯罪，故未超出追诉期限。其中犯罪嫌疑人黄某某、杨某堆于 2012 年被逮捕并起诉，目前尚未判决；犯罪嫌疑人杨某良于 2013 年 1 月 22 日被抓获归案，另案处理。在诉讼过程中，犯罪嫌疑人杨某堆于 2012 年 8 月与被害人家属刘某达成和解协议，并支付了 6 万元赔偿金。二是犯罪嫌疑人杨某镇、杨某平、杨某土、杨某的 4 人分别于 2012 年 8 月与被害人家属刘某达成和解并赔偿 6 万元人民币，刘某书面承诺放弃追究上述 4 人的刑事责任。故公安机关认为上述 4 人已无追诉必要。三是犯罪嫌疑人李某某、杨某宝、杨某如 3 人目前已刑拘上网追逃但尚未抓获。四是其余 2 名犯罪嫌疑人已死亡。

二、案件事实和证据

（一）案件事实

犯罪嫌疑人凌某甲因妻子陆某和被害人凌某乙有不正当男女关系，为报复泄愤，经犯罪嫌疑人李某某介绍，于 1989 年 3 月 20 日晚纠集犯罪嫌疑人杨某宝等 11 人到自己家中捉奸，并持木棍对凌某乙从室内到室外连续实施两次群殴，致凌某乙受伤，后将其捆绑并弃于甘蔗地。凌某乙当晚被家属送往医院，经抢救无效于 1989 年 4 月 6 日死亡。经法医鉴定，被害人凌某乙系被钝性外力作用，导致脑组织损伤而死亡。

（二）认定案件事实的证据

认定上述事实的证据材料如下：

1. 犯罪嫌疑人供述和辩解。侦查过程中，凌某甲、杨某良、黄某某等分别进行了供述和辩解：

（1）犯罪嫌疑人凌某甲于 1989 年 3 月 21 日、2013 年 1 月 5 日、2 月 1 日、2 月 25 日四次供述称：1989 年初，我发现妻子陆某和凌某乙有不正当男女关系，我很生气便打算找人捉奸，打凌某乙一顿顺便羞辱他一番。1989 年 3 月 20 日，我通过我同学李某某找到杨某宝，后杨某宝又找了八九个男青年，晚 23 时许一起到我家，将凌某乙堵在我的卧室中。因我家中有木棍等工具，我们就抄起木棍和凌某乙打起来，当时是乱打一气，我自己也用一根木棍打了凌某乙几下。因我们人多，凌某乙被打得头破血流，我们见打出血便停了手，凌某乙趁机跑了出去，边跑边威胁要杀我们全家。我们就追他，后来他摔进粪坑中还骂我们，我和杨某宝、黄某某三个人又用木棍打了他几下，后用麻绳把他捆起来丢在甘蔗田里。案发后第二天我去派出所投案，第三天村干部将我带回家，我担心凌某乙报复就带着妻儿逃去三明，半年后得知凌某乙死了，我很害怕一直不敢回甲县。

以上供述证明：犯罪嫌疑人凌某甲因其妻子和被害人凌某乙有不正当男女关系，于 1989 年 3 月 20 日晚纠集杨某宝等 10 余名男青年前往其家中捉奸，并持木棍两次殴打凌某乙，致其受伤后经抢救无效死亡，以及案发后先投案、后潜逃的经过。

（2）同案犯罪嫌疑人杨某良、黄某某、杨某堆、杨某土、杨某平、杨某的、杨某镇分别供述的案发经过与犯罪嫌疑人凌某甲的供述基本吻合，均证实凌某甲因其妻子和凌某乙有不正当男女关系，通过杨某宝纠集上述同案犯前往其家中捉奸，并于案发当晚共同对被害人凌某乙实施了殴打行为，致凌某乙受伤后抢救无效死亡的事实。

2. 证人证言。该案中的证人有刘某、黄某乙及吴某丙。

(1) 证人刘某（被害人凌某乙妻子）2013年1月24日、2月25日两次证言证实：凌某甲、吴某甲因承包柑园之事与其夫妻产生矛盾，1989年3月20日晚，凌某甲纠集黄某某等十余人殴打凌某乙，当晚其与家人在凌某甲家门前的甘蔗地里发现凌某乙并送往医院救治，后因伤势较重抢救无效死亡。

(2) 证人吴某乙（犯罪嫌疑人凌某甲母亲）1989年4月17日证言证实：1989年1、2月间，其发现凌某乙好几次夜间出现在其媳妇房内。案发当晚12时许，儿子凌某甲和一些不认识的人将凌某乙堵在其媳妇的房中，后在粪池边殴打凌某乙，并用绳子捆绑凌某乙。

(3) 证人吴某丙（犯罪嫌疑人凌某甲邻居）2012年6月15日证言证实：案发当晚看到凌某乙站在凌某甲家门前，有七八个年轻人手持木棍围在旁边，后凌某乙跑出去摔倒在粪池里，被那些年轻人殴打，后送医院抢救无效死亡。

3. 书证。该案中的书证有如下六类：

(1) 甲县公安局出具的《户籍证明》一份，证实犯罪嫌疑人凌某甲在案发时已达刑事责任年龄。

(2) 甲县公安局出具的《刑事案件立案报告表》、《立案决定书》各一份，证实甲县公安局就该案分别于1989年4月25日、2012年5月7日立案侦查。

(3) 甲县公安局出具的《到案经过》一份，证实凌某甲被抓获归案的经过。

(4) 《收据》、《保证书》、《暂收条》各一张，证实1989年4月7日、4月11日犯罪嫌疑人凌某甲家属分别交款800元、700元，合计1500元给乙派出所。1989年5月3日乙派出所支付给被害人家属刘某"关于凌某乙死亡一次性善后经济补助1500元"。

(5) 原甲县公安局乙派出所民警出具的《凌某乙被故意伤害致死案侦办情况说明》一份，证实案发当年经工作查明凌某甲等犯罪嫌疑人的身份，后多次组织对犯罪嫌疑人凌某甲的抓捕行动，均未抓获。

(6) 甲县公安局出具的《工作说明》、丙县公安局出具的《立案决定书》、《取保候审决定书》各一份，证实犯罪嫌疑人凌某甲2012年11月27日因涉嫌掩饰、隐瞒犯罪所得罪被取保候审，在此之前经《全国违法犯罪人员信息资源库》查询未发现有其他违法犯罪记录。

4. 鉴定意见。甲县公安局出具的《法医学尸体检验报告》〔1989〕08号分析说明：死者凌某乙头面部多处损伤，系被钝性外力作用，导致脑组织损伤而死亡。

证据综合分析：以上犯罪嫌疑人供述、同案犯供述、证人证言、鉴定意见等证据能够相互印证，证明犯罪嫌疑人凌某甲纠集多人，殴打被害人凌某乙并致其死亡的犯罪事实。

三、福建省公安、检察机关的意见

（一）甲县公安局的意见

犯罪嫌疑人凌某甲为报复泄愤，积极纠集他人并实施殴打，其行为涉嫌故意伤害罪，系主犯，有可能被判处无期徒刑，被害方强烈要求从重追究其刑事责任，不追诉可能引发被害方上访，影响社会稳定，有追诉必要。

（二）福建省检察机关的意见

1. 甲县、戊市检察院检委会成员一致认为：根据1979年刑法规定，犯罪嫌疑人凌某甲涉嫌故意伤害致人死亡，可能判处最高刑期是无期徒刑，虽已超过追诉期限，但其是本案的策划者和主要实施者，投案后一直潜逃。经多方协调，犯罪嫌疑人凌某甲无法取得被害人家属的谅解并达成和解，被害人家属刘某多次上访强烈要求追究其刑事责任，并于2011年先后两次前往北京非正常上访。如果不追诉可能激化被害人家属情绪，影响社会稳定，且目前犯罪嫌疑人已经在案，符合报请核准追诉的相关规定。遂决定将凌某甲涉嫌故意伤害一案层报最高人民检察院核准追诉。

2. 福建省检察院检委会10人同意核准追诉，且基本都认为从维稳的角度有必要报请核准追诉；3人不同意核准追诉，认为不应将被害人家属的上访视为具有社会危害性。后报经福建省院检察长同意核准追诉，报最高人民检察院核准。

四、本案需要说明的问题

（一）犯罪嫌疑人凌某甲的犯罪行为已超出追诉期限

本案发生时间为1989年3月20日，虽然案发后犯罪嫌疑人凌某甲主动投案，但随后逃匿，甲县公安局未对其采取强制措施，直到2013年1月5日才被公安机关抓获归案，在追诉期内未发现有新的犯罪，已超过20年追诉期限。

（二）被害方、案发地群众、基层组织的意见和反映

1. 被害方意见和反映：

（1）2010年8月19日被害人妻子刘某提交《刑事控告状》，要求追究凌某甲刑事责任，并赔偿经济损失。

（2）2013年刘某在甲县公安局和福建省人民检察院询问时，反映自己在案发后5年内一直上访，后因家庭生计就未再上访。2010年在得知其他案件的犯罪嫌疑人在潜逃多年后被抓获并追究刑事责任的情况后，便从当年8月开始多次上访，强烈要求追究凌某甲的刑事责任。刘某表示不愿意与凌某甲达成和解，不但要求追究其刑事责任，还要求其赔偿经济损失。同时还要求追究当

时乙村派出所所长和办案人员压案不查的责任，追究村当时治保主任将凌某甲从派出所领回后致其潜逃的责任。刘某表示这件事如不能及时处理，还要进京上访。

（3）刘某多次因此案上访，其中 2011 年 9 月 1 日和 12 月 25 日两次进京非正常上访。

2. 案发地群众、基层组织的意见和反映：

（1）2012 年 6 月，公安机关询问了案发地的甲县人大代表、镇党代表、村主任、村支部书记、原支部书记现党代表共 5 人，均认为：被害人凌某乙有过错在先，与有夫之妇通奸，破坏别人家庭，影响很坏，为村风民俗所不容。该案已过去 20 几年，大部分涉案人员都能悔过自新，应当尽量不予追究或者从轻处理。建议由有关部门出面协调解决，对死者家属的经济损失和精神损失进行合理赔偿，促成谅解，对涉案人员不予追究刑事责任或从轻处理。上述村代表还表示愿意协助做好和解工作。

（2）2013 年 2 月，福建省院承办人在当地司法所召开案发地村民代表座谈会，调查凌某甲案件的社会危害性是否仍然存在等情况。参会人员中村支部书记、村治保主任、村主任 3 人认为：被害人凌某乙本身有过错，而且已经事隔这么多年，当地群众已经淡化了这件事。现在这个案件翻过来，大家觉得被害人家属很有本事。刘某一直上访，村里要派人处理，花费大，负担重。本案要依法处理，不能受上访影响，能调解尽量调解，如果调解不成也应从轻处理。负责乙村综合治理工作的镇副镇长认为：被害人家属一直上访，劝也劝不住，主张凌某甲一定要被判刑，否则刘某会一直上访，影响社会稳定，但是这件事能调解自然最好。

（3）2013 年 1 月，甲县乙镇综治办和乙村村委会分别出具书面《证明材料》，证实刘某多次越级上访，要求追究凌某甲的刑事责任。如果不追究凌某甲的刑事责任，可能引发刘某继续上访，产生不稳定因素。

（三）有关单位和部门对本案协调、和解的情况

1. 由于被害人家属刘某于 2011 年两次进京上访，中央政法委两次交办本案。2012 年 2 月初，戊市委政法委将本案列为 2011 年下半年进京非正常上访案件转甲县公安局办理。

2. 2012 年 5 月，甲县公安局对此案重新立案侦查，并陆续刑拘几名犯罪嫌疑人。当年 8 月，经有关方面做工作，犯罪嫌疑人杨某镇、杨某平、杨某土、杨某的、杨某堆先后与刘某达成和解协议，并分别支付 6 万元赔偿金，刘某出具《谅解书》，表示不再要求追究他们的刑事责任。

3. 犯罪嫌疑人凌某甲于 2013 年 1 月 5 日被抓获归案后，甲县公安局于 1

月 24 日询问刘某，刘某明确要求追究凌某甲的刑事责任，不愿作任何调解。镇综治办 2013 年 1 月 31 日证明材料中也称，凌某甲被抓获后，经过多方工作，刘某不愿谅解。

4. 福建省院受理案件后，讯问了犯罪嫌疑人凌某甲、询问了被害人家属刘某。凌某甲称其本人和家属经济条件都很差，自己还欠别人钱，没有能力赔偿被害人家属。刘某则表示不可能和凌某甲调解，一定要他被判刑，还要他赔偿。

5. 由于戊市院反映被害人家属刘某近期又多次扬言要进京上访，2013 年 3 月，福建省院分管副检察长又带队到戊市了解有关情况，向戊市方面通报了案件进展情况，提出无论最高人民检察院是否核准追诉，都希望当地党委政府重视做好上访人以及其他涉案人员包括家属的稳控工作。戊市领导表示，甲县有关部门正在做相关工作，但由于犯罪嫌疑人一方经济困难，无法给予经济赔偿，被害人家属又强烈要求对犯罪嫌疑人判刑，不愿和解，并要求追究公安机关办案人员责任，县里反映息访工作难度很大。根据中央政法委关于涉法案件要在法律框架内解决的要求，希望最高人民检察院核准追诉。

五、关于本案办案风险的分析评估

（一）如不核准追诉面临较大执法办案风险

被害人妻子刘某曾多次上访，其中于 2011 年两次进京上访，一直坚持要求追究犯罪嫌疑人凌某甲刑事责任。凌某甲归案后，案发地有关部门虽经多次工作，刘某仍表示不愿意谅解凌某甲，声称如不追究凌某甲刑事责任，仍要继续上访。因此，如不核准追诉，则会导致其进一步上访、缠访。根据最高人民检察院《关于加强检察机关执法办案风险评估预警工作的意见》的规定，本案应评为较大风险案件。

（二）拟化解的方案及稳控息访措施

1. 充分考虑本案的实际情况，慎重作出是否核准追诉的决定。

2. 如经研究决定不予核准追诉，则应做好以下工作：一是在作出决定之前，向福建省方面通报情况，会同福建省院，协调当地党委政府做好对被害人家属的释法说理、思想安抚等稳控工作，并给予一定经济补助，力求案件双方达成谅解，化解上访风险。二是要及时向控告检察部门通报，共同研究和做好应对被害人家属上访工作。三是向检察新闻宣传部门通报情况，加强涉检舆情监控应对工作。

六、对本案的分歧意见

（一）认为本案应当核准追诉

理由是犯罪嫌疑人凌某甲故意伤害他人致死，根据 1979 年刑法第 134

条第2款的规定，其行为涉嫌故意伤害罪，法定最高刑为无期徒刑，符合核准追诉的基本条件。虽然犯罪嫌疑人具备一定从轻情节且案发地群众反映应当不予追究或者从轻处理，但被害人家属一直强烈要求追究犯罪嫌疑人的刑事责任并多次上访，造成的维稳压力很大，虽经多方调解仍无法平息，如不核准追诉可能导致其再次进京涉法上访，影响社会稳定。因此，可以说犯罪行为所破坏的社会关系尚未得到修复，从法律效果与社会效果相统一考虑，有必要核准追诉。

（二）认为本案缺乏核准的必要性，不应当核准追诉

理由：一是有证据证实被害人有明显、重大的过错。二是案发后犯罪嫌疑人能主动投案，但公安机关未及时作为刑事案件处理，后因害怕被害人报复才举家出逃。三是本案为故意伤害案件，虽然犯罪嫌疑人系主犯，但其在犯罪过程中具体作用不清、责任分散。四是本案经过24年，该案在案发地造成的社会影响已基本消除，当地群众普遍认为对犯罪嫌疑人不应追究刑事责任或者应尽量从轻处理。五是不能仅因为被害人家属上访就决定核准追诉，应严格依法作出决定。但在作出不核准追诉决定的同时要对本案进行风险评估，督促当地党政机关做一些稳控和化解矛盾工作，促成犯罪嫌疑人的经济赔偿和被害人家属的谅解。

七、办理结果

最高人民检察院经审查认为，犯罪嫌疑人凌某甲纠集多人故意伤害被害人凌某乙致其死亡，涉嫌故意伤害罪，但该案已超出20年追诉期限，且不属于必须追诉的情形。根据1979年刑法第76条第4项的规定，决定对犯罪嫌疑人凌某甲不予核准追诉。

【案例点评】

凌某甲案是一起如何把握好依法办案与维护稳定相统一的典型案件。对该案核准追诉和不核准追诉都有一定的风险，在是否应当核准问题上，主张核准追诉和不予核准追诉的意见，都各有一定的道理。在充分考虑各方面意见包括福建省各个方面的意见，权衡各种利弊的基础上，经慎重研究，根据检委会多数委员意见，最高人民检察院对凌某甲案决定不予核准追诉。这样处理，是为了坚持"以事实为根据，以法律为准绳"的法治原则，实现依法办案与维护稳定的有机统一。具体理由如下：

第一，本案不属于"必须追诉"情形，不符合核准追诉的法定条件。对于超出20年法定追诉期限的案件，核准追诉有严格的法定条件，不予追诉是原则，追诉是例外，只有罪行相当严重、超过20年仍然具有社会危险性、群众反映强烈、被犯罪破坏的社会秩序还没有得到恢复的，才属于必须追诉。综

合考虑案件情况，本案不属于"必须追诉"的情形。一是有证据证实，被害人凌某乙与犯罪嫌疑人的妻子通奸，有严重过错。二是本案为故意伤害案件，犯罪嫌疑人凌某甲因受欺辱而纠集他人"教训"被害人，虽然造成了被害人死亡的后果，但这与性质更恶劣的故意杀人是有较大区别的。三是凌某甲有主动投案情节，而公安机关当时未以刑事案件处理。四是该案造成的社会影响已基本消除，当地基层组织、群众普遍认为，被害人有过错在先，案件过了很长时间，对凌某甲不应追究刑事责任或者应从轻处理。

第二，对这个案件应当考虑的是，案发当时凌某甲投案后，公安机关未作为刑事案件来办；他潜逃后，也未积极抓捕，导致案件超出追诉期限。经过20多年，现在回过头来考虑是否追诉，把握的条件应更加严格，需考虑的因素也更多，应全面考虑所犯罪行的严重程度、多年来犯罪嫌疑人的表现、目前案件的社会影响、被害人家属的反映、基层群众的反映、办案的法律效果、社会效果等方方面面。

第三，本案核准追诉或者不核准追诉都有一定的风险，但综合衡量，不追诉更有利于社会稳定。主张追诉的主要理由是被害人家属不断上访甚至越级上访，影响社会稳定。但在考虑是否追诉时，既要考虑被害方的反映，也要考虑案件对社会的影响情况。不能闹得凶，就追诉，老实不闹的，就不追诉。这种做法导向，从长远看不利于社会稳定。对本案，当地群众普遍认为没有追诉必要，只有被害人家属坚持要求追诉，如果决定追诉，难以取得好的法律效果和社会效果，还可能引发新的问题。一是即使追诉犯罪嫌疑人凌某甲，判刑也不会很重，达不到被害人家属一要严惩，二要赔偿，三要追究公安人员责任的要求，她仍会上访，追诉达不到息访目的；二是本案涉及多名犯罪嫌疑人，如都要追诉，会对多名犯罪嫌疑人及其家庭产生影响，可能引起更大的社会反响，已经稳定的社会秩序受到冲击，对社会稳定的影响更大；三是有可能产生缠访、闹访的导向和法制原则向个别当事人屈服的不良影响。

图书在版编目（CIP）数据

侦查监督业务教程/黄河，胡卫列主编. —北京：中国检察出版社，2015.1
全国预备检察官培训系列教材/李如林，王少峰主编
ISBN 978-7-5102-1264-2

Ⅰ.①侦… Ⅱ.①黄… ②胡… Ⅲ.①侦查-司法监督-中国-教材
Ⅳ.①D926.34

中国版本图书馆 CIP 数据核字（2014）第 193044 号

侦查监督业务教程

黄　河　胡卫列　主编

出版发行：	中国检察出版社
社　　址：	北京市石景山区香山南路 111 号（100144）
网　　址：	中国检察出版社（www.zgjccbs.com）
编辑电话：	（010）68650028
发行电话：	（010）68650015　68650016　68650029　68686531
经　　销：	新华书店
印　　刷：	保定市中画美凯印刷有限公司
开　　本：	720 mm×960 mm　16 开
印　　张：	13.5 印张
字　　数：	245 千字
版　　次：	2015 年 1 月第一版　2015 年 10 月第二次印刷
书　　号：	ISBN 978-7-5102-1264-2
定　　价：	38.00 元

检察版图书，版权所有，侵权必究
如遇图书印装质量问题本社负责调换